江西理工大学清江学术文库学术著作出版基金资助

高校教师职业幸福与大学生学习生活

调 查 研 究

马 蓉 著

中南大学出版社
www.csupress.com.cn
·长沙·

图书在版编目(CIP)数据

高校教师职业幸福与大学生学习生活调查研究／马蓉著. —长沙：中南大学出版社，2020.12
ISBN 978-7-5487-4293-7

Ⅰ．①高… Ⅱ．①马… Ⅲ．①高等学校－教师－幸福－研究②大学生－学生生活－研究 Ⅳ．①G645.16

中国版本图书馆 CIP 数据核字(2020)第 260042 号

高校教师职业幸福与大学生学习生活调查研究
GAOXIAO JIAOSHI ZHIYE XINGFU YU DAXUESHENG XUEXI SHENGHUO DIAOCHA YANJIU

马蓉 著

□责任编辑	史海燕
□责任印制	易红卫
□出版发行	中南大学出版社
	社址：长沙市麓山南路　　　邮编：410083
	发行科电话：0731-88876770　　传真：0731-88710482
□印　　装	长沙印通印刷有限公司

□开　　本	710 mm×1000 mm 1/16　□印张 13　□字数 255 千字
□版　　次	2020 年 12 月第 1 版　□2020 年 12 月第 1 次印刷
□书　　号	ISBN 978-7-5487-4293-7
□定　　价	60.00 元

　　百年大计教育为本，教育大计教师为本。教师的职业生存状况直接关系到教育事业的成败，因此，党的十八大以来以习近平同志为核心的党中央将教师的队伍建设摆在突出的位置。问渠哪得清如许？为有源头活水来。作为教育活动中的另一个关键主体要素——大学生，是国家高素质建设人才的主力军。而高校教师则是大学生成长成才的引路人，尤其是负责大学生思想教育与生活管理的辅导员教师，他们是塑造大学生品格、品行、品位的直接承担者。职业幸福感(occupational well-being)是主体对自身职业工作做出积极评价、自由实现职业理想所产生的自我愉悦的精神状态。置身当前飞速发展的信息化社会，高校辅导员的职业生活现状如何？他们在大学生的教育管理生活中能够感受到职业幸福吗？哪些因素会影响辅导员的职业幸福？带着这些疑问，编者在2017年2月至2019年6月两年多的时间里多次深入到一位辅导员的职业生活中，展开了多角度、多场所、多视角的调研，详细记录了这位拥有13年教龄的辅导员的心理发展历程，并以教育叙事的方式详实展示了其漫长的职业成长之路。在调研辅导员职业生活现状时发现，近年来高校教师的工作对象——大学生群体，已发生了较大变化，这些变化给辅导员的工作带来了诸多挑战，特别是高校大规模扩招以来大学生的整体素质普遍下降。同时，留守儿童、网络依赖、学习障碍、交往障碍等因素也致使大学新生出现心理问题的比例大幅上升。于是，研究者同时展开了对大学新生(国内大学新生和来华留学大学新生)适应状况的调查研究。

　　良好的适应是有效学习的前提。大学新生心理健康状况直接与大学四年学业能否顺利完成直接相关，还影响到其走向工作岗位时所具有的综合素质，更是未来社会稳定与发展的重要影响因素。由于不同国家在历史环境和教育现状上的差异，各国留学生在我国留学期间对语言、饮食、交流、文化、生活、课程教学、教育管理等还普遍存在一系列适应不良的问题，且来自不同国家的留学生所遇到的问题呈现出一定差异。因留学时间有限，适应不良的问题在一定程度上严重影响了留学生学习的效果与生活的质量。很多留学生因向往中国的经济与文化而选择来华，然而在融入中国的现实环境中却困难重重……这样的情况不禁引发编者去思考：难道仅仅是因为语言障碍，使得留学生们与中国学生缺少交流吗？究竟是哪些因素影响了留学生来华后的学习生活适应性？为了探究这些问题，本书对三位来自不同国家的留学生的学习生活适应情况展开了教育叙事研究。

自 2004 年中共中央、国务院发布《关于进一步加强和改进大学生思想政治教育的意见》之后，国内各大高校逐渐重视大学生心理健康教育，各类心理教育活动如雨后春笋般相继涌现。然而，由于我国的心理健康教育起步晚、发展慢，同时也深受传统教育思想的影响，"重治疗、轻发展"的补救性心理教育现象普遍存在：心理健康教育只是为了应对个别学生的心理问题，却严重忽视了提升心理素质对个体身心发展的重要性，而这恰恰是现代社会发展中对人才素质的基本要求。发展性心理教育与补救性心理教育最大的区别是二者定位的不同：发展性心理教育的目的是促进个体各个方面的正常与顺利发展，相当于为了增强体质而加强锻炼身体，预防疾病；而补救性教育则相当于出现了疾病再采取有效治疗。此外，当前心理教育还存在教育内容的断层性及教育途径和方法的单一化的问题。在此背景下开展大学生心理教育实践模式的探索尤为必要。本研究对大学生开展心理教育的主要目的是通过各类心理教育活动，促进全体学生的心理健康发展，同时辅以个别心理问题的咨询与治疗。由此，本书第二部分以发展性心理教育理论为指导理念，针对目前新生心理教育缺乏"系统性"和"可操作性"的现状，基于全体新生心理检测及多次实地问卷调查结果，在教育系统化理论指导下围绕新生心理健康教育模式构建，经历了初期模式探索、中期模式构思(2 个子方案提炼)到后期心理教育总模式形成与效果验证，三个阶段形成了较丰富的理论和实践成果，结果表明：分时段、分层级、分主体的教育模式能够有效改善大学新生的心理发展状况，为进一步促进高校新生心理健康教育的发展奠定基础。

　　本书的最后一部分针对前面两部分的研究结果，就如何提高高等教育质量问题展开了理论探讨。20世纪末以来大学生的学习投入在全球高等教育领域中占据突出地位，因为它既代表了提供制度质量和有效性指标的问责措施，又代表了可用于解释学生学习与发展的教育研究变量（Axelson and Flick，2011）。21世纪以来，"学习投入"已经成为全世界旨在加强高等教育质量和年度教育大会最关注的焦点，伴随着大学生学习投入研究持续不断，新成果不断涌现。通过相关文献分析发现，学习投入研究关注点已从投入的过程研究扩展到投入的结果研究，对影响因素分析由学校制度扩展到以学生为核心的整个社会经济文化体系，进而对学习投入内涵研究已从投入的个体行为实践发展到以学校为核心的社会和家庭综合作用的产物。本书结尾部分在阐明家庭因素对大学生学习投入的影响关系的基础上，基于对学习投入概念内涵的演变过程分析，对近年来国外关于家庭因素对大学生学习投入影响研究成果进行阐述，深度发掘家庭经济水平、文化及社会关系对学习投入的深层影响机理，探究大学生学习投入的未来趋势，即大学生学习投入实践应以高校为中心协同改革，社会、学校、家庭应共同促进大学生学习投入的内外协同发展，才能有效促进高等教育质量的提升。

　　本书遵循从理论研究（文献综述）到实践分析（教育叙事），从实践研究（实证验证）再回到理论研究（文献梳理）的思路：从大学教师教育职业生活到大学生心理发展需求，再到如何提升高等教育质量来展开研究内容，并采用了不同的研究方法。例如以"教师的职业幸福和大学生的学习生活"为主要内容，力图揭示教师职业幸福感的现实状况、影响因素及大学新生适应期间面临的主要困扰，并以教育叙事及实证方法研究这些问题。有鉴于此，本书最后一部分从如何提升大学生学习投入的视角对提高高校教育教学的质量展开了理论探讨。本书注重教育研究方法的适切性，重视新的研究视角，重视提炼研究假设，更重视理论研究的与时俱进。例如，本书以"提高高等教育质量"为目的，从个人生活史的角度研究教师的职业幸福感，确立了教师职业幸福感的内容框架，研究教师职业幸福感的现状、影响教师职业幸福感形成的因素、途径等现实问题；从来华留学生、大学新生两类群体入手，以发展性心理教育为指导，从皮亚杰心理适应理论视角分析教师及心理教育对大学新生学习生活适应的影响，探讨大学新生第一学年心理育人的分层级、分主体的模式构建；从提高教育质量角度，探寻国内外文献中家庭因素对大学生学习投入的影响，研究有效促进大学生学习投入的路径分析。

　　本书的主要特色是应研究内容所需，综合使用教育叙事、实证研究及理论研究三种研究方法。教师的职业幸福作为一种主观体验，采用了质性研究方法中的教育叙事，意义在于强调个体教育经验的实践性并强调发展性的大学新生心理适应能力，更加注重不同个体各类问题及系统心理教育模式的实践检验，因而采用了实证研究进行效果验证。本书最后一部分基于前两部分的研究结果，针对如何提高高校大学生的教育质量，采用了文献分析的理论研究方法。为此，注重方法创新和理论创新是本书所追求的两大特色。本书的"教育叙事"采用了大量访谈、课堂观察、作品分析、录音、录像等方法；"实证分析"则采用了较多的问卷调查、现场调查、心理实验及效果验证；"理论研究法"则梳理了国内外特别是国外几百篇相关研究文献，与国内部分侧重理性思辨地研究高等教育有一定差别。当然，研究方法服从于研究问题，注重提出新的问题，注重从新的视角研究问题，是本书在理论创新中的主要做法。

马　蓉

2020 年 10 月

上篇　高校师生教育学习生活状况质性研究篇

中篇　大学生心理发展教育实证研究篇

下篇　提升高等教育质量对策分析篇

高校师生教育学习
生活状况质性研究篇

第一部分
高校辅导员职业幸福感的教育叙事

导 论

教育叙事研究的"前世今生"

　　教育叙事研究(narrative study)是随着教育研究和各个学科交叉研究不断深化而出现的一种新的研究方法，20世纪末，我国一些教育学者将其从西方国家借鉴到教育研究领域。由于其独特的研究方法及其与教育培养人的本质具有内在的相关性，教育叙事陆续引起我国越来越多研究者的关注。教育叙事是质性研究方法的一种，是以经验主义和后现代主义为理论指导，又融合了现象学、解释学理论，并与文学叙事相结合而成的一种新的教育研究方法。教育叙事研究方法弥补了以往教育研究中忽视教育对象现实经验的主体性生命价值和教育情境的条件价值的缺陷。

一、教育研究的叙事转向

(一)教育叙事是教育研究深化的结果

　　教育学是一门拥有悠久发展历史的学科，以研究教育现象和教育实践活动为对象，并以揭示教育规律为根本任务的社会学科。关于教育的对象，马克思认为，教育的对象是教育活动中"现实的个人"，是生活在现实的具体的社会的个体，教育活动中的个体才是教育学最具体最基本的研究对象[1]。随着科学研究特别是多学科综合研究的持续深化，人文科学研究和自然科学研究的异同之处成为研究者们共同面临的难题。

---

　　[1]　向贤明，等. 教育学原理[M].北京：高等教育出版社，2019.

赫拉克利特提出:"人不能两次踏进同一条河流。"①教育学与以思辨为主的哲学及注重形象思维的文学有本质上的区别,从教育的现象与教育实践中去揭示和发现其内部规律,是教育研究的终极目的,而这恰恰需要有适应其特殊任务的教育研究方式与之相对应。(以往受自然科学量化研究和哲学思辨研究影响,教育学研究文献往往过于注重理性思辨或偏重数据处理的实证量化研究以至于教育研究文献常常陷于"见物不见人"、脱离现实社会空谈大论的局面。当前,教育研究者需要重新反思紧紧围绕教育现象、教育实践的话语方式和理论方式。)

教育实践是人类经验的一部分,文学叙事作为人类历史经验表达的主要形式,在社会的发展中具有悠久的历史。不少研究实践已经表明,在表达现实教育生活中的经验体验以及教育现象中的相关教育知识和意义中,教育叙事已成为一种非常适合的表达方式,在表达和诠释教育经验及其意义方面具有其他研究方式难以实现的独特研究价值。叙述讲述和诠释是一种思想的表达,这种思想兼具人类经验的表达,是架在科学与人文之间的中间道路②。叙事研究既涉及了经验的表述,也涵盖了集体和个人的经验本质,为教育研究提供了一种经验的理论方式。

(二)诠释与深描——更为开放的研究方式

教育叙事的诠释或对教育生活的理解必须与实际生活的结构实践类别及情境等特征相吻合,并且是透过教育现象把教育研究对象的言语、感受与行动如实展示出来。邓金对此提出了8个诠释的标准③:

1.叙事是否生动地陈述了经历或经验?

2.叙事是否建立在深度叙事的基础上?

3.叙事内容是否具有历史性和关系性?

4.叙事的文本是否具有过程性和交往性?

5.叙事有没有对现象交代清楚?

6.叙事与关于现象的理解是否相关联?

7.叙事的结构连贯吗?它们包含理解吗?

8.叙事内容是否开放?

邓金特别强调深度描述是教育叙事的重要手段,其中细密性又是深度描述的根本特点。深度描述首先将个体经历置于特定的社会情境,在记录个体的思

---

① 北京大学哲学系.古希腊罗马哲学[M].北京:商务印书馆,1962.

② 联合国教科文组织.世界教育报告1998[M].北京:中国对外翻译出版公司,1999.

③ 丁钢.教育叙事的理论探究[J].高等教育研究,2008,29(1):32-37,64.

想和意义的同时也描述个体教育现象的情感与行动。更为重要的是陈述这一切都是基于研究对象的角度展开。叙事研究的独特之处在于它不是用因果关系对教育现象进行解释，而是采用多义性进行诠释和深度描述。事实上，只有深度叙事才能够实现展示现实经验的可能性，从而也才能达到对现象的真实理解。由此可见，教育叙事作为一种全新的研究方式，实际上就其研究本质而言，教育叙事具有空前的开放性。

因此，一些学校提出必须培养这种更加适合教育的研究模式，好好呵护它，不要再让它受漠视①。

二、教育叙事的理论基础

教育叙事是在后现代主义理论影响下的一种新的研究方法，该理论的研究基础主要源于美国民主主义理论家杜威的经验主义。同时，叙事研究还受到现象学、解释学、叙事学等理论的影响，并综合了以否定性、差异性及多元化为特征的后现代主义理论观点，是一种复杂的教育研究方法。

（一）经验主义理论

教育叙事研究的早期倡导者康纳利与克兰迪宁在《叙事探究：质的研究中的经验与故事》中强调：我们的研究深受杜威思想家的影响②。康纳利等人所说的影响就是指杜威的经验主义思想，即"学校即社会""学习即生活"的经验主义教育理念：任何人都是处在关系中，教育研究者也处在关系之中。康纳利等人对杜威的经验主义理念进行了进一步深化和拓展，为呈现连续性的教育实践经验创立了更为具体的三维叙事研究理论。然而，康纳利等人始终强调经验的重要意义，并且坚持认为叙事才是呈现和理解现实经验的最佳形式。

（二）解释学理论

解释学起先是作为解读宗教经典《圣经》的方法出现的。继而施莱尔马赫等人率先突破了文献解释的范围，伽达默尔等人也认为解释学应当是属于以理解为核心的哲学。教育研究与以思辨为主的哲学及注重形象思维的文学有本质上的区别，从教育现象、教育实践中去发现和揭示教育规律是教育学研究的根本宗旨。因而需要有适应其特殊任务的教育研究方式与之相适应。教育叙事研究的独特之处在于它不是用因果关系对教育现象进行解释，而是从多义性进行

---

① 拉塞克，维迪努.从现在到 2000 年教育内容发展的全球展望[M].北京：教育科学出版社，1996.

② 克兰迪宁，康纳利.叙事探究：质的研究中的经验与故事[M].张园，译.北京：北京大学出版社，2008.

诠释和深度描述。事实上只有深度叙事才能提供诠释现实经验意义的可能，并且只有深度叙事才能达成对不同真实现象的真正理解。布鲁纳曾做了一个形象的比喻：人类依据重力理论能够对一个落体运动做出科学解释，然而关于当苹果掉到牛顿头上时他脑袋里的变化，你能做的只能诠释①。解释学对现实的解读与理论角度的诠释与教育问题的特殊性相适切，为教育研究另辟了一条蹊径。

(三) 现象学理论

自从德国海德堡大学克里克首次把现象学引入到教育研究领域中以来，现象学便对教育学界产生了非常大的影响。教育研究领域广泛采用现象学的研究方法主要基于以下三个方面的原因：一是面向事实本身；二是回归现实教育生活世界；三是教育中交互的主体性。显而易见教育研究领域日益重视现象学最根本的原因在于：现象学转向事物本身，回到现实生活。这恰恰弥补了教育领域研究过于侧重思辨和量化实证，需回归教育事实本身的缺陷。

(四) 叙事学与后现代主义理论

由于叙事更多关注人类的经验，因此叙事成为小说文学的主要载体并且已具有较为悠久的历史。然而叙事作为一种研究方法被引入教育科学领域，这是学科之间交叉发展的结果，更源于叙事的独特价值：通过时间进程中事件的序列凝练和呈现超时间的逻辑事实及其本质意义②。后现代主义兴起于20世纪50—60年代，是对理性主义、教条主义和霸权主义的反叛，多元化和差异性是其显著特征。一元认识论是后现代主义的核心思想，"真理的标准是依赖语境的"是其最典型的口号③。

以否定性、差异性和多元化思维方式为特征的后现代主义思想一经引入教育领域，就引发了教育研究者们关于研究思维的巨大变革。丁钢教授认为在人文研究与科学研究之间有一个中间通道，那就是教育叙事研究。因为教育叙事研究把教育生活的理论思想引入到现实的教育实践经验之中，最重要的是通过对现实生活经验的叙述，更有效地促进了人们对教育及其意义的理解。

三、教育叙事研究的特点

把教育生活的理论思想引入到现实的教育实践经验之中，并通过现实生活经验者的叙述展示教育主体内在的真实心理活动轨迹，以有效促进人们对教育

---

① 丁钢.声音与经验：教育叙事探究[M].北京：教育科学出版社，2009.
② 王鉴，杨鑫.近十年我国教育叙事研究评析[J].当代教育与文化，2009(3)：15.
③ 郭贵春.后现代科学哲学[M].长沙：湖南教育出版社，1998.

及其意义的理解，是教育叙事的主要运用过程和终极目的。教育叙事研究主要具有如下特点：

一是关注事件的历史性。教育生活的叙事都是对过去事件的呈现，非对未来的预测。教育实践具有真实性，是教育生活中发生过的现实事件，绝非教育者本人的主观臆测。教育叙事尤为重视教育故事的情境和时空状况，尤其是对叙事者的个人生活历史及当前生活现状的意义尤为关注。

二是教育叙事内容要具有"情节性"。教育叙事的理论基础之一就是文学研究中的叙事理论，因而叙事的故事要有矛盾冲突与生动的情节，而不能像会议记录或者因果问答的教条式陈述。比如，教师在处理课堂矛盾问题时会面临一些冲突，因而教育叙事都是具有一定情节的教育故事。

三是采用归纳法揭示教育研究结论。教育生活中的叙事都是对过去事件的呈现，却并不是对未来世界的预测。教育实践是教育生活中发生过的现实事件，绝非教育者本人的主观臆测。因而教育叙事研究的最后结果是从过去的具体教育事件及其情节中归纳出来的，而不是采用演绎的方法得来的。

综上所述，教育研究与以思辨为主的哲学及注重形象思维的文学有本质上的区别，从教育现象、教育实践中去发现和揭示教育规律，是教育学研究的根本宗旨，需要有适应其特殊任务的教育研究方式与之相适应。教育叙事研究的独特之处是从多义性角度对教育现象进行诠释和深度描述，从而实现对不同真实现象的理解。可见，教育叙事研究弥补了以往受自然科学量化研究和哲学思辨研究影响、过于注重理性思辨的缺陷，为教育研究方法注入了新鲜的血液。

四、教育叙事研究的方法和意义

(一) 教育叙事研究的方法

教育叙事基于经验主义理论，同时也受到现象学、解释学、叙事学等理论的影响，是综合了以否定性、差异性及多元化为特征的后现代主义等观点的一种复杂的教育研究方法。"呈现-分析-揭示"是教育生活叙事的核心框架①。

教育叙事研究的方式主要有两种：一种是教师教育叙事。即教师既是故事的述说者也是叙事的记述者，因而也称"教师叙事的行动研究"。这种方式既可以教师自主进行也可以在教育研究者的指导下展开反思性改进教学。另一种是研究者的教育叙事。即教育研究者记述教育故事，教师是研究中的故事陈述者而非记录者。该种叙事主要是教育研究者针对某个研究问题以教育实践活动中的个别教师或者学生为观察和访谈研究的对象展开，也包括以教师的内隐的

① 刘训华. 论教育生活叙事[J]. 浙江社会科学，2020(2)：95-102，158.

"想法"和外显的行为及其他形式的文本，如教学听课记录等为"解释"的对象。教师叙事研究和研究者的叙事研究以不同的形式表达了教育叙事研究的现实意义和理论价值。

本文以第二种方法，即教育研究者的教育叙事为主，以教师作为研究参与者和研究对象，中间穿插教师个人自传，这样既可以展现教师的日常教育生活小故事，又能够通过教育故事解析教育现象背后的本质，以揭示日常平凡的教育生活中的教育大智慧。

（二）教育叙事研究的意义

教育叙事研究对教师和教育研究工作具有极为特殊的价值和意义。当教师把自己日常的教育生活翔实叙述并记录，表明教师在开展对自己教育生活经历的反思，内在承受着对自己的言行给出合理解释的思想压力，这样才真正开始对自身教学理念和行为之间的差异展开思考。在教育研究工作中，研究者们对教师实际生活的深描和翔实叙事，开拓了对教育主体人文关怀和情感态度研究的领域。以往教育研究往往忽略了研究者和被研究者之间的平等对话，只有真正走进研究对象，走进研究对象的教育生活，才能够真正获得被研究者的真实体验。

正如莎士比亚所言，"世界就是一个舞台"。在教育的现实舞台上，每天都在上演着不同的教育故事，这些故事并非瞬间即逝，往往是在较长一段时间里持续影响着与之相关的教师和学生们。因此，对真实的教育世界进行叙事研究，无论是对学生、教师、教育研究者来说还是对社会来说，都具有深刻的意义。这也正是教育叙事研究的意义所在。

本研究采用叙事研究的主要优势如下：

1. 深入高校课堂、学生宿舍及其他相关场所做调查和访谈，能够平等地与教师和学生交流，同时也得到了他们的积极支持和信赖，如实展示了高校师生的真实生存状态，研究材料的可信度和有效性也得到了保障；

2. 教育叙事研究采用多元化的途径探索高等教育内在的深层次问题、主要影响因素及内在作用机制，突破了理性思辨等研究方法的局限；

3. 教育叙事研究能够挖掘出鲜活的"个人叙事"，使教育制度和抽象的理论能够得到活生生的呈现，这种自下而上的理论更贴近教育的现实生活。

此外，本研究的整个开展过程对研究对象本身来说也是一个良好的教育过程。

五、本研究的思路与方法

首先，在研究初期采用了文献研究法。

本研究以教育叙事的方式展示大学校园里教师和学生的工作、学习和生活，以教育叙事理论和方法为指导，针对教师职业和学生群体生活和学习情况采用文献法展开了教育叙事理论梳理，通过查阅以往研究文献把握相关理论、目前的最新发展动态，总结归纳教育叙事研究重点问题，为本研究提供借鉴与参考，并力求在此基础上进行进一步创新。

其次，本研究的中期采用实地调查法。

采用的调查方法主要有访谈法、观察法及实物收集法。访谈法分为结构性访谈和半结构性访谈，辅以典型案例的深度访谈；观察法主要是深入教师和学生的实际生活，对其在课堂、寝室、图书室、体育馆等校园各个角落的行为表现进行调查了解，从其行为特征中洞察其内在的心理发展历程及个性特点。本研究为得到全面的第一手资料还收集了教师过往至今的教学材料，如工作总结、个人小传、教案反思日记、学生作业、公开课录像等材料，并对学生的课堂笔记、日记、作业、参赛作品及同学老师之间的聊天记录等资料进行了整理分类。

在研究的总结阶段，本研究采用了教育叙事研究的方法呈现研究成果，即现场文本的转换阶段采用独特的教育叙事研究的方法。

综上，之所以选择教育叙事研究作为本研究的研究方法，一是取决于研究问题本身，即教师职业幸福感和学生的学习生活心理适应状况的主题需要；二是由教育叙事这种独特的教育研究方法本身具有的功能和特点所决定的。

第一章

引　言

一、研究缘起

党的十八大指出，教育是民族振兴和社会进步的基石，因而，兴国必强师。教师是教育活动的主体，教师的职业状况是教育事业成败的关键，教师也是提升教育质量的动力性因素。"问渠哪得清如许？为有源头活水来"。高校教师是大学生成长的引路人，特别是负责大学生日常教育管理的辅导员老师，他们是塑造大学生品格、品行、品位的直接承担者。职业幸福感是一种主体自我愉悦的主观精神状态，既包括对自身职业工作做出的满意度评价，也是主体实现职业理想时的积极状态。置身于当前飞速发展的信息化社会，高校辅导员的职业生活状况有无变化？发生了哪些变化？他们在教育生活中感受到幸福了吗？在社会上，教师职业给他们带来"最光辉的事业"的相应认可了吗？编者带着这些问题，在2017年2月至2019年5月两年多时间内深入一线教师的生活和课堂，进行了多角度、多场所、多视角的走访和调研。

调查发现，自从大学扩招以后，大批有厌学情绪的学生涌入高校，很多网络依赖的学生也在其中，加上越来越多的留守儿童到了高考的年龄，系列问题在大学中不断涌现，这在无形中给辅导员的工作带来了更高的难度。高校辅导员的工作时间长、工作压力大、工资待遇低，沉重的工作负荷、固化的制度和有限的发展空间是阻碍当前高校辅导员教师获得职业幸福感的三大绊脚石。有研究发现，为数较多的农村大学生承受着经济上的压力和学习压力，因此造成心理障碍大学生的比例占10%以上，大学新生中，存在较严重心理障碍及中度以上心理问题的分别占8%和11.35%，研究还发现占调查总数20%以上的新生有心理问题倾向。因此，很多高校明确规定辅导员的手机必须24小时处于待机状态，超长工作时间及工作与生活的无边界，是辅导员最为烦扰和渴望解决的问题。然而，当下的社会对辅导员的工作认可度却并不高，辅导员的工资待遇在高校属于偏低水平，这些因素使得不少高校辅导员选择考博或者转考公务员。幸福比较理论强调幸福是相对的，幸福取决于在这个群体中的相对状况。然而，大部分辅导员是新毕业的本科生或者硕士生，他们工作热情高、干劲足、负责任，是理应得到关注和重视的弱势群体。

近年来，国家加大了对高校辅导员的培养工作力度，为辅导员职业发展和职称评定设置专门的通道，这在很大程度上激励了充满干劲和活力的辅导员群体，他们在迷茫中找到了属于自己的职业发展道路，对未来的职业生活和教育梦想，也充满了期待和希望。本研究记录了一位辅导员在这一特殊阶段的心理发展历程，展示了一位优秀辅导员的职业成长之路。

二、文献综述

(一) 研究现状

20 世纪末，国内学者叶澜[①]、檀传宝[②]、刘次林[③]等学者的研究率先唤起了国内教育研究领域对教师群体主体性的关注。从此，关于"教师幸福"的研究成为学界关注的焦点。随后，有关教师职业幸福的专著相继出版，与教师幸福理论相关的研究逐渐得到拓展和延伸。然而，教师幸福研究仍然处于前期探索阶段，突出表现在研究的主体较为集中，关于高校辅导员群体的研究较少，质性研究尚未有人探索。目前已有研究重点主要集中在幸福感内涵、影响因素及提升策略三方面。早期，廖深基等人(2008)从"职业认知"和"职业认同"角度对辅导员的职业状况进行了阐述，曾瑜等人(2009)从个人调节层面、组织层面、社会支持方面初步对职业幸福的内涵和培养途径进行了探索。近十年以来，随着多学科的综合发展，更多学者开始专注于影响教师职业幸福的诸因素之间及其内在关系的实证研究，如，胡春琴(2012)从大学英语教师专业发展与幸福感之间关系的角度，何根海(2013)从高校教师工作满意度角度，周喜华(2013)从高校青年教师职业倦怠与生存质量、自我和谐关系的角度，马多秀(2014)对不同阶段教师教育幸福感开展比较研究，史从戎(2014)针对高校青年教师教学效能感与幸福感之间关系，胡高喜、佟哲、陈少英等人(2016)从经济收入视角对高校教师主观幸福感的组织承诺中介效应展开了论证，郑楠、周恩毅(2017)对高校青年教师的工作幸福感对其创新行为的影响进行了分析，以上研究均以实证论证的方式对高校教师职业幸福感和满意度等职业状况做了探索。

关于对策研究，孙彬(2018)对高校教师职业幸福感缺失原因与路径探析进

---

① 叶澜.让课堂焕发出生命的活力[J].教育研究,1997(9):3-8.
② 檀传宝.教师伦理学专题[M].北京:北京师范大学出版社,2003.
③ 刘次林.幸福教育论[M].北京:人民教育出版社,2003.

行了探索，倪国栋、王文顺、刘志强（2018）等人对高校青年教师工作幸福感形成机理与改善策略提出了若干建议，陈雯静（2019）则对陕西省高校教师工作幸福感现状、影响因素分析及对策建议做了一个系统的研究分析。刘亮军、郭凤霞（2020）基于中部省份地方本科高校青年教师的主观幸福感与教学质量之间的关系展开了研究，该研究发现环境污染和社会参与对高校青年教师职业幸福感有交互影响作用，并且发现社会参与较为有利于幸福感的提升。

国外幸福感研究主要集中在对幸福感概念的界定、幸福感的维度划分以及幸福感的影响因素和提升策略上，如 Ulla Kinnunen 等[1]把芬兰教师的职业幸福感分为情感、行为、健康三个维度来测量。总体来看，国外关于教师职业幸福感的研究主要围绕以下方面：

第一，教师的职业幸福感受社会及学校中不可控制因素的影响，主要包括社会地位、教师社会形象、教师待遇、学校的管理政策、班级的规模及学生的素质等因素；

第二，教师的职业幸福感与教师的工作年限有一定关系，大部分研究表明，教师的幸福感随着教龄的增长而逐渐减少；

第三，教师个体自身的特点与教师职业幸福感获得有重要影响，特别是教师的气质、性格及对待幸福的态度，此外，个体与环境的互动状况也尤为重要；

最后，学校的教育管理者对教师的职业幸福感获得发挥着越来越重要的作用，学校教育管理和组织者及其制定的管理政策极大地影响着教师的满意度和幸福感的获得。

不难发现，虽然作为研究主题的幸福感是一种个体主观上的情感状态，但主体可以通过主动调节去感受和体验幸福，职业幸福是一种能够不断提升和主动追求的情感体验。

（二）研究述评

梳理文献发现，当前国内关于教师幸福感的研究主要存在以下不足：

首先，在测量教师职业幸福感方面，目前还鲜有符合我国国情的统一工具，大部分实证量化研究工具借鉴国外的较多，而结合我国的文化、历史及国情的修正性问卷是保证研究准确性的重要方面，只有全面、合理的问卷测试内容，方可探索出有应用和参考价值的研究结果。

其次，目前的研究对象大部分集中在少数专家教师群体，往往对高校中容易被忽视的辅导员群体的职业幸福研究较为缺乏，辅导员是大学生日常生活和

---

① Kinnunen U, Parkatti T, Rasku A. Occupational well-being among aging teachers in Finland [J]. Scandinavian Journal of Educational Research, 1994, 38: 3-4.

学习的直接管理者和教育者，他们的生活状态应当引起足够的重视。

最后，当前的研究方法与研究主题有一定误差。已有研究，特别是近期的教师职业幸福感研究，量化实证研究占据较大比例。然而，幸福感作为一种主观体验，量化研究与理性思辨都忽视了对特定研究问题——主观幸福感的研究方法的选择。教师是完整的个体，是有思想、有意识的"人"，他们每天都在经历着不同的教育教学生活，每天的体验也存在较大差异。理性思辨和实证研究很难真正反映教师的真实生活状态，只有走近教育生活，走近他们的精神世界，去了解、去解读，才能真正获得对实际状态下教师职业幸福感的准确把握。

作为质性研究方式之一的教育叙事，能够深入了解个体教育生活的经历、体验及内在心路历程，这与幸福感的个体性、具体化及感受性的本质特点相吻合，也正是本文选用教育叙事研究作为研究方法的根本原因。

(三) 关于幸福感的理论

当前关于幸福感的理论模型主要是比较理论、特质理论、期望值理论、状态理论及目标理论等①。比较理论指的是幸福源于比较的标准，周围的环境会发挥较大的影响；特质理论认为人天生有幸福快乐的素质；期望值理论指的是个体对对象的期望值和实际成就之间的差异会直接影响幸福感的获得及强弱，并且期望值和个人外在条件及内在条件都会影响幸福感的获得；状态理论认为幸福就是加法和减法运算，幸福就是减去痛苦留下的快乐，这是比较独特的一种观点；目标理论则强调幸福感源于目标的实现。而活动理论认为，活动会产生很多副产品，幸福感就是其中一个产物，幸福不是活动的结果，而是活动过程本身。

诸多幸福感理论为本研究对幸福感内涵及维度的界定奠定了理论基础，幸福感是一种比较状态下的情感体验，与个体的期望值和目标有关，幸福感的感受存在个体差异，但可以在活动中被感知，而不仅仅存在于活动的结果，基于以上理论观点，作者对研究对象展开了长期的实地调查和叙事研究。

(四) 相关概念阐释

本研究中，高校辅导员职业是指以大学生为教育对象，并为社会政治和经济服务的高校在职在岗人员。本研究中的研究对象是在普通高校中的专职辅导员教师。教师的职业幸福感(occupational well-being)就是教师对自身教育教学工作做出积极评价时的主观内在体验。教师的职业幸福感具有以下特点：

(1) 幸福感虽然是一种主观上的感受，但也是一种心理能力，个体能否感受到幸福，还与主体是否去感受、去体验密切相关；

---

① 段建华.主观幸福感研究概述[J].心理学动态,1996,4(1):46.

（2）幸福感不是必然的，但是个体可以积极主动地去体验、去创造；

（3）幸福感是多层次、多维度的，既有理性也有感性，既有物质也有精神，既有享受也有奉献。

幸福感的多因素、多维度特性启示我们，可以通过提高与之相关的事物去促成教师职业幸福感的生成。只要教师们从客观现实出发，结合自身情况，树立积极的人生奋斗目标，并坚持不懈地追求，在社会和学校的共同努力下，最终一定能够实现与学生共同成长，达到共同幸福生活的目标。

三、研究目的与意义

（一）研究目的

本研究的目的并不是理论论证，也不是幸福感量表编制，更不是为高校辅导员谋福利，本研究的根本目的是通过以理解和共情的态度对研究对象的日常教育生活展开叙事，对高校辅导员的真实生活进行体察，通过深度细描，展示辅导员在现实教育生活中的实际状态，并进一步探讨影响高校辅导员职业幸福感的主要来源和相关因素，最后尝试为一些地区高校辅导员的教育和管理工作提供建议。

（二）研究意义

本研究能够为一线辅导员及其管理者提供实践借鉴。高校辅导员既是大学生思想上的领路人，还是大学生心理发展的引导者。辅导员能否在工作中有职业幸福感，直接影响其工作的热情和积极性，对辅导员的职业生活状态进行翔实描述和呈现，能够帮助一线教师，特别是辅导员教师从旁观者的角度进一步反思自身的工作状况，为未来的职业发展提供现实思考，也为教育组织和管理部门不断调整优化管理制度和管理办法提供借鉴。

当前文献从经济和社会发展角度对教师"应然"状态的要求较多，而且多倾向于研究优秀的教师，比如专家教师等，真正走进教育实践生活，走进课堂，走进教师的内心，去深入体察"实然"状态下教师的教育生活和生存状态的研究较为匮乏。

四、研究过程

（一）确定研究对象

本研究采用个案研究法，通过"目的性抽样"①及"同质性抽样"法，对研究

---

① 陈向明.质的研究方法与社会科学研究[M].北京：教育科学出版社，2001.

个案进行了筛选。

在 2017 年 5 月至 2017 年 12 月，编者以所任教的高校为主，结合对周边高校的多次走访与调研，初步锁定了四位准研究对象，按照保密原则，本文使用的研究对象均为化名。

研究对象 D：江西省某师范大学辅导员，师范院校本科毕业，毕业刚满 2 年，充满工作热情，做事有方法，被评为年度优秀辅导员。

研究对象 S：江西省某职业技术学院辅导员，理工科院校本科毕业，教龄 5 年，她的职业追求是"把家庭照顾好，工作不出错就非常满足"。

研究对象 W：江西省某理工大学专职辅导员，师范专科毕业，专升本取得了本科学历，目前正在参加在职研究生的课程学习，已有 13 年教龄。他对从事的辅导员事业有着自己的看法。

研究对象 X：江西省某医学院教师，是位兼职辅导员，博士毕业，3 年教龄，因学院当前的教师数量严重不足，被要求从教前五年兼职辅导员工作。因为有教学任务，X 的精力主要在教学上，对辅导员工作无暇顾及。

之所以选择这些老师作为研究对象，主要是因为他们实际上代表了当前高校辅导员的主要状态，比如，有些对工作没有特别追求，仅是应付职务，还有些是真正热爱这份工作，坚持多年踏踏实实。

初步锁定四位研究对象之后，通过观察、深入访谈、实物收集的方法收集资料。与每一个研究对象数次接触之后，作者发现 W 老师是一个比较特殊的研究对象，他是一个在教育活动中能够不断克服各种束缚，在艰难的环境中追求成长和职业发展的个案。虽然 W 老师没有颇为耀眼的教育成就，但是通过访谈可以发现他有较为丰富的教育幸福体验和新奇生动的教育故事，在几位研究对象中，W 的教育经历是最完整、最丰富也是最深刻的。叙事研究的目的就是展示同质性个案的现实模样，这与质性研究的目的一致，因而，最后本文把研究对象聚焦到了案例 W 老师身上，即下文中的"王老师"。

(二)设计访谈提纲

本研究的访谈提纲主要基于约翰斯的工作满意度理论、马斯洛的七个需要层次理论、赫茨伯格的"双因素论"[①]及诺丁斯关于幸福的理论论述[②]等四个理论。

加里·约翰斯(2002)认为，满意是内在信念和价值观与外在报酬、提升、管理、工作群体等因素相关的一种心理状态。马斯洛(1968)的七个需要层次理

---

① 龚敏.组织行为学[M].上海：上海财经大学出版社，2002.

② Noddings N. Happiness and Education[M]. Cambridge：Cambridge University Press，2003.

论,指的是生理需要、安全需要、归属与爱的需要、尊重的需要、求知的需要、审美需要以及自我实现的需要。马斯洛进一步指出,个体需要层次由低到高依次实现,当低级需要即生理的需要没有得到满足时,个体一般不会考虑高一级的需要,马斯洛的需要层次理论表明了经济、物质条件等需要对教师生活状况的重要物质供给的保障作用。美国心理学家赫茨伯格(1959)的"双因素论"把有关个体需要因素概括为保健因素与激励因素;满意因素是指可以使人得到满足和激励的因素;不满意因素是指容易产生意见和消极行为的因素,即保健因素;这两种因素是影响员工绩效的主要因素。赫茨伯格认为,保健因素的内容包括公司的政策与管理、监督、工资、同事关系和工作条件等,这些因素都是工作以外的因素,如果满足这些因素,能消除不满情绪,维持原有的工作效率。20世纪80年代,幸福心理学研究先驱诺丁斯提出了关怀理论,诺丁斯认为,幸福来源有两个途径,一个是职业领域,另一个是私人领域。

基于加里·约翰斯的工作满意度因素理论、马斯洛的七个需要层次理论、赫茨伯格的"双因素论"及诺丁斯关于幸福的理论论述四个理论,本研究的维度确定为以下七个方面:工作条件、管理、工作群体、自我实现、工作本身、报酬及业余生活,具体见本书附录1。本研究的理论基础既有国外研究观点的借鉴,也结合了国内研究现状以及当前我国高校辅导员的生活现状,辅导员实际面临的困难等内外部因素,特别针对辅导员24小时的工作状态,增加了业余生活的维度,以全方位呈现研究对象的职业生活实际状况。此外,除了对研究对象王老师本人的调查研究和实地访谈,还对王老师的同事、直接领导及学生开展了面对面访谈。

(三)资料收集与现场文本转换

充分占有大量第一手田野资料,是教育叙事研究的必备条件。叙事研究对资料整理也具有较高要求。作者在2018年2月至2019年11月对从各个途径收集来的资料进行了属性分析和系统整理。资料主要来源于实地访谈、深度访谈、课堂观察、学生作业,以及在征询教师本人同意情况下的视频和音频的采集。

1.资料的收集过程

访谈是资料收集的主体形式,本研究的访谈主要是王老师的职业成长经历、教学观、学生观以及课堂管理等各个方面的内容。面谈、微信交流、QQ交流是主要途径。

实地观察主要是在课堂内外和教室内外,重点观察场所是教师的办公室、教师走访宿舍时以及教师和学生共同室外活动的一些场所。

实物收集主要是王老师的个人自传、教育小结、反思日记、学生对教师的测评等，共计收集 8 万余字的录音和视频资料，五千余字的纸质材料以及三百余份学生对教师教育管理情况的测评材料。

2. 现场文本的转换

首先，基于质性研究的方法论基础，本研究采用了类属分析的方式，即解读田野资料中反复出现的现象并揭示这些现象的重要概念①。基于前期对研究主题七个维度的划分，对研究内容有了明确的研究思路；然后，以时间的顺序展开教育叙事的叙述，以个体教育生活回忆的方式展开陈述；最后，在研究主体的七个维度之外，本研究还增设了一个"文化主位"的研究视角，所谓"文化主位"就是让研究对象自己谈谈对职业幸福感的理解②，同时把教师自己的个人理解融合到七个维度中去，从而建立了一个具有八个类属的具有从属关系的结构图，如图 1-1 所示。

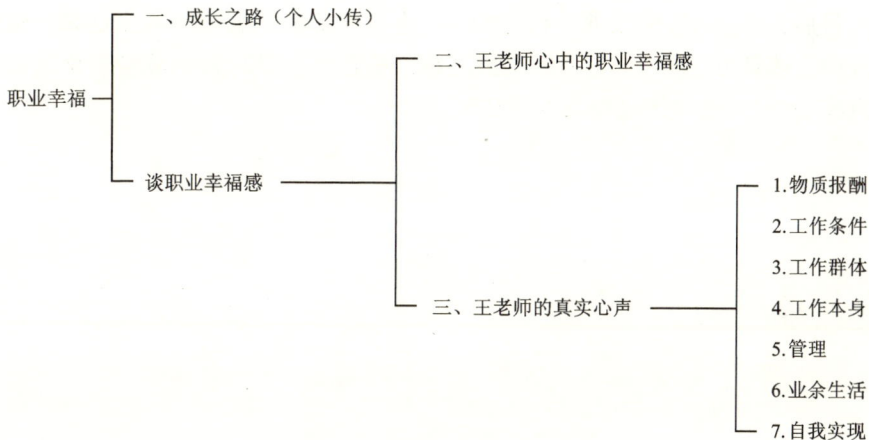

图 1-1　资料的基本类属

建立了资料类属系统之后，本研究展开了第二轮的资料分析。编者依据陈向明关于质性研究"主动投降"的方法③，在整理材料的时候时时铭记站在第三方的立场，抛开前期的理论假设和个人判断，将获取的田野资料按照八个类属

①　陈向明.质的研究方法与社会科学研究[M].北京:教育科学出版社,2001.
②　陈向明.旅居者和"外国人"[M].北京:教育科学出版社,2004.
③　陈向明.教师如何作质的研究[M].北京:教育科学出版社,2001.

——归类，并在每一个类属里面寻找研究对象的"本土概念"（研究对象多次提到、反复强调的概念）。访谈中，王老师反复提到幸福感的获得与外在环境有关，这个环境被王老师反复提到的词汇有：师生关系、上下级关系、领导关系、交际圈子、整个圈子。诸多类似概念对比之后发现，王老师所谓的环境就是他周围的人际交往圈，这就是王老师的人际交往关系中的一个"本土概念"。

研究的最后阶段是将结论提升为理论。质性研究的理论，非"形式理论"，而是研究者从研究对象的资料中整理出来的对现实经验的解释和理解，主要的理论源于扎根理论"自下而上"的理论路线：基于原始田野资料，梳理能够比较概括、比较凝练且集中体现资料内容的一些概念。最后汇总整理分析这些概念的内在联系，从而提炼出实质理论来。比如，本文中对职业幸福感的来源分析的结果就是职业兴趣、被认可、教学效果及业余生活四个方面，然后再把这些观点返回原始资料中去核对和互相印证，最后得到相应的实质理论：职业幸福感的前提条件是职业兴趣，教学效果是教师职业幸福感的内在动力和外在回报，被认可是教师幸福感的具体体现，业余生活是教师有效的调节方式。

最后，通过这些阶段的分析与归纳，本研究的框架就逐步确立起来，构成研究的主体部分，即：王老师的成长之路、王老师心中的职业幸福感及王老师的真实心声（对七个维度的真实看法）。

第二章

王老师的职业生活叙事①

研究对象 W(下文均称王老师)是一位从教十三年,已近 40 岁的男教师。十几年前,王老师师范专科毕业后来到江西某职业学院从事辅导员工作,通过业余时间进修,2015 年王老师获得了本科学历,目前正在职攻读硕士学位。

一、成长之路

(一) 王老师的教育背景

王老师出生于 20 世纪 80 年代,他的父母都是朴实厚道的农民,家中共有两个妹妹一个弟弟。王老师的父亲年近七十,年少时读过高小,王老师的母亲没有接受过任何教育,不喜言谈,但生活非常质朴,性格也比较温和,是典型的勤劳善良的中国农民。总体来说,王老师和他的兄弟姐妹受到其父亲的影响较大。王老师的父亲,因接受了几年教育,在村里做了几十年的会计,一直颇受村里人尊敬。王老师的父亲一直喜爱读书和看报纸,闲暇时,常会给孩子们讲些民间故事、神话传说及历史典故,因此,周末或者阴雨天气就成为王老师最期待的日子。久而久之,王老师和他的弟弟妹妹们都对文科产生了极大兴趣,高考后都先后选择了偏向文科的专业。由此可见,家庭教育对个体成长的早期具有非常重要的影响。

作为家中长子,王老师在父母影响下自幼养成了勤劳刻苦的习惯。王老师的小学阶段和中学阶段完全是在做不完的家务中度过的。但是,王老师的学习成绩非常优异,特别是语文成绩一直比较出色,已具有较好的写作水平和阅读基础。然而,他放学回家后基本没有时间学习,除了家务还要去田里帮助父母务农。一有时间王老师就会去阅读父亲珍藏的书籍。静静地阅读一会文学或历史故事对王老师来说,已成为一种享受。不知不觉到了高中的分科阶段,王老

---

① 此部分内容根据作者在 2017 年 8 月—2019 年 11 月对王老师的数次访谈整理,除特别需要说明外,基本是王老师原话呈现(原话为楷体,宋体为转述)。

师毫不犹豫地选择了文科。然而，身体原因使得王老师高考发挥失利，高考分数仅达到专科学校的录取线，而王老师的高考理想是最低也要读个省内一流的师范大学本科。但是为了早日减轻家里沉重的经济负担，经过再三考虑，王老师最终选择放弃复读，上了一所省内普通师范类专科学校。

在个体成长的早期环境中，家庭是第一位的影响因素，父母是孩子第一位启蒙老师，基础教育阶段家庭教育的作用尤为显著。王老师在比较宽松自由的环境中长大，良好的家庭氛围培育了他沉稳、踏实的人格，为其入职以后与学生建立民主平等的师生关系奠定了基础，父母勤勉务实的生活习惯也熏染了他不断追求职业发展、始终如一地为自己的工作目标奋斗不止的积极心态。

王老师觉得两年师范课程学习(专科两年)之后，他并没有做好当老师的充分准备。当时选择的是中文专业，第一年基本是在适应大学生活的课程设置与教学方法，第二年还没来得及消化所学的理论知识，就被告知去教育见习，接着是教育实习，然后就面临毕业工作。王老师所在大学的课程设置大部分是以理论课为主，比如《古代文学》《现当代文学》《古代汉语》《现代汉语》《教育原理》《心理学原理》等，这些课程占据了大部分的学习时间。并且，多数老师的教学方法基本是照本宣科，因学校的考试管理比较严格，学生只能采用机械记忆的方法去应付考试，课程设置上严重缺乏提升教育教学能力的实践锻炼。不过，这期间，王老师对文学和汉语言知识掌握得较好，为日后成为一位有思想、有情怀的教师奠定了基础。

大专两年，远离家乡来到城市求学的王老师跟父母亲联系较少。由于大学的学习方式和课程设置与高中完全不同，王老师的学习也有过退步及难以适应的问题。但凭借勤奋刻苦的精神和坚强的意志，王老师还获得了奖学金。王老师大学里最大的收获是在音乐上的尝试，王老师在业余时间酷爱听歌，也喜欢边听边唱。在同学们的鼓励下，在第一年的元旦晚会上，王老师为同学们献上了一曲《小白杨》，他的表演赢得了师生们热烈的掌声。从此，王老师积极参加学校的文艺社团活动，还成为学生会的文艺干部，结交了不少新朋友，这使得稍显内向的王老师变得活泼开朗。班主任曾给他毕业寄语："艺多不压身，品高人敬钦。"这些大学生活经历给王老师留下了难忘的美好回忆。参加工作以后，王老师常会在班级文艺活动中和学生们一起表演节目，这既有利于维持和谐的师生关系，同时也为他的生活带来了不少乐趣。

转眼两年大专学习生涯即将结束，周围的同学有的准备考研，有的准备专升本，王老师考虑到家里的经济条件(两个妹妹一个弟弟都在读书)，虽然有些不甘心，但还是打算先工作，可是他没有选择回老家从教，而是选择了在赣州(读大专所在的城市)一所职业学院(A 学院)从事辅导员工作。王老师回忆说，之所以做这个选择有两个原因：一是解决个人生活问题，减轻家里的经济负担；二是因为在城市的生活压力大，但动力也更大，这些动力可以督促自己不断去追求学业上的进一步发展。

高等学校在培养人才的过程中发挥着主导作用。师范学校在培养教育人才方面承担着重大任务，课程设置和教学方法应当是最为合理、最为新颖的，否则就难以完成教书育人的艰巨任务。此外，师范类学校应该重视文艺、体育和美术等课程，这些课程既可以给学生传授知识和能力，同时也有助于完善学生（未来教师）的人格，为就业后新的和谐师生关系的构建奠定基础。

王老师就职以后，凭借其认真积极的工作态度及勤奋严谨的治学风格，很快得到了系领导的重用，成为系办公室的副主任。然而，由于没有在师范院校学习如何与学生相处，如何有效管理几百个学生的日常生活学习以及如何帮助存在突发心理问题的学生，他只有边工作边摸索。当初在师范学院学习的理论知识完全派不上用场。王老师明显感到"知识有余，方法不足"。由此可见，学校的课程设置与教学方法直接影响到学生的知识结构与教育能力。

（二）王老师的职业生涯

刚入职的时候，王老师的工资仅有几百块钱，住着单身宿舍，学生远没有现在这么多，面临的压力也没有现在这么大，每天都和学生在一起，开心也快乐。但是几年之后，高考扩招，家长和社会对教师职业的认同度较低，使得王老师必须继续进修本科，加上小家庭的沉重经济负担，以及工作上的事情也开始变得复杂，工作对象从刚开始工作的一百多人到现在的三百余人，且学生素质日益下降，这时候的王老师感受到了前所未有的压力。

刚踏上工作岗位时，我觉得老师是世界上最幸福的职业。每天心里只想着学生的事情，当学习困难的学生有了进步，当学生参加全校活动获得了较满意的成绩，当学生的顽固懒惰思想状况有了较大转变，我都会充满自豪感和满足感，自我感觉比学生更振奋，但这样的状态大约持续了三年。之后，我逐渐对教育工作产生了疲惫厌倦之感。其中一个原因是工资待遇太低，勉强只够自己支出，几乎没有可能去接济家里，更不要说如何成立家庭；另一方面，随着这几年的扩招，学生整体素质普遍下降，学生出现问题的频率更高，我的工作压力更大了，特别是精神压力。加之家长和社会对教师也越发不理解，对教师的工作价值和奉献精神认可度也在下降。说句实话，高校辅导员是头上戴着虚假的光环，脖子上套着枷锁，手脚拴着镣铐、日夜卖命（为学生、为教育事业、为饭碗、为子女）的苦行僧。

——摘自《王老师成长日记》

二、"我心目中的职业幸福感"——王老师的理解

参加工作将近十三年，在教学生涯中，王老师觉得喜怒哀乐兼具。当被问及"你在工作中体验到幸福感了吗"的时候，王老师说，提到幸福，脑海中首先浮现的是一些基础较差的学生持续的进步，以及经过与学生一起努力获得的成功，还有一些学生毕业了还会记得常问候我，这些都能够给我带来喜悦感和满足感，并给我带来了新的工作动力和热情。此外，王老师表示，随着工作经验的积累，近几年管理学生不再像以前刚工作时那样费时费力，自己也渐渐有了业余生活，工作中偶尔也体验到了以前未感受过的轻松感。

(一) 对工作的喜欢程度

刚去 A 校工作的时候，由于是职业学院，学生的素质普遍较低，自我管理能力和与他人的沟通交流能力也普遍较差。王老师和刚入校的大学新生年龄相仿，他带着极高的工作热情投入到每一天的工作中，除了三餐及休息时间，王老师的其他时间基本上都是和学生一起度过的，有时候即便已经深夜，但当得知学生宿舍出现了摩擦或者有同学反映室友状态不好时，王老师都会立刻赶到寝室，直到正常状态才安心回去。在一些特殊时期，比如期末考试、运动会、新生入校等，学生需要更多督促，需要调动集体力量，或者需要帮助的可能性较大的时候，王老师每天基本是连轴转，早饭常常忘记吃。有人说，找王老师很容易，他不是在自习教室就是在学生宿舍。每到春天，王老师都要带着一些学生踏青，去赣州八境台和宋代古城墙，去蒋经国故居和郁孤台。每到秋天，王老师组织所有新生开展一次大规模的校园游玩活动，与学生一起做做游戏，聊聊天，帮助新生尽早适应大学生的生活与学习。

然而，A 学院对每位辅导员的工作考核干好干坏一个样，干和不干没差别。王老师一心扑在工作上，却并没有得到应有的认可，使得他对工作的热情常常会因此受到影响。此外，王老师对学生学习严厉的态度，被大部分学生理解，但也有一些抱着混学分拿毕业证心态的学生并不领情，常常和王老师唱反调，上课不请假无故缺席，考试屡次不过也不把握补考机会。王老师很苦恼，他尽管教育态度端正，然而没有经验，没有方法，费时费力，说服教育的效果却并不太好，而且他还发现师专学到的专业知识在这里几乎派不上用场。然而，比较来看，形同虚设的考核制度更让王老师对未来感到迷茫。

就这样，王老师在 A 校一干就是六年，接手的 A 学院第二届学生毕业后，2012 年 9 月，通过专升本学习，王老师获得教育学本科学位，调到了现在的江西省某大学(B 校)。A 学院领导觉得非常遗憾，曾试图做王老师的思想工作挽留他，但考虑到王老师的未来，最后选择支持王老师的决定。B 校的薪酬将近

是 A 校的两倍，并且年底视学生的进步情况有绩效工资，这在很大程度上缓解了王老师的经济紧张状况，使得他更加主动地投入到工作中去。B 校的师生规模更大，管理制度和考核制度与 A 校相比也更加规范。王老师在 B 校的一个文科学院继续担任辅导员工作，工作对象基本都具有文学专业背景，与他们沟通和交流起来轻松很多。王老师工作上也更加得心应手。

王老师从 A 校到 B 校，一方面可以看出，物质条件是教师积极工作的基本保障，另一方面教育的背景与就业专业也有很大的相关性。此外，高校教师的行政管理部门关于教师考核和激励政策的制定对教师的职业发展状况也具有非常重要的影响。重视人才、更新理念、有效的管理制度对教师的发展和职业幸福感的获得都具有积极意义。

我觉得确定幸福与事业的关系首先考虑的是你选择的工作是不是你所喜欢的、所热爱的。当从事自己喜欢的工作时，你会充满兴趣，一切因工作带来的问题，或者导致的一些意外的结果，你都会积极去想办法解决；然而，如果你所做的不是自己喜欢的事情，首先你不会去积极投入，其次当出现了紧急情况，比如当学生之间突然产生棘手的矛盾冲突，你就不会主动去寻找最佳的解决方法。反之你可能因为不喜欢这个工作，会产生厌烦情绪，既无益于问题解决，还可能进一步激化了矛盾。而真心喜爱教师职业的老师，在这个时候，会首先共情矛盾冲突中的学生的情感，然后以冷静的态度理智地去分析处理矛盾，这种对待问题的态度和做事风格也会潜移默化地感染学生，无形中使他们受到教育。虽然高校老师的工作看似仅仅是单方面地对学生进行教育，但我觉得，我一直是在跟一个个不断变化的个体打交道，学生各有不同，不断在成长。身边这些充满激情、好奇心和求知若渴的年轻人，让我感觉到自己也变得有活力，这一点是其他事业无法代替的。另外，幸福跟人际环境也有很大关系。如果你跟你上面的领导关系比较和谐，跟同事关系比较和谐，那么工作氛围会比较轻松愉快，你在工作中也就会比较得心应手，这个同事间的和谐关系我觉得非常重要。

难忘叙事：

十年前，在给一个班开班会时，我随口说了些话，教育他们要好好学习、好好生活，具体内容已经记不清了，过后就把这事给忘了。几年之后，这个班上的一个很不起眼的学生从北京回来(他在北京的一家外资企业工作，成绩非常出色)，这个学生拉着我的手对我说："王老师，还记得您在课堂上和我们说的那句话吗，对我的影响特别大，离开大学之后，每当我感到困惑无解的时候，我就会用您的这句话提醒和鞭策自己。"我听完之后，触动很深。虽然迄今为止我仍然记不起当时说过的那句话是什么，不过这让我思考了很长一段时间。作为一名辅导员，我常常会对学生做各种思想和心理工作，但没想到在课堂上随便说出的一句话，居然被深深记忆在心，原来我的言语有着如此细微但又深刻的影响。那一刻，我的心里充满了感动和欣慰。我甚至还想到，一句好话可以影响学生一辈子，同样你随口一句不好的话，很可能也会影响到学生的一生啊。这件事成了我工作的永久的动力，让我时刻记得自己的本职工作是什么，也提醒我今后该如何做好自己的工作。

（二）老师最大的心愿就是被学生接纳

王老师的办公桌上方挂着三幅对自己学习和工作的寄语："想做的事情立刻去做，不要耽搁！""非学无以广才，非志无以成学。""古之成大事者，不惟有超士之才，亦有坚忍不拔之志。"这些励志名言，在激励王老师的同时，也影响到了学生，当听到有学生提到其中的一句话时，王老师会感觉到自己完全沉浸在教育的幸福中。在职业幸福感方面，王老师提到最多的就是学生对自己的认可。学生从心理上把老师当作自己值得信赖的朋友，这个时候王老师感觉自己仿佛回到了学生时代，与学生们完全融合在一起，这种感觉在王老师在 B 校工作 2 年后尤为明显，主要是因为 B 校的学生和同事在沟通上让王老师感觉到了如遇知音般的轻松和亲切。

能够被学生认可和接受，是我一直以来最大的心愿。因为学校的工作的统一要求，还有就是有些学生的学习能力、思想觉悟水平有待提高，加之我自己也有一些个人和家庭的琐事困扰，我仍尽自己最大努力做一个学生真正喜爱的好老师。不奢求太多，当学生有了心事或者遇到了困难第一时间寻求你的帮助、愿意主动与你分享，就是让我最有幸福感和成就感的事情。学生对老师的接受和认可包括各个方面，有教师的人格、习惯还有教师的教育能力和知识面等因素。现在要做一个好辅导员比以前更难，现在的学生受外界信息，特别是网络的影响极大，知识面更广，对老师的要求也更高，常常提出一些你始料不及的建议。不过，这个时候往往也是我开展创新思维教育的时候，只要他们说的有道理、可行，我就会让他们去尝试，有关我做得不好的地方我也会立刻改正，这也是一个教学相长的过程。我不是那种要求非常苛刻的人，对学生还是比较随和的。

难忘叙事：

记得有一次，好像是在 B 校的第三年，因身体原因，我请了两个月的病假，学院找了一个临时代班的老师接替我的工作。病假结束以后回到学校，同事告诉我，你走之后，有几个学生去找了系领导，说："我们更喜欢王老师，他为什么没有跟我们道别就调走了？如果与学院有关请你想办法让王老师尽快回来吧，我们不能接受现在的辅导员，他对我们总是以命令的口吻说话，对我们的情况完全不了解，也不虚心听我们的建议，还总是发脾气，希望可以给我们换个和王老师一样的辅导员。"听到这里，我心里涌起了一股暖流，那就是教育的幸福感吧，温馨且难忘。

还有，当某位学生毕业时紧紧拉着你的手，痛哭流涕地说："这辈子不会忘记您的教诲，我要以您为榜样时，"我会感到由衷的欣慰。因为得到学生的认可不是一件容易的事情，能够被学生接纳，我感到很幸福。

还有一些比较不可思议的事情。记得一天早晨，忘记了是因为什么事情，我和我的妻子发生了激烈争执，没有吃早饭，在路上我一直在想，这样的状态怎么给学生开会，学生看到我这样的状态会怎么想，要不，把会推迟一下吧，可是转念又想，事关国家奖学金的评定，而且学生都应该在教室里等待了……可是，当我推开教室的门，看到同学们整齐端坐的一刹那，我什么都忘记了！这让我一直百思不得其解。这样的事情后面还出现过几次。学生给予我的热情和认可让我得到了很大的获得感，也发自内心享受着这份师生缘，这就是教师职业最为独特的地方吧。

(三)伴随职业生涯不断变化的幸福感

从 A 校到 B 校，王老师适应种种不适，加之小家庭生活因素的影响，幸福感也在不断变化。

前几年，我对工作充满热情，全身心投入到班级管理和教学工作。大约是在 A 校工作了三四年的样子，随着对辅导员工作的不断了解和适应，我慢慢掌握了一些教育管理的方法。我也看了很多书，向有经验的老教师请教，与问题学生深谈，掌握了一些学生工作的方法和策略，工作中出现的问题和突发事件也能够比以前更加顺利地解决，辅导员工作对我来说变得容易多了，我不需要像过去那样花费大量时间去处理学生之间的事情。然而社会环境的改变——"金钱至上"主义风行，特别是近几年大学大规模扩招，科技的飞速进步使得网络信息不断充斥着大学生的生活，大学生整体素质有所下降、独生子女数量增多、学生接收信息的渠道呈现多样化趋势等客观问题，使辅导员工作面临着诸多新的挑战，我感受到前所未有的压力。高校辅导员工作越来越难做，尽管教师工资待遇在不断提高，学校也更加重视辅导员的职业发展，然而，我现在却越来越少拥有过去的那种难以忘怀的幸福感了。

(四)幸福感也是相对环境感受的

幸福比较理论强调，幸福是通过与周围的环境做对比之后的结果，周围环境中的人或事与比较的主体之间存在的差距会直接影响幸福感的获得状况。

我觉得幸福感与周围环境有很大关系。虽说人比人气死人，但是人嘛，总是喜欢比，和同事比，和大学的同学比，特别是和自己不在一个学校的辅导员同学比，比的主要是工资待遇和个人发展。也会和过去的自己比，看看自己这些年有哪些变化，比如身体健康状况，比如收入变化，思考自己的初衷与现在的差距。比较的结果一般是很难有优越感，基本是不满意居多。作为一名高校辅导员，相比 A 校的工作和生活，到 B 校之后，我的不平衡要减少很多。现在呢，幸福感一般，因为目前我仍旧拿着专业技术职称的工资，在同龄人中处于中等水平，在学校老师中处于中等偏下。可以说，自己的工作投入与学校给的薪酬不是很成正比，如果我纯粹从事专业技术工作，薪酬会比现在更高些。因为在高校工作，我个人的条件也有限，工作做得不是非常满意，所以在如此环境中的幸福感一般。

（五）业余生活成为不可或缺的一部分

业余生活中的娱乐与兴趣爱好能够有效缓解压力，提升生活质量，对个体的积极健康生活状态具有较好的调节作用。特别是体育运动对一个人的生活和发展具有极其重要的意义，一方面可以锻炼身体，陶冶情操；另一方面也可以有效缓解工作和生活中的不良情绪。建议每一位教师都能培养一项兴趣爱好，不需要特别擅长，但是它可以调整个体在日常生活中因繁重机械的工作和生活带来的诸多烦恼，有效帮助个体轻松度过情感的低沉时期。

入职时我觉得利用闲暇时间做些喜欢的事情比如唱歌，对自己来说有点奢侈，把时间用来提高自己的能力更有意义。总之，那时，所有的精力全都放在了学生工作上。熟悉了工作内容之后，有了多余的时间和精力，然而，家庭琐事又让我常感压抑。这时，唱歌、散步与学生打球等活动，常会使我重新拾起生活的勇气。下班回家后也会偶尔放首曲子放松放松，一天的疲惫也随之散去了许多，感觉还真不错。现在，孩子大一点了，周末，我会约几个学生去打场篮球，工作与生活都越来越好了。

三、"职业幸福离我有多远?"——王老师的真实心声

（一）物质报酬

在物质报酬方面，王老师对自己待遇总体不满意，他认为自己的收入和付出有偏差，不成正比。在王老师所在的学校，教师的待遇普遍低，辅导员的工资更低，甚至在整个赣南地区来说都是较低的。在教师的福利方面，王老师对住房条件最为不满，A 校没有过渡房或者租住房，B 校有集资建的无产权租住房，交了首批房款，但是几年过去了，还没有建成完工。如今在 B 校附近租住了一套二十余年的老房子，期待学校的房子早日建好。然而，一个月 2000 多元

的房租和家庭的支出，经济负担也十分沉重。在对物质报酬不满意的情况下，是敬业精神使王老师仍坚持留守工作岗位并勤劳付出。

高校辅导员的待遇目前还是比较差的。我已有13年教龄，可现在每月拿到手的工资只有不到5000元，年终奖和福利总共不到2000元，生活压力可想而知。有些刚毕业的年轻教师，工资更低，恋爱都不敢谈了。像我，上有老人要接济，下有小孩要照顾，经济压力可想而知。大部分教师虽然买了房子，但是还贷的压力更大，大家都像学生时代一样，还是过着节衣缩食的生活。就目前来看，高校辅导员的工资待遇与迅速发展的社会经济及不断上涨的物价不平衡，这也是近年来不少地区相当一部分高校辅导员工作热情急剧减退而设法转向其他岗位或另谋职业的主要原因。

(二) 工作条件

王老师对当前高校的工作条件满意度较高。随着经济和社会的发展，大学硬件设施质量和数量都在不断提升，特别是近几年中央下发了文件，对高校辅导员的发展给予了政策上的支持，各高校的办公条件都在不断改善中。

虽然我们的办公环境有待改善，六七个人一间办公室(当然这是我们学院由于资源紧张独有的现象)，整体看，现在的办公条件还是挺不错的，基本可以满足办公需要。比如，电脑、打印机这些基本设施都有。目前，学校图书馆的配套设施完善，查找资料专用的电子系统十分好用，与从前相比便捷许多，实现了资源共享，为教育教学工作的顺利开展提供了便利条件。教学上的设备也享有和专职老师一样的待遇，这一点，我能感受到学校对辅导员群体的关心。

(三) 工作群体

王老师对自己的工作团体满意度较高，无论在A校还是B校，王老师都与同事之间有着和谐的关系。这与王老师自幼成长的和睦的家庭环境有一定关系。工作以来，王老师对同事一直积极关心，集体的活动也是主动与他人团结合作。后期访谈发现，他的同事对王老师的一致评价是勤奋和乐于助人。王老师本人则说，我没有刻意经营与同事和领导的关系，大家都是朋友，有缘一起工作，如果彼此间产生了矛盾，多多沟通，互相体谅，各退一步就会慢慢化解。实际上，作为辅导员，王老师认为平时学校工作任务已经很重，根本没有精力更深交往，他希望能有时间与同事们更多一些交流，比如学校专门为辅导员们组织一些体育或者文艺活动，这些活动不仅可以提升团体凝聚力，还可以让同事关系更亲密一些。

我觉得与工作群体的关系主要取决于个人修养、所处的工作环境以及部门领导的重视。有些时候，有的同事之间也会产生矛盾，比如带的学生太多了，分配的任务又比较重，这个时候，大家都互相谅解，多多沟通，不要主观猜测。事情解决其实很简单，一句话也许就解开了心结。都在一起工作，如果是合作的态度，工作的效率也会大大提升。就我个人来说，我感觉大家相处还是很融洽的，同事间的交往都能够感受到强烈的幸福感。从领导到同事，因为大家都是年轻人，看事情的角度接近，心态也不错，而且活动场所都在学校里，竞争没有特别激烈，很少存在所谓的"勾心斗角"，因此相处起来还是比较愉快。

(四) 工作本身

教育管理工作是辅导员职业幸福感的主要来源，也是他们的心之所依、情之所系。现场调查和个别访谈时，处处可见王老师对学生的关注和爱护，也常会听到王老师对学生工作的反思。显而易见，大学生工作已成为王老师生活中必不可少的一部分。然而，生活的负担、工作量过大等各种压力已成为高校辅导员职业幸福感的劲敌。

如果描述对工作的整体感受，我感觉很好。学生工作让我感觉自己很有存在感。虽然与现在的大学生有十几年的年龄差，但是，平时沟通基本没有代沟，我做到了和学生亦师亦友，还是很有成就感的。这也许是因为过去十几年，我事无大小，基本是亲力亲为。这样既在学生中树立了威信，也形成了自己的工作风格。而且，我这个专业的学生就业后，在自己的工作岗位上取得的成绩都还是不错的。教学效果方面，学生反馈和学校评价基本还可以，知识传授全面，没有到优的地步，还有需要改进的地方。我们年轻人，就是要踏踏实实跟前辈们好好学，并不断地从教学实践过程中总结、积累经验。在与学生相处方面，由于学生数量较多，每个学生都有自己的个性和处世风格，对我的评价也是褒贬不一。工作难度大，刚开始工作时我的方法存在一定局限性，学生关系处理得不是特别恰当。但随着工作时间增加，我积累了不少经验，同时熟悉且掌握了和不同学生相处的方法，逐渐得到他们的认同。

(五) 学校管理

对于学校管理，王老师更加认同 B 校的管理与考核制度，这也是其工作调动的重要原因。A 校对辅导员的管理是平均主义"大锅饭"，在基本认同 B 校管理机制的前提下，王老师认为辅导员教育能力评价除了包括学生在校期间的学习状况，还应该有一些标准是学生毕业时的总体水平和所取得的成就。

(1) 教育管理制度过于死板。对辅导员的考核评价体系不尊重教育培养人的本质规律，僵化的要求反而造成了一定阻碍。教育的根本任务是促进学生的成长与发展，不能过多提出量化指标或者压制学生的创造性。

在 A 校的时候，学校对于辅导员的组织管理，也有一定的标准，当时的领导还是很用心的，希望出效果，但却没结合外部世界的变化和辅导员的实际工作状况，结果是一些量化指标任务完成了，学生却被带偏了。大部分学生喜欢参加竞赛和课外活动，辅导员疲于应付一次次的活动，忽略了学生整体的思想教育和学业导航。做老师的，没有喜欢被管的。因为课堂灵活性强，不能说一直照着现成规定的路来走，这是肯定的。所以 A 校的管理大家总体是不满意的。换句话说，就是理想和现实的差距。计划是一回事，做起来具体情况如何，又是另一回事了。在 B 校的组织管理就明显更好了。目前相对完整的辅导员工作绩效考核评价标准已经基本建立起来，体系也越来越完善了，对我们开展工作无疑是好事，教育工作的积极性也更高。

（2）对教师缺乏人文关怀，也间接影响到了大学生学习氛围。大学教师的管理政策应该凸显科学性和民主性，才能够提升教师的工作积极性。

因为缺乏调查了解，A 校对专职辅导员教师的考核制度存在缺陷。尤其在学生管理考核方面。学校很少聆听基层工作人员的心声，了解教职员工们对管理层的想法和建议。此外，学校应该为辅导员解决工作和生活的困难，这样才能充分调动教师们全心投入教育工作的热情。学校在制定考核指标体系和相关制度方面，应该先进行充分调研，从实际情况出发，体现科学性、公平性原则。目前学校学生工作管理方面的考核体系和制度整体较合理，当然也存在需要进一步完善的地方。

（3）学术交流少，特别是与省内兄弟院校之间的交流学习机会很少。辅导员再教育机会少，系统学习几乎没有。

在有关学生管理的学术交流方面，辅导员的机会比较少。常常，有外出交流机会时，领导层面居多，机会再分配下来，只有少数学工人员有机会参加。因此，建议增加基层工作人员参加比例。在教师继续教育方面，每年均有省、校辅导员培训、心理咨询师培训等。一些教师缺乏这样的再教育机会，希望学校在这方面可以多提供些机会。

4.职称评定制度不合理，指标少，机会不平等。

据王老师反映，在 A 校，由于是职业技术学校，学生的就业率是唯一考核指标，因而很多辅导员多年没有评上高级职称。因此，建议在辅导员工作层面，职称评定不要仅设置量化的指标，或者说另外设置一套专门针对辅导员的评定体系，与学校其他岗位教职工相比不能存在明显劣势。王老师表示，在职称评定时，还是希望学校能够给予辅导员合理考核指标，让职称评定成为教师职业工作追求的内在动机，才能激发更多工作热情与动力。

（六）业余生活

业余生活方面，王老师表示，对当前的业余生活满意度还是比较高。早些年，王老师刚刚参加工作，虽然无暇顾及业余生活，但那时候生活比较充实，感觉还是挺好的。近几年，孩子大一点了，偶尔周末约几个学生去打打篮球，唱唱歌，工作与生活都越来越好了。不过他还是建议学校能够多配置一些可供使用的娱乐设施，让老师们在工作之余可以劳逸结合的同时强身健体。

入职的前几年，我比较年轻，精力充沛，浑身有使不完的劲儿，给学生开班会的时候，集体活动的时候，总是气宇轩昂，激情澎湃。常常放学之后，也会和学生一起去吃饭。每天心里就只有学生，唯恐他们一离开自己的视线就会有状况出现。现在想想，我当时是把自己当成了他们的父母(自嘲但自豪地笑着说)。虽然有时候会觉得疲惫，完全没有了自己的生活，但学生给予的满足感和成就感更让年轻的我振奋，当时觉得自己的生活很充实，也很有价值。

然而，随着对学生工作的逐渐熟悉，也随着组建了自己的小家庭，职业生活不再像从前一般占据我精力的全部。因为辅导员24小时待机的状态会与家庭生活产生许多摩擦。于是我既要承受家庭经济的困扰，还要解决无人看管孩子的难题，除了多给爱人做思想工作以外，唯一的办法就是自己调整。结束一天的工作后，有时我会听听自己喜爱的歌曲，哼几首自己擅长的老歌，偶尔也会一个人出去散散步，这时候还可以找到学生时代自由的感觉。

(七) 自我实现

王老师认为，自我实现主要体现在以下五个方面：教育效果、学生认可、社会认可、收入和职称评定。王老师表示其自我实现的整体满意度还可以，但是他也建议给辅导员教师的自我实现搭建更多平台，创造更多自我实现的机会和空间。

我觉得自我实现主要关系到两个方面：一是个人的理想实现。每个职业人都有自己的职业理想，只要合理规划并付诸行动，再经过自己的不断努力来逐步实现。一旦达成目标，便会获得幸福感。也有许多人因为目标设置不合理，目标太过遥远、不切实际，难以实现。比如，有些老师对收入的要求较高，这个通过个人是很难实现的，由此也就很难产生幸福感。另一方面，自我实现除了与提高自身素质有关外，还与当前社会、学校环境等外在因素相关。比如，个人付出了一些时间和精力，会得到学校、同事和学生的认可，也可能会获得一些物质奖励或者职称晋升机会，这些都会给老师带来自我实现的感觉。而且现在谈和谐社会嘛，我觉得，老师和学校应该处在这样一个和谐的状态之下，才能更加有助于自我的实现。

第（三）章

研究结果的分析与建议

高校教师是大学生成长的引路人，特别是负责大学生日常教育管理的辅导员，他们是塑造大学生品格、品行、品位的直接承担者，是立德树人的教育实施者。从职业的角度来看，高校辅导员应当拥有获得职业幸福感的权利，没有教师的职业幸福，学生的幸福成长只能是一句空话。

一、辅导员职业幸福感的主要来源

教师的幸福感最突出的特点是它的精神性、关系性、集体性和无限性，是教师对教育生活做出的一种主观愉悦的评价。王老师的幸福感主要来源于积极的择业动机、学生与同事等外界的认可、领导的支持和肯定、工作成就、家长的支持和信任以及自我信念等方面。

（一）对辅导员工作的喜爱——积极的择业动机

在王老师生活的时代，一个人对职业的选择往往不是理性的甄别和现实的比较，更多是父母的期望或者儿时的偶像崇拜。访谈时，王老师曾深有感触地说：

"我之所以选择做老师有一定的现实原因，但很大程度上是因为小学阶段遇到了一个一生难忘的老师。读小学三年级以前，我很讨厌数学，只要考试考不到八十分，父亲就会让我把错误的题目抄写很多遍，虽然我知道父亲是为我好，我也把错题一遍遍地抄了下来，可数学学习成绩也没有改善，所以我更加厌烦这门课。三年级的时候，有个数学老师对我非常好，她从不用批评的语气训斥我们，相反，她会把我做错的题目重新抄下来，然后一题一题仔细地教我。她很有耐心，语气也很温柔，从来都没有对我发过火，我最喜欢听她的声音了。她对每个学生都非常好，是一位值得尊敬的老师。从那时起，我的理想就是要成为一名像她一样的教师。现在看来，我选择这个职业更多是因为和大学生在一起让我很有工作热情，他们的单纯、真诚常常让我很感动，与他们很容易实现互相信任和理解。"

研究表明，认知状况和动机过程影响幸福感的形成。当教师对目前所从事的工作由衷地喜爱时，便是在积极的择业动机下工作，这样的状态才是教育应该有的状态，也是教育取得成功的基石，更是教育幸福的重要源泉。换言之，没有对学生工作的真心热爱，就很难积极投身于教育工作，更不会有工作热情。只有基于学生现实需要，处处为学生着想，与学生产生共情，真正把学生置于教育主体的地位，关注学生的生命价值，才能够体验到教育的幸福和育人的喜悦。一个对教育缺乏兴趣，甚至是视教育工作为负担的老师是很少能体会到教育的乐趣，更难以感受到真正的教育幸福。

（二）学生的认可与信任——不竭动力

学生真诚深挚的爱常常使高校辅导员深受感动。他们完全抛弃了世俗和功利，不在乎会得到什么。仅仅是学生们简单的问候关心和无条件的信赖就能够深深打动他们。王老师颇为动情地说：

"任何人都是有感情的，特别是涉世未深的大学生，他们的感情其实是最为纯粹的，总是会毫无保留地呈现在你的面前，这也是我选择在大学里工作的重要原因。记得有一次，要组织一场大型文艺汇演，我因患急性咽喉炎请了两天假输液。回到学校后不久，有个系部的评优活动要组织整个专业评选，我心里暗暗在想：刚刚恢复一点，怕是又要反复。令我始料未及的是，一走进教室一双双眼睛关切地望着我，学生会负责同学搬了把椅子给我，说："王老师，我们几个学生会同学已经具体计划好了活动的流程，您全程观看，有不合适的地方您给我们示意一下即可，我们会及时调整。"果然，那次会议学生们组织得非常规范并且得到了一次性全票认可。令我没有想到的是，接下来的一段时间，同学们集会的时候比以前更加自律，特别是说话的嘈杂声少了很多，还有的学生在我讲桌的笔记本上放了一些咽喉片……那些温暖和感动一直印刻在我的记忆里。"

"幸福是伴随着力量增长的体验，幸福的本身并不是结果。"[1]爱他人也是一种生命力的象征，辅导员与学生之间发自内心的爱温暖了师生共同相处的情境，也让彼此的关系更加和谐融洽。有人说，世上有一种感情，它超越了友情和亲情，那就是老师对学生无微不至的关怀之情，对学生谆谆教导之情，一生难忘的启蒙恩师之情。一位哲人曾说过："唯有老师和母亲的爱是永藏在心底的。"如此一份能给予爱又可以收获爱的职业，怎会让人不感到幸福？

（三）领导的支持、赞赏——外在激励

记得我刚从专科学校毕业时，因为理论课的成绩较好，院长以为我熟知先

---

① 弗洛姆.为自己的人[M].孙依依，译.上海：生活·读书·新知三联书店，1998.

进的教育管理理念，一到 A 校就安排我做了办公室副主任。被如此重用，我心里既高兴又担忧。为了鼓励我，院长对我说："你是一名年轻的老师，有理想有抱负，而且教育理论基础扎实深厚，我们会全方位支持你的工作，相信你一定会有出色的表现。"当时刚刚走上工作岗位的我，听了这番话，自信满满，充满了激情和斗志，颇有"直挂云帆济沧海"的豪情。

访谈中发现，除了王老师，王老师的同事也表示，领导们的鼓励和认可会让自己对职业充满信心和期待，同时，心里充溢着来自教育职业的幸福感。

在高校辅导员的职业生活中，学校领导的影响主要来自以下两方面：一是自古以来，中国传统官本位文化深深影响着整个社会和职业生活。在这种情况下，管理者的评价和态度会直接影响被管理者的工作状态；二是高校辅导员工作活动范围一般局限在学院之内，自我价值的实现特别是职业价值的实现都体现在工作中，管理者的赞赏能够满足他们职业发展的心理需要。领导的褒奖和鼓励是高校辅导员工作的动力，也成为辅导员幸福感来源的重要方面。

从另一个角度来说，得到他人的支持和肯定也是每个人内心深处所渴望的，即马斯洛需要层次理论中的社交需求和尊重的需要。赫兹伯格把"领导的赏识"作为激励的手段，期望值理论强调了期望值和实际成就之间的关系对职业幸福感的影响，外部因素包括现实条件、个人外在资源（外貌、文化水平、社会地位及经济状况）和内在因素（性格、能力、气质等）之间的差异会直接影响个体主观幸福感。来自领导的支持和肯定，能够极大地满足在传统文化影响下的教师被认可的心理需要，可以有效提升教师的工作满意度和职业幸福感。

（四）师生的共同成长——工作成就感

高校辅导员的工作成就感主要表现在两方面：一是教师自身的成长与进步。教师获得了新的教育技巧和育人方法，或者经过几年努力在教育教学上获得奖励以及通过努力获得职称晋升，都会给教师带来职业上的成就感和幸福感，能够极大地激励教师不断探索教育教学的理论和知识。二是学生的成长与进步。"工作十余年，最让我感到幸福和有成就感的一件事，就是我将一名因家庭亲子矛盾问题想轻生的学生从死亡的边缘拉了回来，并帮助其梳理了与父母产生矛盾的主要原因，经过多次调整，最后让他们之间慢慢恢复了正常的沟通交流。这是最让我感到满意和自豪的。"对于高校辅导员来说，教育过程中的幸福感和满足感就是带领着自己的学生不断地成长和进步。

能够在付出和给予中获得内心的满足和精神的慰藉，看着学生的成长进步，会让高校辅导员觉得自己的工作是有价值的，是幸福的，并且这种体验本身会伴随着幸福感。幸福感产生于需要的满足和目标的实现。辅导员用教育知识启发青年们的心灵与智慧，引导他们领略广袤的大千世界，共同探索未知世界中万事万物存在的奥秘。教师们在教育和引导的过程中常常自身也会有所感悟，也会收获新的知识和体验，在实现师生教学相长的同时，获得来自教育生活共同成长的喜悦和快乐，这也是幸福感活动理论的主要内容。

（五）家长的信任与理解——直接评价者

除了学生以外，家长是高校辅导员职业生活圈中另一个重要的角色。大部分家长都寄希望于高等教育，他们大都愿意把自己的孩子送到学校交给老师，希望学校能够让他们的孩子变得更加优秀，能够谋得一份理想的工作。因此从社会期待上看，大部分家长对老师还是比较信任和认可，对培养孩子成长成才的老师们也深怀感激和尊敬。在这样的感激状态下，辅导员教师们才会感到自己的辛劳付出得到了回报。

学生家长是学校教育工作质量的重要评价方，他们对学校和教师的工作评价具有重要的参考价值。他们还是社会的代言人，代表着社会对学校教育质量和教师教育教学方法的评价与看法。因而他们对老师的看法和意见，一字一句都牵动着高校辅导员的心，影响着他们的教育工作。"人们能够体会到幸福是因为他们所珍视的价值的存在；反之，当人们珍视的价值受到威胁的时候，他们的幸福感就会被危机感所代替。"①有些家长在校外遇见孩子的老师能够主动打招呼，有些家长还虚心向老师请教提升家庭教育水平的好方法，这些简单而不经意的行为都会让高校辅导员感受到被尊敬和被认可的幸福，也能够让他们对自己的工作更加充满热情和活力。

（六）对教育事业的热爱——精神追求

即使走得最慢，只要不丧失奋斗的目标，一定比漫无目的地徘徊的人走得快。

——王老师

下面是作者与王老师访谈中的原话摘录。

我：您对在高校做教师有什么看法呢？

王老师：作为一名老师，首先要有一颗奉献的心，不能与学生斤斤计较；其次还要多包容学生，对学生表现出来的问题，从他们的年龄角度去思考，与他们共情，就能够明白他们所思所想所做的内在原因。记得小学的时候，我的启蒙老师免费给我们发纸和铅笔。特别是我最感谢的一位数学班主任，当班里学生犯了错误，她从不会不明原因地去体罚或者惩罚，而是先去一个个问清楚，然后再去问问班里的其他同学，最后，再去评判到底谁的问题多一些，谁

---

① 米尔斯.社会学的想象力[M].陈强，等译.上海：生活·读书·新知三联书店，2005.

应该下次多注意。这样下来，学生们基本都认识到了自己的问题，矛盾也越来越少了。

我：是的。跟您谈了以后，有种特别的体会：那就是，做人要真，不仅是真诚，还要真实。只有真正全心地融入教育事业，才能产生发自内心的对教育的爱，才能真诚地去处理学生的问题，也才能真正达到教书育人的目的。

王老师：是啊，一直以来我都抱着这样的态度去做学生工作。我最爱看的书，一个是陶行知的，一个是鲁迅的。陶行知作为中国伟大的人民教育家，他的教育理念和教育方法，是让我最受益匪浅的，比如"四颗糖的故事"，这么伟大的一位教育家，都能躬身对学生日常的琐事花费如此的精力去解决，作为现代的老师真应该好好反思和领悟。鲁迅的书给我关于做人的启发非常大，小时候经济拮据，在中学的时候借了一本鲁迅的小册子，虽然我只花了一个晚上就看完了，但是里面的内容却给我留下了深刻的印象，所以在看问题时，我现在就会稍微思考得深一些，处理问题的方法也会多一些。

我：作为一个高校辅导员，你的职业满意度如何？

王老师：总体来说，我对现在的职业是感到满意的。我非常感谢生活，感谢社会，感谢学校，感谢有这样的一个职业平台展现我的价值，实现人生的意义。我的父亲几年前就去世了，家里也没有什么依靠，所以我只能靠自己的努力去不断学习、不断拼搏。而这样的想法也是父亲一直用行动告诉我的，不要被困难环境所左右，尽自己的努力，不要放弃，结果就没那么重要。我认为一个人如果不学习，就算他再聪明也只能是小聪明；只要认真学习了，就能受到很多启示，这些启示就会影响到你的行为和品格并且伴随着往后的人生。正是因为我常常这样想，所以我在很多事情上都能够看得比较开，也想得通。

　　教育是需要真诚和爱的事业。一位满怀教育热情的老师会用心去教育，用心去听学生的声音，了解学生们的精神世界，如此才能够矢志不渝地奋斗在教育事业中，并获得源源不断的来自工作成就的精神动力。这种精神动力让他们对教育事业的理解更为深刻，也能够让他们以高度负责任的态度去完成自己的工作，这是教育幸福的精神性最突出的表现。有许多辅导员一直秉承着对学生、对事业的热爱，不辞劳苦，以奉献为乐趣，把学生的平安与成长当成自己的人生目标，苦学生的苦，乐学生的乐，无声无息地奉献着自己，也收获着幸福与快乐。高校辅导员不仅因为自己时时刻刻被学生需要而感到幸福，而且他们也能够体验到"给予和付出"所带来的幸福感。

二、高校辅导员职业幸福感缺失的原因

每位辅导员个体的积极参与是高等教育体系有效运行的基本保障。肩负培养"四有"人才重任的辅导员队伍建设对人才培养质量起直接作用。近年来，随着高校招生规模的日益扩大，大学生整体素质有所下降，独生子女、隔代教育、多元信息等问题给辅导员工作带来了诸多新的难题和挑战。

（一）客观因素

1. 工作繁重琐碎、无休无止

首先是不规律的作息时间以及大量繁杂的工作给辅导员们带来的巨大压力。大部分被调查的高校辅导员都在早上六点左右起床，开始他们一天的工作。辅导员虽然可以正常时间下班，但对寄宿制大学生的日常管理却是没有时间界限的。所以，即使下了班，他们也常常有很多随时要处理的事情。为了应对突发事件，大部分学校明确规定辅导员老师必须 24 小时保持手机畅通。其次，辅导员的工作内容也涉及各个层面，从饮食起居到学习就业，工作范围十分广泛，每一项工作的解决往往并不简单，辅导员除了要具备相当丰富的教育理论知识，还要能够熟练适当地运用教育方法。高校老师面对的大学生都是充满梦想、思想活跃又充满抱负的年轻一代，他们拥有着一个个与众不同的内心世界，而这些内心世界随着时间推移一直处在不断变化中。面对这些不断变化的教育客体，如果不经过长期观察和细心了解，辅导员很难能合理有效地解决在教育管理大学生们的过程中出现的问题。辅导员的工作内容常常还牵涉到课程教学、教育科研等工作，他们的工作难度可想而知。此外，《教育规划纲要》持续推进，要求高校教师的教育理念要更新，育人策略也要与时俱进，要扎实推进素质教育，除了学生的各类评比，教师还要接受各种评估和检查验收……诸多压力使得辅导员队伍的稳定性在逐年下降，加之职称评定问题及按绩取酬等方面的众多改革，高校辅导员承受着越来越大的工作压力，职业幸福成了遥不可及的梦想。

2. 大众化教育加深了辅导员工作的难度

当前，受大学扩招、独生子女增多、网络使用监管不力等多种因素影响，一些原本在精英教育时代被排斥在大学校园外的学生们涌入了高校，占有相当比例的学生没有良好的学习习惯，自律能力缺乏，沟通交流方面也存在诸多问题，尤其是在"二本"以下的大专院校更为多见。高等教育大众化一方面满足了人们进入高等学府的愿望，给学生提供了更多接受教育的机会，但另一方面也增加了高校对学生进行管理的难度，同时也给辅导员的工作提出了许多新的要

求：首先，大学生中独生子女增多，父母对独生子女的溺爱让他们丧失了许多基本的自制能力，同时，许多隔代教育所产生的弊端也逐渐显露；其次，学生接收信息的渠道越来越多，特别是在互联网普及的今天，虽然信息获取更为快速和便捷，但是网络的普及也带来了一定的负面影响——不少学生因沉迷于网络而影响了学习甚至放弃学业；再者，当前的市场经济体制已经抛弃了计划经济下对毕业生计划招生、统一分配的制度，大学生的就业方式已按市场需求来调整，毕业生和用人单位之间可以双向选择，大学生择业面临自主就业、自谋出路的崭新局面。一部分学生在就业形势不容乐观的情况下已经出现了明显的心理问题，家庭的经济压力和自身的学习压力更加剧了他们的心理问题的严重程度。诸多报道表明，大学生出现心理问题的频率在高校中正日益增高，大学生就业方面的心理问题不断增加，这给辅导员开展教育管理工作增加了更多的困难。

3. 兼职辅导员工作压力更大

目前，相当一部分的高校辅导员（特别是班主任）在学校中都扮演着"双重角色"，他们既是学生的辅导员又是专业教师。这些群体既承担着课程教学、学术论文及研究课题等与专任教师科研工作量一样的任务，还要像辅导员一样，履行监管大学生饮食起居与学习就业的所有思想教育与管理事务职责。为此这些教师常常不得不放弃一些难得的培训、进修、交流的机会，职业的发展也受到较大影响。另一方面，虽然目前我国高校辅导员的制度在不断改进，但整体来看，辅导员的工作仍然面临着重重压力。在高校的管理和发展机制中，大部分高校实行的是辅导员和专职教师的管理。教师走专业职称。然而，当两者都由一个角色来完成时，工作的难度不是简单的1+1，工作界限也逐渐变得模糊。于是，教师兼职辅导员有时还面临着"好事都想管，坏事管不了"的尴尬局面，这成为了他们工作幸福感缺失的原因之一。

4. 体制革新、一次性就业率压力剧增

改革开放以来，我国的教育随着经济体制的转变发生了巨大变化，一种注重学生综合素质、符合学生个性全面发展的学分制模式应运而生，特别是计划经济的统一分配转变为市场调控的自主择业就业制度的形成，以人才培养为目标的高等教育制度也得到了完善和发展。这种学习的模式让大学生对自己的专业知识和专业方向具有更多的选择权，学习进程也更富有弹性。新的就业制度的全面实施，一方面能够使学生的主体地位日益得到充分的体现，但另一方面，由于一部分学生缺乏自主学习的能力以及他们对于学分制产生了误解，认为学分制就是给予充分自由，这种模式在给学生创造宽松自由环境的同时，也给高校的辅导员的工作提出了新的挑战。纵观目前高校就业情况，由于扩招和毕业生的数量大幅上涨，大四毕业生的就业竞争力却在不断提高、就业压力也随之加大。近年来，我国高等教育管理部门把各个高校的一次性就业率、毕业生的就业整体状况作为评估高校办学水平的重要指标之一。然而，在大部分高校，就业工作属于学生工作管理部门，即辅导员的工作范围，于是学校给辅导员下指标、定要求，为更快提升学校的就业率，常常采用实时更新学生签约率情况等手段来督促该项工作开展，在此情况下，辅导员的压力可想而知。

5. 待遇低、辅导员流失现象普遍

幸福比较理论研究发现，幸福感的来源，很大一部分在于比较，辅导员会无意中与自己周围的同事比，与同校不同岗位的同龄人比，还会与同龄的朋友之间对比。访谈发现，王老师工作十余年，来自工作本身的幸福感常常会在这些比较中渐行渐远。近几年，高校教师工资待遇明显得到了提高，生活质量也有所改善，但工资增长的幅度赶不上物价上涨的速度。过去几年，一些学校在管理体制上已形成较为稳定的职权系统：校长—院长—教学人员—辅导员—学生。这种固化的系统让辅导员的工作完全受制于种种教育规范，辅导员的自主权和话语权几乎丧失，这个体系几乎笼罩了整个教育生活，正在不断摧毁着辅导员生活的意义，成为很多辅导员争相读博或者转岗的主要原因，这也是王老师离开 A 校的一个重要原因。然而，如果教师在工作中闷闷不乐，甚至带着负面情绪，那么如何才能将快乐的心情传递给学生呢？又怎么可能尽情地挥洒幸福的汗水为教育事业做出奉献呢？正如一个形象的比喻，如果老师们像一个个苦行僧，对工作满腹抱怨，面如苦瓜，那么学生也就难以快乐成长，只能成为一个个小苦瓜了。

由于以上种种原因，高校辅导员队伍一直缺乏稳定性，辅导员的频繁更换导致学生的教育管理也会产生工作了解不到位、教育管理断层脱节等问题。虽然 2000 年教育部已经出台了《关于进一步加强高等学校思想政治工作队伍建设的若干意见》，文件也明确必须以 1：120 至 1：150 的比例配备专职学生思想政治工作人员，但实际工作中，师生比例达到 1：200～1：300 及以上的情况也司空见惯。2018 年 9 月，习近平总书记在全国教育大会上的重要讲话中多次提到"立德树人"，接着国家教育管理部门切实加强了对学校思想道德教育的关注，高校把立德树人当作教育的第一要务，把培养德智体美全面发展的社会主义建设者和接班人作为教育的终极目标。高校辅导员的发展也相应做出调整，"思政岗"的设立在一定程度上减轻了辅导员队伍的严重流失现象。

（二）主观原因

"任何时候都要为幸福做好准备。"是伦理学家石里克提出的重要道德原则。较多学者认为，感受幸福是一种能力，如檀传宝所说"接受幸福的能力。"虽然幸福可以被体验和创造，然而它却不是必然存在的。教师的幸福能力缺乏，一方面是主观态度的原因，另一方面还与理解感受幸福的能力有关。特质理论研究发现，有些人天生具有以积极方式体验生活的性格倾向，而这些"快乐的特质"在不同个体身上存在着较大差异。例如，同样的班级，不同的教师，有些教师能够从这些学生身上获得尊重感、依赖感以及幸福感，然而有些老师却完全感受不到，甚至对同一个教育对象获得工作成就感和幸福感完全是"天方夜谭"。幸福感的目标理论表明，个体获得职业幸福感还与职业的目的有一定关系。如果职业人仅仅是为了金钱、名誉、地位，高校辅导员这个职业很难给他们带来多少幸福。然而，如果把每个教育对象的健康成长和不断进步作为自己工作的目的，力求做大学生的"人生导师、学习教师、生活良师"和情感上可以自由沟通的朋友，那么，高校辅导员就会在工作中体会到他们工作的意义以及自身的价值，并且在与学生共同进步、共同成长的快乐中得到一种超物质、超生命的幸福感。在作者进入学校调查之初，有的老师非常肯定地认为自己感受不到工作的幸福，但当他们谈到职业生活中与学生相处的一个个场景、一件件趣事时，他们的脸上却明显洋溢着快乐和满足。学生的简单、质朴、坦诚以及他们所获得的成绩和荣誉都能够给辅导员们带来心理上的安慰。由此可见，接受幸福还要具有一定的心理准备状态，做好接受幸福的准备才能够更切实地感受到幸福。影响辅导员职业幸福感的诸多不利因素，常常会随着他们所带学生点滴的进步和可喜的变化而逐渐淡化甚至消失。当面对学生发自内心的对他们尊重、喜爱、信任、感激和祝福时，他们的精神世界已经得到了满足，所有辛劳付出的疲惫也会消散。

三、提升高校辅导员职业幸福感的若干建议

人力资源管理研究发现，要提高员工的工作绩效，促使他们在工作中发挥更大的潜能和创造力，一个有效的途径就是增强员工的工作满意度。职业幸福感作为一种需要个体主动感受的心理体验，不应当成为教师直接的追求目标。但是由于幸福的多元特性，即幸福是物质和精神、享受和创造、自我实现和真诚奉献以及理性、感性和德性的多维度的结合，所以，我们可以通过种种与之相关联的事物来提升教师的职业幸福感。

(一) 加强政府对职业幸福的"平衡"作用

一位幸福研究学者曾提出一个形象的比喻：幸福有三层楼，第一层是物质生活，第二层是艺术生活，第三层才是独立思想。马斯洛的需要层次理论特别强调，生理需要是各个需要的基础，当低级需要即生理的需要没有得到满足

时，个体一般不会考虑高一级的需要，马斯洛的需要层次理论阐明了物质待遇、经济状况等在教师职业生活中起着重要物质供给的保障作用，这些也是教师成长发展的基础条件。因此，提高高校辅导员的工作幸福感，减少教师队伍的流动性，需要切实解决高校辅导员的经济待遇问题。政府应该发挥宏观调控的作用，为维护高校辅导员的职业稳定性和保障高校辅导员的物质生活，设法提高教师的工资水平，让他们的经济地位有所提高。与此同时，社会各界应消除针对教师形象的"人类灵魂工程师""教师应该无私奉献"等神化吹捧和误解现象，重新认知教师这个普通的职业，秉持对教师职业的合理期待，并积极支持和协助政府建立完整的社会支持系统，为教师追寻职业幸福感提供良好的外部氛围和环境支持。只有建立一套优于其他行业的升职提薪制度，才能从根本上改善辅导员工作和生活条件，也才能使辅导员这个职业真正成为令人尊敬和羡慕的职业①。除此以外，辅导员工作的繁复琐碎、职责不明、多重角色也容易造成职业倦怠，降低他们的工作幸福感。因此，国家和政府还应该考虑营造尊重辅导员的良好氛围，把他们从"学生保姆"的角色中解放出来，提升其职业威望和社会地位，从而增强辅导员的自豪感和认同感，使得辅导员能够愉快地在本职工作中实现个人价值和社会价值，收获源源不断的幸福感，并且在教育中不断地传递着幸福。

（二）增强学校培育幸福的"主阵地"作用

辅导员职业生活的主阵地是学校，学校对辅导员职业行为的任何有效干预都将起直接的强化作用，辅导员职业幸福感的积极培育和维护与学校的教育管理者息息相关。

1.保障物质福利，发放精神福利

如今，大部分公办高校教师的工资收入分为两部分：一是国家财政拨款，二是校内工资，即教师得到的奖金或者绩效工资。在学校经济收入固定，且可支配总额有限、短时间内无法增加的现实条件下，高校管理者或许可以另辟蹊径。比如，学校可以设法构建产教研联合培养体系，争取获得当地政府、知名企业的资助，以争取一定的助学助教资金支援学校建设；充分利用校友资源，或者争取一些地方特色活动的赞助；利用学校食堂、校园超市等营业点争取更多盈利；狠抓教育教学质量，提升办学水平，从而扩大招生规模、增加人均办公经费等。在开源的同时，还要注意节流，动员全校师生员工，节约水费、电费等固定开支，减少办公用品资源的浪费。在窘迫的经济条件一时难以改善的

① 刘捷.专业化：挑战21世纪的教师[M].北京：教育科学出版社，2002.

情况下，学校还应给教师积极发放精神福利，强化精神鼓励。比如，对教师的付出给予应有的尊重，对教师多一些问候和微笑；举行教师联谊会和联欢会，加强教师之间以及教师与管理者之间的沟通和交流，如领导们可以在教师节或者其他节日给辅导员们写一封信。这些方法都能够有效促使辅导员感受到尊严和职业自豪感，从而便于他们与学生、与同事、与领导形成心理相融、情感相通的融洽关系。学校应切实发挥其作为辅导员职业幸福感的积极培育者和维护者的作用。

2. 减轻工作负荷，提升职业魅力

访谈发现，许多辅导员之所以选择这份工作，一是学历较低，还有就是对教师职业的向往。然而，由于繁重的工作任务，辅导员已不堪重负，这种情况导致大部分辅导员纷纷选择其他职业，辅导员队伍流动性较大。同时，各种教育改革与各类竞赛也需要辅导员积极参与，如素质教育、新课程改革等都离不开辅导员的积极配合。所以，学校领导需要更加关心辅导员，关心他们的心理健康状况，切实帮助其减压：①减轻就业压力。学校领导应从课程、教学、就业指导等多方面采取措施来缓解当前一次性就业的压力，而不是单纯地把就业任务分配给辅导员，让他们独自承受如此巨大的压力。只有学校上下协调一致解决就业问题，才能从根本上减轻辅导员和学生过重的就业压力。②缩减每个辅导员管理的学生人数。调查显示，近半数的辅导员带有三百名以上的学生。如此多的学生，每时每刻都有出现问题的可能，这会让辅导员的工作量超负荷，严重挫伤他们的职业积极性，影响教育工作的质量。③减少各种形式主义的检查和评比活动，减少辅导员的教学任务负担，让他们有一定的时间和精力来放松以有效投入学生工作。④固定辅导员的工作对象，避免让每位辅导员同时管理不同年级的学生。一般来说，辅导员需要花近半学期的时间对同一批学生进行记忆和熟悉，频繁更换教育对象不利于他们工作的开展，反而使他们对职业产生倦怠。最后，学校应着手建立一套公平合理的奖惩机制，以区别于专职教师的教学考核机制，合理体现不同的劳动付出。总而言之，学校应调动一切积极因素，主动联合学校各级管理部门为辅导员创造宽松和谐、友好合作的工作环境，缓解他们的工作压力；构建奖惩分明的激励机制，有效促进他们实现职业理想，通过提升辅导员的职业成就感和认同感，从而促成辅导员职业幸福感的不断提升。

3. 关注职业规划，促进专业发展

职称评定是高校辅导员反映较为激烈的问题。目前大部分高校教师工资都与职称直接挂钩，于是职称评定成为关乎每一位高校教师切身利益的头等大事。制定职称评审程序的高校行政最高管理者，应最大限度地保证评审过程和结果的客观、公正、公平，评价手段的多元化，采取记绩与测评、结果与过程相结合的方式，加强关注辅导员职业发展的机会。长期以来，促进辅导员队伍专业化和职业化发展是高等教育发展规划的重要内容。职业发展规划的制定对于教师专业的成长具有非常重要的意义①。调查发现，大部分高校辅导员缺乏职业发展规划意识，更缺乏针对职业发展规划的清晰明确的认识，对职业发展分为哪几个阶段、现在处于什么阶段都处于模糊状态。一旦在工作上没有自己的追求，缺少具体目标的指引，自然就没有内部动力可言，工作变成被动和消极的应对，久而久之，转岗或者跳槽极有可能就成为迫切追求的目标，成就感、获得感与归属感成了天方夜谭，那么幸福感又从何而来？为此，辅导员要把自己的职业生涯置于理性的思考与规划之上，才能够一步一步实现自己的目标。职业发展是一个漫长且动态发展的过程，职业幸福感会随着职业生涯的变化而不断变化。例如，通常初次担任辅导员工作时，他们对职业的热情极高，主观幸福感也较高。而对于那些处于稳定期和熟练期的中年辅导员来说，他们对熟悉的工作和环境早已失去了新鲜感，工作热情也逐渐消退了。同时，对于大部分已经适应高校教育工作的辅导员来说，他们开始逐渐产生了职业倦怠的心理，工作和家庭的双重负担往往导致压力增大，这个阶段的教师群体职业幸福感也较低，他们往往处于职业发展过程中的瓶颈阶段，是学校和社会需要加强关注的群体。

（三）发挥自身主动追求幸福的"能动"作用

幸福作为一种能力，要求辅导员必须加强自身个性修养，明确自我认知并依托教育工作本身确定职业发展目标，同时，在教育活动中不断提升自己的教育管理能力，在为广大学生创造和谐幸福的学习环境的同时主动追求属于自己的幸福生活，在成就学生的同时完善自身。

1. 完善的人格——心理基础

越来越多的研究结果表明，人格是主观幸福感最可靠、最有力的预测指标之一，并且认知风格和人格差异与幸福感的关系最为密切。"任何时候都要为幸福做好准备"是伦理学家石里克提出的重要道德原则。较多学者认为，感受幸福是一种能力，如檀传宝所说"接受幸福的能力"。虽然幸福是可以被体验和创造的然而它却不是必然存在的。教师幸福能力的缺乏，一方面是由于主观态度另一方面还与感受幸福的能力有关。特质理论研究发现，在现实生活中，有

---

① 曹俊军.论教师幸福的追求[J].教师教育研究，2006(5)：35-39.

些教师天生具有以积极方式体验生活的性格倾向，而这些"快乐的特质"在不同个体身上存在着较大差异。例如，同样的班级，有些教师能够从这些学生身上获得尊重感、依赖感以及幸福感，然而有些老师却完全感受不到，甚至认为获得工作成就感和幸福感是"天方夜谭"。萨缪尔总结了一个快乐公式："快乐＝物质消费/欲望"，该理论具有一定的说服力，在物质条件基本持平的情况下，欲望越少的群体，得到的快乐越多；显然，随着欲望不断增多甚至膨胀，他们的快乐就几乎消失了。这个理论从经济学的视角再次印证了快乐取决于人们对生活的态度。实际上，真正能够体验到教育幸福的教师，往往是那些始终如一坚守在教育这片土地、排除一切复杂的社会因素、拥有自己坚毅教育精神的教师们。而作为当代大学生的辅导员，他们必须集中所有的时间和精力去处理和参与知识性、道德性、职业性甚至是生活上的各类活动，与大学生们一起讨论交流，在互相影响、互相激励、互相了解、互相鼓舞的教育互动中，为了学生的发展，也为了实现自己的职业目标而不断做出努力；用爱去感化学生，用情去引导学生，在潜移默化中提升学生的综合素质，同时也成就自己。这是一个真切的教学相长过程，一方面辅导员用爱和智慧引导大学生健康成长，在知识的洗礼和心灵的滋养中分享学生的进步；另一方面更使辅导员致力于摸索如何提升自己有效教育能力，成就自己的职业发展。

2. 职业生活——主要来源

幸福感来源于目标的实现。由于工作的性质，辅导员的职业幸福感主要来源于学生的成长与进步。辅导员最大的快乐就是看着自己所教的学生不断地成长，不断地追求他们的梦想，一步步走向成功。此外，教师的职业幸福感另一个主要来源是教师自身的成长与进步。当教师获得了新的教育技巧和新的育人方法，或者经过几年努力在教育教学上获得奖励以及通过努力晋升职称，这些都会给教师带来职业上的成就感和幸福感，能够极大地激励教师不断探索教育教学的理论和知识。作为教师，人生的一大乐事就是得天下英才教育之，如果一名教师真正以学生的成长和进步作为所有工作付出的出发点和落脚点，那么他定会达到与学生心理相通、情感相融的幸福境界。教学相长的客观存在使得教师们在教育的过程中，自身也会收获新的知识和体验，获得师生共同成长的喜悦和快乐。

3. 休闲和独处——有效调剂

教育的本质是培养人的活动，也是呵护心灵的事业。因此，每一位教师都需要阅读、观察、分析和思考的独立空间。只有独处，心灵才能获得真正的宁静，才能够逐渐领悟育人的事业的本质，同时，也只有具备一定的休息与反思空间才能拥有一颗自由的心灵①。独处可以使人暂时远离喧嚣的现实世界，在繁冗琐碎的工作与生活事务中得到片刻的宁静，与自己对话，倾听内心的声音，才能获得正确的自我认知。然而，辅导员工作的特殊性质，使得他们的职业生活空间相对狭小，精神生活相对狭隘，这对辅导员的自我成长与职业发展造成了极大阻碍。如果给予他们一定的自由空间去培养和保持稳定的业余爱好，既可以释放工作的压力，又能够为心灵家园找寻更多的精神依托。正如一位研究者所言："休闲是从外部环境的外在压力中解脱出来的一种相对自由的幸福生活"。② 在闲暇娱乐的空间里，个体可以自由思考和冥想，可以舒活筋骨、以文抒情或沉浸于音乐和其他艺术境界，能够极大地丰富人的精神世界，在身心得到放松、自由享受精神愉悦的同时，才会真正成为自己生活的主人，去追求自己的梦想和幸福。

---

① 马克思. 恩格斯选集(第40卷)[M].北京：人民出版社，1982.
② 赵昌木.教师的教学生活及追求[J].当代教育科学，2006(6)：33-35.

第二部分
来华留学大学生学习生活叙事

第一章

引　言

　　留学生教育兼具政治和经济价值，同时也具有推动高等教育改革发展的功能。随着"一带一路"倡议的实施，沿线国家来华留学人数迅速增长。教育部统计数据表明，截至 2017 年，共有来自 204 个国家的 44.2773 万名外国留学人员在我国 31 个省、自治区、直辖市的 935 所高等院校学习。在过去 10 年间，来华留学生人数增加了 12 倍。来华留学生人数正快速上升，当前高校留学生教育管理方法有无变化？来华留学生目前生活学习状况如何？毕业后他们会留在中国工作吗？提升来华留学生生活学习质量，增加来华留学吸引力，从而促进我国与不同国家间的经济文化交流，为"一带一路"倡议提供有力的人才和智力支撑，是现阶段摆在我国高校国际化教育面前的重要课题。

一、研究缘起

　　随着世界经济的发展和中国改革开放的逐步深入，中国在世界舞台上正发挥着越来越重要的作用，越来越多的人开始渴望了解中国、认识中国。目前，全球已经有 146 个国家和地区建立了 525 所孔子学院和 1113 个中小学孔子课堂。仅在"一带一路"沿线国家中，就有 51 个国家设立了 138 所孔子学院和 135 个孔子课堂。汉语热持续升温，来华留学生人数每年呈现增长趋势。因工作原因，作者曾和一些外国留学生有过接触，通过与他们的交流，作者发现，即使是来自同一个国家的留学生，他们的状态差异也很大，有的人为学好中文，整天和中国人待在一起，从而大大提高汉语水平；有些人除了要求需要进行的汉语交际活动，其他时间基本不说汉语，也很少与中国人交往，更不用说毕业后留在中国工作。

良好的适应情况是有效学习的首要前提。大学新生心理健康状况好坏直接与大学四年学业能否顺利完成直接相关，还影响到走向工作岗位所具有的综合素质，更是未来社会稳定与发展的重要影响因素。由于不同国家之间在历史环境和教育现状上的差异，各国留学生在我国留学期间对语言、饮食、交流、文化、生活、课程教学、教育管理等问题，还普遍存在一系列适应不良的问题，且不同个体、来自不同国家的留学生所遇到的问题呈现出一定差异。因留学时间有限，适应不良在一定程度上严重影响了留学生学习的效果与生活的质量。留学生在中国所面临的问题，也是我国教育研究者所要注意的问题，例如，很多留学生因向往中国的经济与文化而选择来华，然而，在融入中国的现实环境中却困难重重……难道仅仅是语言障碍使得留学生们与中国学生缺少交流吗？究竟是哪些因素影响了留学生来华后的学习生活适应情况？又该如何让他们喜欢上中国呢？为了实现这些研究目的，作者对三位来自不同国家的留学生的学习生活适应情况展开了教育叙事研究。

此外，编者还与一些外国学生成了朋友，在与他们交往的过程中，他们也愿意将自己的一些故事告诉作者，同时作者作为一名教师，时常与他们有着或多或少的接触，这些有利条件无疑对本研究的顺利开展和完成起了重要作用。

二、研究综述

(一) 来华留学生教育研究现状

随着全球化的发展，国际教育愈加普及，留学生的分布范围越来越广。中国是一个拥有五千多年历史的文明古国，有着其他国家无法匹敌的魅力。我国"一带一路"倡议的提出与实施，向世界传递了"丝绸之路"精神，发扬了中华民族传统文化，吸引了众多来华留学生，对中外文化交流发展起到了积极的促进作用。近几年来，丝路沿线国家来华留学生的人数不断增多，文化层次参差不齐，他们在很多方面表现出不同程度的适应问题，给我国留学生教育管理提出了新的挑战。随着中国"一带一路"倡议的实施，中华民族传统文化也逐渐走向国际舞台，向全世界展现出了独特的东方文化的魅力，吸引了各国人民的目光，使得越来越多的人认同并学习中国文化，其中突出的表现是丝路沿线国家和地区的来华留学生人数正在逐年增加。与之对应，我国对外国留学生的教育重视程度也在逐步加强，并且相关教育研究成果也越来越多。

关于留学生教育领域的讨论范围在不断拓展，从单纯的教育问题，延伸到区域选择特点、留学动机、教育对策分析等广泛的内容上。研究大部分侧重于国家的相关政策，例如，"一带一路"倡议。因为外国学生在学习、生活、文化三个方面都表现出了和中国学生的巨大差别，众多学者不仅在研究如何有效教授外国留学生专业知识，也在思考该如何解决现实中留学生面临的实际问题。

作者通过文献检索发现，近十几年来，相关研究文献在数量上稳步增长，而且论题更加广泛，研究更为深入。相关留学生教育文献从 2005 年的 27 篇逐渐增长到 2018 年的 330 篇；从单一的教育问题，逐步深入到日常生活的各个方面，如方宝、武毅英《高等教育来华留学生的变化趋势研究——基于近十五年统计数据的分析》，安婷婷、张娟的《留学生跨文化生活适应度的调查——以江苏大学为例》，高炳亮的《高校来华留学生心理健康问题的预防与危机干预机制研究》等众多相关研究文章。关于来华留学生适应性问题的研究，当年限设为 2010—2019 年，精确筛选发现：以适应性为主题，在知网搜索到相关论文共计 19 篇；在结果中以丝路沿线国家为主题，搜索到相关期刊论文为 2 篇。作者进一步分析文献发现，在已有关于来华留学生适应性的研究中，仅少数几篇期刊论文分析了来华留学生心理适应方面的情况。本文在收集整理以往相关文献的基础上，就留学生在高等院校的学习、生活、文化三方面的适应性进行了回顾。总的来看，当前研究主要集中在留学政策、留学动机、来华留学生的结构、留学适应性研究等四个方面。

（1）关于留学政策研究。冯洁等人（2012）、朱文等人（2017）从政策制定的角度对出国留学、来华留学、中外合作及对外交流等方面进行了论述；王永秀等人（2017）提出了政策重建的可能性探讨。

（2）关于留学动机研究。刘红霞等人（2011）总结了新生代大学生出国留学主要出于六大动机，即接受更好的教育、更好地实现职业理想、促进自我成长与完善、获得成就认可、对国外环境和生活的向往、受外界环境和人的影响；杨晓平、王孙禹（2018）从人口学视角剖析了不同特征国际学生来京留学动机的差异性特征：提高汉语水平、体验中华文化、提升就业竞争力是国际学生来京留学最重要的动机。

（3）关于来华留学的结构研究。吕娜（2015）从来华留学教育的规模、生源结构、学历结构、学科结构和地区分布等方面进行了分析，韩丽丽（2017）选取 2002—2013 年时间序列来华留学生数据，进行规模总量和学历结构分析发现：要素条件对提升来华留学竞争力有积极的作用，其中高等学校生均经费、高等教育师生比两个变量对来华留学生规模均有显著的正向影响。

（4）关于留学适应性研究。徐筱秋、胡妮（2017）通过定量和定性研究分析了 21 名来自亚洲和非洲国家的本科留学生在语言学习、社会交往中的问题，中国的负面刻板印象等因素会导致文化适应过程中的焦虑感。金闪闪等人

(2018)建议从提高跨文化主动沟通能力、改革课程和课堂教学实践、改变课堂沟通和评价方式、转变人才培养模式等方面提升留学生文化适应性。

然而，当前重复研究较多，深入探讨较为缺乏。突出表现在：对来华留学生的教育研究还仅是问卷调查或理论思辨，缺乏对留学生生活学习实践的整体性、情境性和复杂性考虑，缺少从"人"的角度对来华留学生群体现实生活状况翔实的描述性研究。马克斯·范梅南认为，从事实践研究最好的方法，是说出和不断说出一个个"真实的故事"。在对"以培养人为目的"教育现象探索中，采用在自然情境下使用多种方法收集资料，并对其行为和意义建构获得解释性理解的质性研究将是今后研究的发展方向。

(二)解读来华留学生适应概念

来华留学生即来中国学习并且居住一段时间的外国学生。跨文化适应是指基于一个人原有的文化因素如价值观、习俗等社会生活方式，在新环境下有所改变以重新学习和融入新的文化情境，其中包括社会文化适应(即学习新文化的技能)和心理情感适应(即新文化中的满足感)。跨文化适应的主体是从一种文化成长环境到另外一种文化环境中的人。跨文化适应主旨不是放弃原有的文化底蕴，而是跨文化适应的主体在原有的价值观和信念基础上，习得并适当运用新文化中的生活方式及文化符号，提高适应当地社会环境的能力。

首先是留学生在学习方面的适应性情况。汉语是世界公认较难掌握的语言。而一些来华留学生没有汉语基础或仅仅只经过简单的汉语培训，并不具备沟通交流的能力，这样就增添了交流的困难程度。如果他们不能准确地表达出汉语中的含义，就会导致双方都不明白说了什么，甚至会产生不必要的误会。除此之外，有些留学生在课堂上听不懂老师的讲课内容，在课下与同学交流时也容易出现诸如语序错乱、词不达意等问题，这种无法有效交流的现象加重了留学生的学习压力，让其对开口说汉语产生了恐惧，长此以往，还可能产生恶性循环，最后将导致留学生无法融入学习环境而产生排斥心理。据调查，来华留学生具备顺畅的汉语交流能力需要半年到一年的强化训练，在之后的专业课学习中还需要更强的汉语能力，这种能力不是短时间能够达到的，甚至很多来华留学生用了一年的时间都难以达到这一状态。

其次是留学生在生活方面的适应性情况。当留学生突然来到一个全新的环境，他们往往也无法适应新的气候、新的生活方式以及新的饮食习惯等，特别是各个国家的宗教信仰以及独特的饮食习惯。民以食为天，有些留学生由于无法适应新的饮食习惯，因此情绪变得消极暴躁，这严重影响了留学生的身心健康。此外，有不少留学生因拒绝他国的饮食习惯而喜欢在宿舍里做饭，这既影响了学校的管理制度，同时也减少了留学生与中国学生交流的机会，使得他们跨文化适应的时间变得更加漫长。

留学生在文化方面的适应性情况。每个国家都有不同于其他国家的文化发展历史，通过多年悠久历史的沉淀形成了自身文化及其交际规则，所以留学生来到中国后，很难适应中国人的处世之道和待人接物的方式。中国汉字晦涩难懂，是来华留学生完成学业的又一大难题。留学生本身汉语基础薄弱，再加上有些教师讲课时会用一些地方方言，这些原因使他们的听课更加困难。此外，留学生在自己的国家已经形成了固定的价值观念，有自己独特的思考方式，这种思维的固定化影响了其跨文化适应的能力。当来华留学生自身信仰和文化理念与我国相冲突时，他们会下意识地相信自己国家的思想理念，从而排斥我国的文化，对其产生强烈的抵触心理，继而降低了自身的跨文化适应能力。

最后是留学生在心理方面的适应情况。个人心理适应情况主要是指在留学国家是否产生思乡感、孤独感、抑郁感、封闭感、挫折感、缺乏自我价值和社会认同感等方面的负性情绪。许多学者对国际学生在国外留学期间所需经历的跨文化适应的各个阶段做了研究。美国文化人类学家（Oberg）提出，跨文化心理适应呈 U 形分布的四个阶段：第一个阶段是留学生刚开始来到国外时所产生的兴奋感、好奇感和对新学习环境中的生活所产生的热情；第二阶段是过了一段时间以后，留学生由于适应新文化遇到了困难和挑战，变得不知所措，这个阶段的心理感受称为"危机阶段"，在这一阶段留学生很可能会产生无能感、挫折感、愤怒感、焦虑感和抑郁感；第三阶段是"恢复期"，留学生们想方设法解决危机阶段所遇到的问题；第四阶段称为"适应期"，在这个阶段他们能够非常成功地应付在学校中所遇到的各类问题。

由此可见，来华留学生的适应过程是一个相对长久且复杂的过程，并且受到许多变量因素的影响，这就需要学校、留学生和中国师生三方面共同努力解决。学校不仅要关注来华留学生的学习生活等方面的适应情况，更要在其心理适应情况方面给予更多的关注，这样既能使他们在中国快乐地学习和生活，又能促进双方国家的文化交流。总而言之，我们应该进一步加强对来华留学生适应性问题的关注，并在相关理论知识的指导下，帮助他们顺利地度过学习、生活、文化及心理等方面的适应过程，让越来越多的海外留学生在中国度过既有成效又有意义的留学生活。

（三）研究的理论基础

当今，教育国际化已成为许多国家教育发展的重要战略和普遍共识，来华留学教育竞争力是衡量我国教育水平的重要标准。来华留学生是否适应和如何适应中国的学习和生活及文化环境是关系着他们来华的目的能否实现的首要条件。良好的适应情况是学生有效学习的重要前提，是来华留学生个人发展的有效保证。留学生能否良好地适应中国的生活，与留学生个人的思想境界、留学目的、价值取向密切相关，也与中国当前高校的教育与管理、社会经济水平、文化传统有较大的联系。

皮亚杰的"平衡化"理论认为，适应是个体通过顺应和同化两种作用与新环境逐步达到新的平衡的发展过程，个体的成长即是适应能力不断增强的过程。留学生的适应过程主要是通过自我身心调整逐渐与新的学习生活环境相平衡的动态建构过程。众多研究表明，对学校的教育管理不满、沟通困惑、文化价值冲突是留学生产生焦虑的主因，但负性情绪如果得不到及时缓解，极易发展成为沟通障碍甚至心理问题。然而，目前管理模式很难满足来自不同国家留学生的发展需求。

当前的研究往往重理性思辨或量化数据分析，缺乏对留学生生活学习实践的情境性与复杂性考虑，缺少从"人"的角度了解该群众的描述性研究。叙事研究(narrative study)始于西方，是一种以现象学、解释学和后现代主义理论为指导，并与文学叙事理论结合而成的一种新的质性研究方法。20世纪90年代末，叙事研究逐渐引起我国教育研究者的关注，由于其与教育问题本质的适切性，近年来，叙事研究逐步在教育研究领域异军突起，得到越来越多研究者的认同和采用。

现象学和解释学理论认为：教育是关乎生活世界的，是养育"人"的活动，这就要求我们教育工作者必须在具体的实践情境中不断进行实践探索。叙事研究的本质特点就是关注个人，关注微观分析，贵在求小、求真、求实。叙事研究法弥补了传统教育研究方法忽视教育主体生命价值和教育情境条件价值的缺陷，能够为留学生教育研究提供新视角；翔实生动的个体叙事，能够为被研究对象和其他来华留学生提供反思空间，从而有力促进高校留学生教育管理质量提升。

三、研究意义与思路

(一)研究意义

留学生教育不仅具有重大的政治意义和价值，在各国全球政治博弈中起着重要的作用，还具有直接的经济价值，能给留学国家带来实实在在的经济收益，促进国家的经济发展；同时，发展留学生教育，探寻留学生教育管理的有效性对策，有利于发挥高校的自主性和创造性，凸显高校国际化的办学特色，促进高校自身不断发展。

此外，来华留学生教育质量的提高，还有利于中国正面形象的构建。对于高校而言，积极推动留学生教育改革，一方面可以促进高校教育教学硬环境和软环境的改善，促使其管理方式、教学设施、师资构成进一步优化，提高教育教学质量；另一方面，在高校校园中增加的来华留学生这一角色，成为高校的一大活力和特色之一，对本校和当地学生也会产生一系列的影响，例如中国学生愿意和留学生交朋友，帮助双方口语能力的提高以及增进双方对异国文化的了解。

(二)研究思路

在前期调查的基础上，本书从关注留学生主体性角度出发，通过文献分析→实地调查→叙事研究的方式，基于来华留学生对高校学习、生活和文化适应的层面，通过实地观察和深入访谈，围绕教学内容、教学方式、教育管理、学习条件、自我发展……融入八个维度，展开了对来华留学生的中国留学叙事。

根据叙事研究的特点，研究组在前期做了充足的准备，在不侵犯留学生隐私的情况下，从以上八个维度系统全面地设计了中英文调查问卷(见附录 2 和附录 3)，并通过问卷调查、实地观察、线上聊天、他人评价等多个方面进行资料的收集整理。问卷内容主要涉及日常生活、学习、学校的体制、民俗等方面的问题，同时采用多种方法展开测试，主要有问卷调查、线上聊天、面对面交谈等多种方式，以便资料能够真实、全面地了解和研究对象的情况。前期问卷调查完成之后，针对研究主题，修正了问卷内容，提炼了个案访谈的提纲(见附录 4)，并选择了三位有代表性的个案展开了深度访谈与叙事研究(图 1-1)。

(三)研究创新点

本研究重点采用叙事研究法对留学生开展了学习生活状况的调查研究，该方法主要具有以下几点优势：深入留学生的生活进行调查和访谈，能够更好地和留学生交流与沟通，得到留学生的支持和信赖，了解留学生真实生存与生活状态，增加调查材料的可信度和有效性。叙事研究便于从多角度探寻留学生教育的深层次问题及其背后的影响因素，能够弥补问卷调查的不足之处，还能够挖掘出鲜活的"私人叙事"，让当事人讲述自己的故事，使僵硬的制度和抽象的理论能够得到活生生的凸现，这种自下而上的理论更贴近留学生生活，更接近实际的问题。

本研究难点之一在于访谈维度的确定。由于留学生文化背景的多样性、宗教信仰的差异性以及生活学习环境的复杂性，如何走进学校，深入留学生生活学习收集较为广泛、全面、可信的第一手资料，全面地把握留学生的生活学习

```
                         ┌──────────────────┐
                         │ 一、研究问题的提出 │
                         └──────────────────┘
┌──────────────┐                 │
│留学生政策文献解读│←────────────┤
└──────────────┘                 │                              ┌──────────┐
                    ┌────────────┴─────────┐      ┌───────────→│了解留学生   │
                    │                      │      │            │目前状况    │
            ┌──────────────┐      ┌──────────────┐ │            └──────────┘
            │访谈12位留学生及│      │问卷调查5所高校100名以│
            │教育管理部门人员│      │上留学生生活和学习状况│ │
            └──────────────┘      └──────────────┘ │            ┌──────────┐
┌──────────────┐     │                      │      └───────────→│存在的问题  │
│留学的适应性内容搜集│←──┘                      │                  └──────────┘
└──────────────┘            ┌──────────────────────────────────────┐
                            │二、分析影响来华留学生生活学习的主要因素：   │
                            │确立深度访谈的8个维度（完成深度访谈提纲编制）│
                            └──────────────────────────────────────┘
                                              │
        ┌──────────────────────────────────────────────────────────────┐
        │三、确定3位有代表性的留学生深入个案研究：进入多方位、多角度的大量收集田野资料阶段│
        └──────────────────────────────────────────────────────────────┘
                                              │
        ┌──────────────────────────────────────────────────────────────┐
        │四、整理和评价阶段：以"主动投降"的态度，采用"类属分析方式"整理田野资料      │
        └──────────────────────────────────────────────────────────────┘
                                              │
        ┌──────────────────────────────────────────────────────────────┐
        │五、总结阶段：采用独特的叙事研究法将现场文本转换为研究文本，             │
        │同时针对留学生教育管理工作提出对策                                 │
        └──────────────────────────────────────────────────────────────┘
```

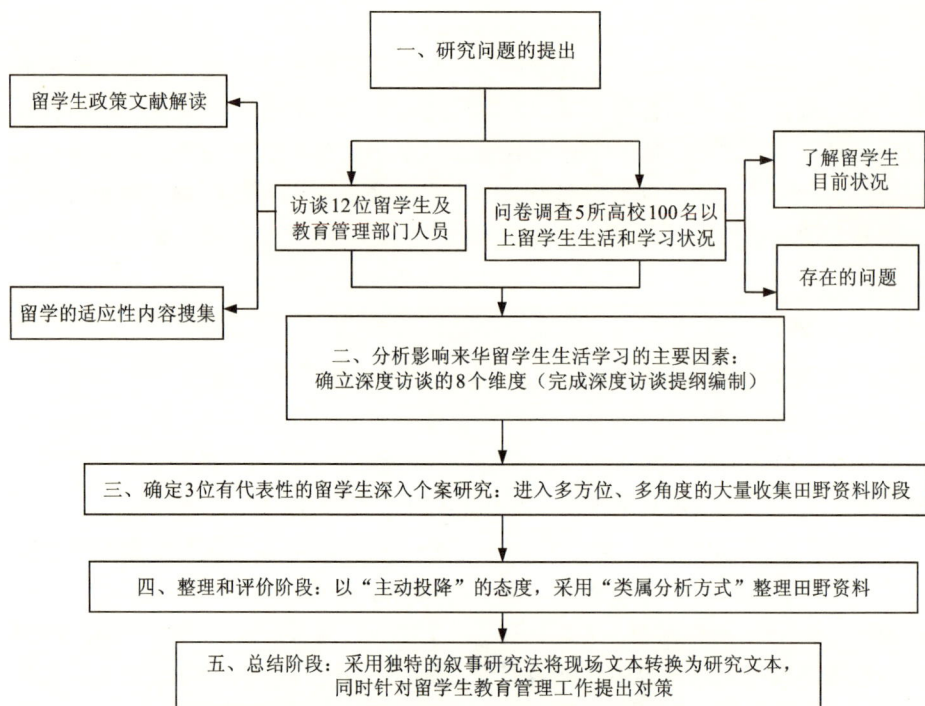

图 1-1　本研究的总体思路与研究框架

维度是进行深度访谈的关键。作者通过查询以往相关文献和前期已做的问卷和访谈，再结合留学生、学校相关管理部门、班主任、专业教师的建议，最终确定影响留学生生活和学习的访谈的八个维度及内容。

难点之二是叙事研究的成功运用——即如何把现场文本确切地转换为研究文本并予以呈现，这也是本课题的创新点所在。成功的叙事研究能够给研究者、被研究者以及其他阅读者思想上以深刻启迪、强烈共鸣，因此它对研究者的洞察力和恰当的文笔表达均有较高要求，这是叙事研究的难点。

作者曾系统学习汉语言文学专业，具有扎实的语言文字功底。此外，作者对叙事研究方法有浓厚兴趣，除完成硕士阶段论文（叙事研究），还发表了教育叙事论文 2 篇，且作为主持人完成省级叙事研究 2 项，市厅级叙事研究 2 项，对其如何操作有了一定的理解和把握，这些有利条件无疑对突破该难点具有重要的保障作用。

四、研究过程

(一)研究内容

本文从关注留学生主体性角度出发,通过文献分析→实地调查→叙事研究的方式,基于对江西某高校来华留学生学习、生活和文化适应的层面,通过实地观察和深入访谈,从教学内容、教学方式、学习条件、日常业余生活、教育管理、自我发展、校园文化、赣州市民俗融入等八个维度,如实展示该校留学生整体适应状况,探寻了留学生学习生活和个人发展心路历程,提炼高校来华留学生尽快适应来华学习生活的有效途径,以期对完善高校来华留学生教育和管理工作有所启示。

(二)研究方法

目前对留学生来华适应能力的有关影响因素的研究较少,研究群体也大都是北京、上海等发达地区的高校来华留学生。相比之下,中西部地区的研究更少。

首先,研究初期主要采用文献法:查阅相关的研究文献,了解该领域的研究状况,分析与整理使之成为本研究的借鉴与参考,力求在此基础上进一步创新。

其次,研究中期主要采用调查法。如设立调查问卷、发布问卷及回收问卷,对收回问卷进行研究分析;访谈法:对目标对象进行半结构性访谈,并选择典型案例进行深度访谈;观察法:在访谈过程中,通过观察被访者的非语言行为及其现场中的物件等,了解他们的心理活动以及个人特征;实物收集法:包括对留学生以往和现在的生活学习状态进行分析总结等。

最后,本研究在研究分析总结阶段,即现场文本的转换阶段采用了独特的教育叙事研究的方法。

叙事研究以占有大量的资料为基础,对资料的质量和数量有较高要求。根据这一要求,课题组在近段时间里大量收集资料,并在此后整理中加以补充。收集材料的方法主要是访谈法,并使用 MP3 录音,同时辅以线上采访、他人侧面分享等形式收集资料。谈话的方式有电话谈话、面谈、QQ 谈话和微信谈话等方式,谈话的地点主要在学校;与其他人员的访谈,主要是研究对象的老师和同学,谈话的目的是了解研究对象来华后生活与学习方面的评价。

(三)筛选过程

江西某大学的留学生多数来自东亚和非洲等地区的国家,在调查阶段时间内该校留学生数量递减排序依次为巴基斯坦、孟加拉国、坦桑尼亚、津巴布韦、赞比亚、加拿大、美国等，大部分留学生的母语以乌尔都语、修纳语、孟加拉语为主，少数留学生母语为英语。英语作为大多数留学生的第二语言，留学生们在本国已经对英语有了不同程度的了解，大部分能够流利地用英语沟通交流。

前期问卷调查以随机抽样的方式展开，通过查看答题结果的重复率、同质或互斥、回答是否协调、回答缺失值等情况对收回问卷做可信性分析后，得到有效问卷 112 份，其中男生 97 名，女生 15 名，年龄为 18~25 岁的占调查人数的 95.9%，留学时间均在 1 年以内，大部分研究对象在华学习的时间在半年左右。被调查的来华留学生的专业种类较多，例如汉语国际教育专业、土木工程专业、计算机科学专业、电气工程专业等，个案访谈对象综合考虑了专业因素，选择三个不同专业的学生展开了调研。

2018 年初第一批留学生进入学校后，作者便与留学生们进行了初步交流，结合前期的问卷调查，对留学生的基本状况有了一定的了解。按照质性选择个案典型性原则，初步筛选了三位来华留学生作为个案研究对象。本着自愿、保密的原则，在文中隐去真名，均使用化名。初步筛选结果如下：

研究对象 A：巴基斯坦留学生——小唐，是 18 级汉语国际教育专业学生，他对中国文化非常感兴趣。在中国将近一年的时间里，他已经能较熟练掌握日常交际等用语，现阶段处于 HSK 三级水平。

研究对象 B：南苏丹留学生——小明，是 18 级国贸专业的留学生，小明在 2018 年来到中国，来华之前只学习了六个月中文，但却能较为熟练地使用汉语。

研究对象 C：孟加拉国留学生——丁香，是 18 级土木工程专业学生，她是通过自费来到中国，并且来到中国后很快就在校内找了一份兼职。也许因为是女生，丁香的中文表达能力非常不错，但她还是难以适应中国的饮食、文化以及风俗习惯。

本研究对三位留学生的访谈内容，主要从文化适应、学习条件、日常生活、课程学习、教育管理、人际交往、留学目的、经济状况等维度展开，并整合成为日常生活、人际交往、文化冲突以及饮食等部分综合陈述，最后针对每一个案例的研究情况开展研究反思。

第二章

留学生案例 A：小唐的学习生活叙事

在中国将近一年的时间里，小唐已经能够较熟练掌握汉语日常交际用语，现阶段处于 HSK 三级水平。案例 A 的前期问卷调查及深入访谈资料的收集主要围绕文化适应、学习条件、日常生活、课程学习、教育管理、人际交往、留学目的、经济状况等方面。访谈的方式有面谈、QQ 访谈和微信访谈等，收集材料时在征得该同学许可的情况下，课题组采用 MP3 录音，同时辅以线上采访、他人侧面分享等形式。交流的地点主要在留学生的教室和宿舍、文化广场、篮球场、图书馆等校园内的场所。对其他相关人员的访谈，主要是对该生的老师和同学进行的访谈。

小唐来中国学习之前是地质专业的学生。小唐有个与众不同的特点，就是在生活和学习上都非常积极向上。他由于在汉语水平和学习上的优秀表现，还被选为所在学校周年校庆晚会的主持人。小唐来华后，经常参加各种各样的活动，例如朗诵比赛等，曾获得学校"我的专业我来说"朗诵比赛一等奖的好成绩。他也加入了很多组织，如武术协会，轮滑社团等。在中国将近一年的时间里，小唐真诚友善、乐观积极的性格和人际交往态度，使他结交到了很多中国朋友，中国朋友们也经常会邀请他参加各种各样的活动。此外，由于小唐在各方面的优异表现，他也备受老师的青睐，成为老师眼中公认的优秀学生。

一、小唐来华留学的原因

在来中国之前，小唐就被中国的文化深深地吸引，他喜欢中国的武术、汉服等，小唐幽默地告诉作者："我以为中国的每一个人都会武术，都穿汉服，然而来到这之后才发现并不是这样。但是这也并没有妨碍我对中国文化的了解和喜爱。中国的大学有利于更高层次人才的教育，在这里我可以获得更好的成长。"学习动机是引发与维持学生的学习行为，并使之指向一定学业目标的一种动力倾向。

来中国学习，是上天给我的机遇。记得当初有两个面试的机会，一是因为我本来是学地质学专业的，因为研修了地质学中的一门课，而拥有了一个机会面试，但同时孔子学院也有一个面试机会，且二者只能选择其一。尽管当时我一句中文都不会说，但是我选择了孔子学院的面试，现在我还觉得这是很不错的选择。我当时面试时的问题是：你为什么要去中国？我就把自己心里的想法告诉了面试官。因为我非常喜欢汉语，热爱中国文化，我希望和中国人一样说一口流利的汉语。

语言学习和文化体验是大多数留学生来华的动机之一。小唐对中国的热情和真诚打动了面试官，也让他争取到了来中国留学的机会。小唐不仅在第一学历地质学专业学习方面很认真，在学习国际汉语专业时也表现出了同样的认真态度，这促使他后续的学习进行得较为顺利和有效。

二、小唐来华留学前的情况

小唐来华之前，在巴基斯坦学习了一年汉语，他的第一任中文老师是留学所在学校的汉语国际教育毕业生，目前在巴基斯坦孔子学院做国际汉语教育志愿者。这是小唐第一次系统地学习汉语，小唐之前只是对中国的文化比较感兴趣。小唐在汉语专业课学习时，上课认真听讲，喜欢坐教室第一排，经常主动与老师互动。巴基斯坦孔子学院的老师回忆说："他第二学期几乎一有空就在我们孔院待着，下了课也不走，有人来办公室问问题，他就立刻主动帮别人解决，后来他就有点像孔子学院小助理，我们有点儿什么事不在办公室，就让他待在那给我们看着，我们对他特别放心。此外，他突出的特点是非常尊重老师，也非常善良，而且热情又热心。巴基斯坦孔院的第一个春节，小唐就是舞狮成员之一，平时训练小唐从来不迟到。巴基斯坦很多学生迟到已经成了一个习惯，但小唐就是那个例外。"学习的热情是有效学习的基础，来自个体自身的内部动力是学习质量的根本保证。

三、小唐来华后学习生活适应情况

(一)关于日常生活

就生活环境而言，调查发现留学生在生活适应的过程中最难以适应的是语言。语言交流的障碍，也导致了他们在其他方面的一些衍生性问题，例如购物、交通等生活问题。研究发现，对于留学生的生活适应问题，留学生主观上的努力极为重要，特别是适应初期的饮食差异和语言沟通问题。

"刚来到中国的时候，我对中国环境也极不适应，例如饮食的问题，我强迫自己尽最大努力去适应，从来到中国第一天开始就吃中国餐，我尽力想把自己变成和中国人一样；特别是言语不通问题，很多其他同学喜欢与自己国家的人交流，我会努力尽量跟中国人交流。然而，我还是经常想家，想念家里的亲人和朋友。其实，有很多时候的不开心，大多数都是因为想家。经过种种努力，我差不多在1个月左右就基本适应了中国的生活。"

大部分来华留学生来到中国以后同样也会遭遇文化休克期，主要表现在文化背景、文化观念、生活习惯、宗教信仰等各方面的差异。很多人难以像小唐一样以较为严格的标准来要求自己适应异国的环境，因此，文化休克期对于他们来说所经历的时间也更长。例如，在赣南地区，信仰伊斯兰教的人很少，宗教信仰和饮食习惯是他们面临的一大障碍。又如，巴基斯坦国家喜欢吃饭用手抓，而来到中国后他们的习惯需要完全地改变，使用筷子是他们每个人都需要学会的功课，为避免在外面需要用筷子而自己不会使用筷子等一些尴尬的情况，不少同学选择在宿舍自己做饭，这成为留学生较为普遍的现象。

(二)关于课程学习

来华后，留学生会在学习上面临较多的困难，由于留学生特殊的教育背景，而国内一些高校老师又较为缺乏相关的双语教育教学的经验，常常把留学生当成中国学生看待，这导致来华留学生在上课的过程中常常会出现听不懂但教师又无法用中介语进行解释的情况，从而导致了课堂教学效率低下、学生学习主动性不高等问题。小唐所面临的主要是汉语学习的问题，例如汉字的语法，每个字的写法、用法差异是令他最为困扰的学习问题。尽管小唐的汉字写的不是很好，但是他还是很喜欢上中国的书法课，也在学习的过程中不断进步。小唐认为，目前最难的课程是现代汉语，因为这门课程的汉字构成和发音规则太多，而他因完全理解不了规律而难以很快掌握，例如他根本不知道什么是塞擦音、爆破音，更别说如何区分他们。

访谈中，小唐表示，他希望和中国人多聊天，但是很多中国学生因为来自中国各个地方，有部分同学的普通话也并不标准，还带有明显的地方方言，有时也会加重他的学习负担。此外，汉字写法也是他的学习困难之一，他写汉字往往要写好久，经常会写错别字，反复涂改，因此时常他写出来的字并不太美观。由于汉语中没有严格的形态变化，虚词和语序成为最重要的语法手段，并且词具有多功能性，有时很难弄清楚错综复杂的语法关系。汉字对于母语非汉语的学习者普遍印象就是难写、难认、难记，所以汉语的语法和汉字的书写往往是外国学习者学习汉语的两大难点。尽管小唐平时学习很刻苦用功，他也已经有了接近一年的课程学习经历，但在汉语学习上，他还是有很多的不解和困惑。经过持续努力，小唐目前的汉语水平已经过了HSK三级，正在上HSK四级的培训课程。正如起初他所说的那样，他希望和中国人一样说一口流利的汉语。因此，他还在努力学习更多的知识，学习更多的中国成语等。

前期调查发现，专业课和必修课是最受留学生欢迎的课程，比如，高等数学、计算机课程等，相比之下，中国传统文化课程更少受人青睐。当被问及"你对课程教师的教学方法及效果如何评价"时，小唐表示，不少留学生认为大部分专业课教师只是自己在讲台上讲，缺少与学生之间的互动交流，老师和学生在课堂上时常互动的课程仅占不到三分之一，教师无聊的教学方式使他们感到课堂无趣的最主要原因，而且比例相当高。此外，除了教师的专业知识教学外，小唐特别提到一些老师的鼓励对他发挥了很大的激励作用。教师的期望效应也对他产生了重要的影响，让他在学习汉语的过程中能够不断地保持着学习的热情，并且持续为之付出自己的努力。

（三）关于人际交往

本族语者与非本族语者之间的交际在语言和文化背景方面存在显著差异，它会体现在日常交际各个方面。尽管在人际交往中小唐因为不了解相关的文化背景和中国朋友之间有过很多的小误会，但是，他的中国朋友基本对他抱有很大的宽容态度，就是在一次又一次的失误过程中，小唐更加理解了汉语的交际文化。小唐对跨文化交际意识比较重视，有意让自己尽快地适应并且融入中国的汉语交际环境。此外，他还经常与他的中国朋友们以"中国人"的口吻开玩笑，表现得像个十足的"地道中国人"。

在跨文化交际这方面，小唐和其他留学生一样，由于文化背景不同，往往对交流的关键信息理解不到位，因此也带来了一些困扰，例如轮滑群里有人说："我家里有矿。"小唐理解成真正的矿物，由于他以前的专业是学地质学的，于是，他就对另一个中国朋友说："我的家乡也有很多矿"，然而实际表达的含义并非如此。再比如，"谄媚"一词本来是贬义词，表示卑贱的向人奉承，他以为是形容女孩子漂亮，是一个适合女孩子的词等。就是在这一次又一次的错误中，他对中国文化加深了理解。

因为过于忙碌而忘记吃饭，对我来说是非常正常的事情。因为，在我们国家很自由，想吃就吃，一次两次不吃也没关系。有一次因为参加赣南采茶戏的表演，一直忙碌到很晚，因此我就没有吃饭。第二天上午10点多我从学校的黄金校区赶去校本部时，也没有吃早饭，不过带了一个苹果充饥。为了朗诵比赛取得良好的成绩，我每天六点就起来背诵稿件，我不想让自己出错。另外，每天凌晨一点多睡，早上六点起床是我的日常作息。我总是在各方面尽量追求完美，不想让自己犯下太多的错误。有一次比赛排练，大家让我准备一段即兴的演说，同伴们都告诉我不要紧张，随便说几句就好，错了也没关系，但是我仍坚持把它写下来，并告诉同伴："比赛时大多数都是书面语，我的口语化的词太多了，会影响大家的整体效果。"

通过孔院的选拔，小唐顺利来到了中国，由于他始终如一地坚持着来中国的初心，学习汉语，学习中国文化，在学习和生活上都有较多收获，并且还爱上了中国与中国的文化。当作者问及毕业是否会留在中国时，小唐回答说："我毕业后很想留在中国，可是我与自己的国家签订了合约，毕业后要回到巴基斯坦教五年汉语，如果五年后工作条件允许的话，我还是想到中国生活和工作，去游览中国的大好河山。"可见，学习的目标和期望对坚持学习具有不容忽视的作用，个体的学习动机对学习会发生持续有效的促进作用。

（四）关于教育管理

我国留学生教育起步较晚，基础薄弱，缺乏系统性和规范性。虽然各个高校针对留学生都有不同程度的入学教育，但是往往存在着教育效果不佳、教育内容缺乏科学性、入学教育内容没有针对性等问题。教育内容安排缺乏科学性，一味地照搬照抄只会是失败的教育模式①。小唐所在学校的留学生的教育管理归属于国际教育学院统一管理，他们有专门的留学生公寓。和中国学生不同，他们可以在寝室自由做饭，寝室是二人寝，宿舍条件相对中国学生来说要好些。但调查结果发现，大部分留学生们对该校的教育管理并不满意。

留学生来华留学的目的是学习，所以留学生的入学教育让他们充分了解所要学习的专业的基本情况非常重要，同时也应包括对中国教育特点的介绍等内容。此外，调查发现来华留学生在来中国之前对中国基本信息也缺乏了解，这给留学生顺利适应中国的环境带来了一定障碍。

在留学生的学习和教育管理方面，对于如何有效开展针对来华留学生的教育和管理工作，小唐提出了自己的看法和建议：一是中国的教师和同学们应该主动地去了解其他国家的文化，这样教师们可以更好地从事沟通管理工作，中国学生与他国学生之间也便于交流；二是希望教授留学生的专业课的老师们英文水平要相应提高，那么在课堂上一旦出现学生听不懂的情况，教师能够及时用英文解释相关的含义。

四、对案例 A 叙事研究结果的一些反思

从案例 A 的适应情况来看，在来中国之前，他对留学国家具体情况基本一无所知，例如学校的一些基础设施建设、宿舍条件以及教育管理方法等，这对他顺利适应中国的环境带来了一定障碍。来中国之后，他对学校安排的宿舍等硬件设施的普遍反映是：一般，还过得去。所以，对即将出国的他国留学生来

---

① 梁泽鸿.东盟来华留学生的汉语课堂学习焦虑及其疏导[J].广西师范大学学报，2016（3）：129-130.

说，出国之前对目标国家的各个方面，特别是教育教学管理情况充分了解是非常必要的。对此，我国高校在开展留学生入学教育时可适当强调留学生这方面知识的欠缺，同时对留学生所要学习的专业的基本情况进行详细介绍，也应包括大学新生生活适应等方面的内容。留学生入学教育的形式应多样化，比如，邀请相关学科的带头人进行系统的讲解，包括课程设置、学科特点、知识结构、专业前沿问题等。倘若有高年级的直系来华留学生，可以邀请高年级的优秀学生分享学习的心得和体会，榜样的力量是强大的，也更容易被理解和接受。此外，举办新老生交流会，让新老生之间有一个较好的平台进行沟通和交流，这也会对留学新生的适应起到积极促进作用。

在回答"更喜欢哪种类型的课程"的时候，留学生更为普遍的答案是必修课和专业课，选修具有中华文化特色的课程的人数较少。然而，中华文明是全世界四大文明之一，中华文化博大精深，源远流长，中华文化的瑰宝众多，有书法、武术、京剧等。留学生只有深入了解了中国的文化之后，才能更好地适应留学生活。同时，还有很多传统的节日，如春节、中秋节、重阳节、端午节等。高校要通过一些颇具特色的中国文化课程，激起留学生们学习中国文化及汉语的浓厚兴趣，让留学生更有宾至如归的感觉，从而促进学习活动的有效开展。

第三章

留学生案例 B：小明的学习生活叙事

案例 B 是一位来自南苏丹的黑人来华留学生，他有一个特殊中文名：小明。据说，这是他的中国朋友取的，主要是因为他的学习能力很强，人又特别聪明。小明 2018 年来到中国，来华之前，他只学习了六个月中文，却能较为熟练地使用汉语交流。目前，小明是所在大学经济学专业的一名大一学生。

一、小明来华留学的原因

小明非常喜欢旅行，也喜欢感受各种不同特色的文化。在南苏丹的时候，小明就喜欢到处游历，体验各个地方独特的民俗风情。小明十几岁的时候就去过南苏丹的很多城市，例如朱巴、耶伊、瓦乌等。他喜欢和不同的人交流，在沟通中了解不同地域的独特之处。中国是举世闻名的四大文明古国之一，有着不同寻常的历史积淀和文化特色，怀揣着对中国悠久文化的向往和期待，小明来到了中国。

并非因偶然而与中国相遇，我是自己做了决定要来。如果问我为什么要来中国留学？我想说的是，我在美国也有朋友，他们也是在那里留学。但是听我的同学说，由于肤色等原因，他们的待遇并没有像我现在这么好，且不太容易交到留学国家的朋友。中国人很热情，中国自古就有礼待宾客的习惯，中国很好。

学习动机和学习的关系是辩证的，学习能产生动机，而动机又推动学习，二者相互关联。动机具有加强学习的作用，高动机水平的学生，其成就也高；反之，高成就水平也能导致高的动机水平。小明有着学习中国文化的较高动机，他热爱中国悠久的历史文化，且想了解接触中国的地域特色，这些使得他的学习达到了事半功倍之效。同时，小明学习的较高成效使得周围的老师和同学对他更加认可，融洽的师生和同学关系让他更加喜欢中国，反过来，又促使他产生了更大的学习动力。此外，我国是闻名的礼仪之邦，传统的礼仪之道无形中也给赴华留学生带来了异国他乡的温暖。

二、小明来华留学前的情况

前期调查发现,大部分赴华留学生没有任何心理准备,对中国的文化了解较少,大部分仅学习了一些汉语知识而已。为了更快适应中国文化环境,小明在来华之前不仅学习了六个月的中文,还专门了解了一些简单的中国文化知识。他是通过一家中介公司,花了几星期的时间终于拿到来华签证申请表。之后,他申请了想去的学校(江西某大学),最后小明顺利完成了在中国大使馆盖章等手续。尽管其间经历了漫长的时间和繁琐的程序,但小明表示,能来到自己向往的国家——中国,还是很开心的。

三、小明来华留学后学习生活适应情况

(一)关于文化冲突

初次来到中国的留学生大部分会经历或多或少的文化冲突现象即文化休克期。文化休克期是指一个人进入到完全陌生的文化环境时,因失去自己熟悉的所有社会交流的符号与手段而产生一种迷失、疑惑、排斥甚至恐惧的感觉,这段时期就叫文化休克期。留学生的文化冲突主要表现在与老师之间、与同学之间、与教育管理人员之间或者是与当地的中国人的沟通交往上。不同国家的文化环境一方面可以使学生了解新鲜知识,体验另一种文化背后的历史积淀,但随之而来的陌生环境会带来不同程度的文化冲突。前期调查问卷显示,有占调查总数24.1%的留学生感到自己遭遇的文化冲突非常强烈。一位坦桑尼亚留学生 X 觉得:"中国文化很难被接受,有太多的尴尬。"而另一位土库曼斯坦留学生 Z 则说:"和我从小在寄宿学校几乎一样,所以我很容易适应。"来自不同国家的学生在文化体验上的差异如此显著,与留学生之前的知识密切联系,还与学生已经具有的相关体验有关。减少文化冲突的关键在于,留学生们要如何调整和适应的问题。

刚到中国的时候,小明也像大多数留学生一样,难以适应中国的文化环境。虽然来之前他做了较多准备,提前学习和了解中国,但不可避免还是有文化休克期。语言不通,汉字比阿拉伯语还难写;肤色不同,路人异样的眼光;饮食不适应,南苏丹人喜食牛肉,而中国的牛肉价格比南苏丹贵很多;思念家人,想念自己的父母和兄弟姐妹;特别是宗教信仰的问题,南苏丹大部分人信奉的是基督教、伊斯兰教和当地的传统土著宗教。种种差异,让小明感受到了前所未有的压力。

面对诸多难以适应的困扰,小明选择了迎难而上。"汉字难写,但我觉得汉语很好学。"小明只学习了六个月的中文,就可以与中国人进行简单的沟通,

并且"说得还很棒"。但对于汉字，小明却觉得很生疏，"总是练习了很久还是不太会"。对于饮食的差异，他想了不少办法，很快就适应并习惯。比如，在中国，牛肉价格高昂，他便找到了替代品——猪肉。而对于宗教信仰，他则继续保持自己的习俗，但同时也会尊重中国的文化。虽然来华不到半年，但小明通过积极努力主动调节适应，目前对该校的生活学习各方面已经比较适应，与同学和老师的交流也比较和谐融洽。此外，在来华之前，小明丰富的游历经历为他能够快速适应中国生活也打下了良好的基础。

（二）关于人际交往

社会性是人的本质属性，没有人可以完全脱离社会或者群体的生活而存在。对于大部分留学生来说，在跨文化适应方面，需要面对的最大难题是人际交往及价值观差异。如何理解当地人的笑话和幽默、与当地人交朋友、理解当地人的价值观念，甚至是听懂当地的方言，这些都是留学生在人际交往中面临的现实问题。而这些方面需要留学生以积极的态度去适应并主动去克服这些困难。在个人主观态度上，小明与小唐一样做得非常好，两人均具有较强的文化适应能力，个性活泼开朗，主动积极交友，认真学习中文及中国文化，于是，两人很快在中国有了自己相对固定的社交圈。

我是黑人，和华人的肤色有较大差异，这对于我融入中国也有一定影响。由于肤色问题，我总是引人瞩目。面对路人异样的眼光甚至是偷拍时，我很尴尬，但我还是很淡定地对待，用自己的绅士风度做出回应。我觉得自己是个乐观开朗的人，因此在中国也交了很多好朋友。我喜欢踢足球，在足球队里我认识了很多志同道合的好友，并在和他们的交流中也提升了自己的中文水平。我觉得中国人很热情友好，这也是我喜欢中国的一个重要原因。我的中国朋友时常邀请我去参加各种活动，比如赏月、赛龙舟等。我和朋友一起在月光下，欣赏月色、品尝月饼、听嫦娥奔月的故事，体会中国文化背后深沉的韵味。在潜移默化中，我也学习了很多中国文化的故事，从而更加深刻地感受到了中国的魅力。除了赏月，我还参加了包粽子、包饺子等和传统文化有关的活动。现在，我很喜欢中国。

此外，在交际活动中，由于文化差异，小明也面临许多困扰和尴尬。比如他和中国朋友吃饭，中国朋友总抢着买单，这让他觉得很疑惑和尴尬。在作者偶然提问时说到"老外"这个词时，他表示很困惑，"我并不老啊，而且很健康"。作者给他解释说，老外只是一个泛称，就像"老王""老张"一样，他才明白过来为何自己总被别人称为"老外"。小明表示，有些中国人的习惯确实会让外国来华人员难以接受，比如，个别地方特别排斥外国人，甚至围观外国人。这对留学生们融入中国是非常不利的，小明希望可以引起人们的注意，并尽量减少这样的现象。

通常，留学生融入当地文化并不是一朝一夕的事，同种族的交流都会存在差异，更何况是在不同种族、不同民族、不同地域之间，其文化差异会更加显著。研究发现，找到同龄人之间的共同爱好是建立来华留学生社交关系的一个有效途径。小明留学中国，熟悉的环境和社交圈留在了国内，面对的是全新的环境和社交圈。这与我国当地大学新生的情况有较大差异，比较来看，来华留学生的适应压力要大得多。小明和小唐等留学生能够比较顺利融入留学国家当地的文化和社交圈，不仅仅是因为他们乐观开朗的性格，还因为他们拥有较强的适应能力和心理调节能力。

(三)关于教育管理

留学生需要适应的不仅仅是文化环境、生活习惯及饮食文化等方面，由于留学的主要目的是学习深造，因此还需要适应留学国家的教育教学及管理制度。各国由于政体及文化等差异，教育管理方法各不相同。中国自古即为礼仪之邦，对于外国留学生一直特别尊重和重视。但物极必反，对于留学生的重视和特殊照顾也导致了很多问题的发生。小明对于该校的教育教学和管理提出了一些自己的意见和看法。

我觉得学校对于留学生的管理过于松散。由于留学生的特殊身份及尊重礼仪之道等因素，老师对待留学生特别宽容，对于迟到早退等现象一直没有严格要求，这对于学生、老师以及学校都是不利的。因为，这会影响到学生学习的效果和老师上课的效率，对学校的管理成效也都会大打折扣。我觉得第二个方面就是教师课堂教学技巧有待提高。很多老师讲理论课时较为枯燥，我常常听着听着就想睡觉，建议在中间穿插一些具有吸引力的活动提起学生的兴趣。此外，一些专业老师虽然有丰富的知识与教学经验，但其有限的英语水平，使得我们难以及时准确地明白老师的意图和所讲的知识。

目前，很多高校教师教学方法仅为讲授法，在长时间讲授理论知识时，因缺乏吸引力，导致留学生听课接受程度不高。同时，很多高校认为，宽松的管理方式更能显示中国的"待客之道"，凸显传统礼仪文化。然而，从教育的本质来看，这恰恰是一种误导，对外国留学生的宽松不仅不利于管理，达不到留学生教育的目标，还可能使得留学生对中国教育的观点有所改变，甚至让我们的教育声誉受损。关于英语能力方面，这是当前很多高校普遍存在的问题，需要各高校共同努力提升教师英语的口头表达和英语专业教学水平。

四、对案例 B 叙事研究的一些反思

大多数来华留学生都会遭遇文化差异带来的难以适应的困扰，面临像南苏丹学生——小明一样的文化适应难题，宗教信仰、饮食习惯、风俗文化等都有显著差异。本研究发现，案例 B 的小明在来华留学之前已经作了一些准备，比如提前搜集资料，了解中国的风土人情和习俗文化，并在本国提前开始汉语的学习，为赴华留学良好的适应打下了扎实基础。

当来华留学生面对诸多难以适应的困扰时，不逃避、不退缩、勇敢面对现实，积极调节才能更快适应。比如，小明就选择了迎难而上。"汉字难写，但我觉得汉语很好学。"尽管小明感觉"总是练习了很久还是不太会"，但是仍然会坚持学下去。对于饮食的差异，小明主动尝试了不少办法，很快就适应并习惯。比如，他喜欢吃牛肉，但是在中国牛肉价格高昂，他便找到了替代品——猪肉。又比如宗教信仰，南苏丹人大部分信奉的是基督教、伊斯兰教和当地的传统土著宗教，小明则继续保持自己的信仰，但同时也尊重中国的文化。小明是通过积极努力主动调节很快达到基本适应的典型。目前他对所在学校的生活学习各方面已经比较适应，与同学和老师的交流也比较和谐融洽，并有了固定的朋友圈。此外，在来华之前，小明丰富的游历经历为他能够快速适应中国生活创造了有利条件。

研究发现，良好的心理素质对来华留学生的学习生活适应尤为重要。以南苏丹来华留学生为例，肤色的不同使得留学生在中国的处境较为"尴尬"，甚至有时会像小明一样，面临别人的嘲笑和冷眼。而这时个体自身需要调整心态，努力适应并克服心理障碍，及时疏解内心情绪。同时，这对于国内高校学生教育管理来说，也是一个迫切需要解决的问题。因此，一方面要对来华留学生进行心理适应能力提升的训练；另一方面还要及时疏导他们的心理适应问题，然而，这两方面目前在各个高校都没有得到应有的重视。因此，高校应尽快建立完善的留学生心理健康教育和心理疏导体系，为赴华留学生心理健康与学业发展保驾护航。

第 四 章

留学生案例 C：丁香的学习生活叙事

一、丁香来华留学的原因

案例 C 中的丁香所在大学是一所办学历史悠久的公立大学。调查发现，大部分留例如土木专业、电气工程专业的学生来此求学主要是看重了该校相关专业的发展前景。

我觉得中国现在是世界上发展较快的国家之一，我正在学习中文，这也将帮助我在未来找到一份好工作。尽管我现在在中国并未找到真正的中国朋友，但我依旧对在中国的生活充满期望。此外，选择来到中国学习，也是因为丰厚的奖学金的吸引力。现在的学校对留学生群体的优待，使我十分喜欢在中国学习，尽管现在我还不是很习惯这里的环境，但是我会努力适应，也相信我会学得越来越好、越来越适应这个大学的学习生活，相信这个美好的学习经历也有益于我未来的发展。

杨晓平（2017）对国际学生留学北京的动机做了实证研究，研究结果表明，语言学习、文化体验、能力提升与职业发展是国际学生来京留学的四个主要动机，且不同人口学特征的国际学生来京留学动机存在差异。在前期调查问卷中也有得到接近的结果，巴基斯坦留学生 Y 认为："我想这（来华留学）对我将来会有帮助。"调查发现，较多留学生们希望能在高质量的公立高校提高他们的专业水平，从而获得更好的专业技能，以便将来能找到一份较为体面的工作，并可以将学到的知识回馈自己的国家。

二、丁香来华留学前的情况

丁香来华之前，在国内也学习了一年汉语，并且已经熟练掌握日常的汉语交流词汇，能流利表达。在语言准备上，丁香比小唐和小明的基础要好一些，这也许与性别差异有一定关系，总体上女学生对语言的习得要优于男学生。然而，正因为是女生，其情绪情感更加细腻。来华后的第一个月，丁香的思乡情怀、心理困扰的程度要远远超过其他两位研究对象。丁香至今仍和自己国内的朋友保持着密切的联系，与家人也是。不难发现，留学生的适应时间通常要比国内大学生的适应期更长，难度也更大，该问题应引起高校留学生管理部门的足够重视。

三、丁香来华后学习生活适应情况

一般来说，当留学生来到另一个陌生的国家或地区，首先面临的就是生活适应问题。丁香说，尽管已来到赣州半年多了，目前她还很难适应在赣州的学习和生活。不同的生活习惯、不同的饮食、语言障碍、不同的思维方式、不同的交流方式等都对丁香产生了较大的影响，这使她在赣州的生活感到很吃力，特别是饮食差异。"民以食为天"，丁香表示，她对赣州的饮食至今还是难以适应。

(一)关于文化冲突

丁香对中国的文化一直比较欣赏，在文化冲突方面没有很突出的适应问题。该大学所在的城市——赣州，是一个历史文化悠久的城市，拥有厚重的历史文化底蕴。赣州是客家文化的"摇篮"，赣南的客家文化内容丰富、形式多样、风格独特。目前，赣州已有赣南采茶戏、兴国山歌、于都唢呐公婆吹、石城灯会、古陂"蓆狮""犁狮"等国家级非物质文化遗产10项，省级非物质文化遗产108项，市级非物质文化遗产165项，在客家文化领域影响极大。这对于喜爱中国文化的丁香来说，赣州无疑是一个学习汉语和中华传统文化的好地方。

没有来中国以前，我就很喜欢中国的文化。一直觉得中国是一个神奇而具有悠久历史的国家。我听说过很多关于中国的神话故事，比如牛郎织女、女娲造人、嫦娥奔月等传说，对这些非常好奇。也喜欢中国的一些经典书籍，比如《红楼梦》《西游记》等。但是令人遗憾的是，我到目前还几乎没有参加过所在学校组织的中国传统文化体验活动，好几次是看到活动的现场才知道有这个事情。

调查发现，丁香错过中国文化体验活动的原因是多方面的，既与学校信息渠道的不畅通有关，也有丁香本人与其他同学交流较少的原因。

(二)关于课程学习

在学校课程的教学内容方面，丁香的整体评价是"还可以"。丁香比较佩服土木专业的有些课程教师熟练的英语水平及丰富的专业知识。同时，丁香也喜爱中国特色课程，并多次表示，希望在大学能了解更多有中国特色的传统文化。讲到教师的上课方式，她也提到一些课堂缺乏师生间的互动。对此，丁香积极提出了自己的意见和看法，她认为教师应该多关注学生的学习和成长，学校在教学设计等方面需要综合考虑每个学生的不同特点，尊重学生的个体差异，并采取有效教育措施，促进留学生不断学好汉语、学好本专业知识。最后，丁香表示，目前除了生活上的适应问题，实际上，她在大学收获还是非常大的，学校的教育教学方式给了她许多启示，也学到了很多本专业的前沿信息，这段学习的经历也将对她的未来产生较大的影响。

(三)关于教育管理

丁香来到该大学学习土木专业及汉语和中国文化已经半年多，她说前两个月所有时间和精力都花在如何适应大学的学习生活上。访谈时，当被问到对于中国和中国高校的印象，丁香回答：很好，但是难以适应。面对学习和生活方面的巨大差异，丁香的态度是尊重并理解。对于思维习惯与文化冲突问题，当面对不同的思维方式和交往方式，丁香也是选择尊重文化差异的态度，所以，她常常一个人待着，几乎不关注、也不参加各种文体活动，所以也就错过了不少中国传统文化体验活动。但是，丁香很喜欢中国特色的文化课程，对一些全校公选的中国传统文化特色课程比较关注，对于小组活动如"共同收集资料并为赣州最美味餐厅排名"就很感兴趣。

我对本校的宿舍环境、宿舍管理等方面比较满意。学校的图书馆、实验室等教学硬件设施，虽还不完善，但可以为学习提供一定的帮助，基本可以满足现在的学习需求。尽管现在我还是觉得还很难适应这个新的环境，但学校对我们留学生的格外关爱让我深受感动，我也比较认可学校在生活、学习上给我的关心帮助。同时，我也希望学校能在留学生群体的管理制度方面有所改进和创新，为留学生提供更完善、更高效的服务。

四、对案例 C 叙事结果的一些思考

丁香的适应之路与前两位有显著的差异。一方面，丁香内心比较喜欢中国文化，出国前认真学习了汉语，来华后也有意愿主动适应中国的生活(来华后很快找到了一份兼职)，然而，在适应行为上，却采用了回避的做法(常常一个人待在寝室，与以前的朋友交流，只与父母通信联系)。所以，尽管丁香来华时具有较好的语言基础，对中国文化也比较尊重，但是因为缺少采取措施积极克服现实生活困扰的行动，这使得目前她的适应情况并不理想：课余的交际范围大部分还是留学之前的，没有固定的中国朋友圈，就连喜欢的中国文化活动也屡次错过。其中的主要因素与个人的性格相关，但是高校留学生教育管理部门可以采取有效教育干预措施帮助这些学生更好更快地适应留学生活。

随着"一带一路"倡议的不断深化，中国传统文化正在慢慢走出国门，走进

千千万万个外国友人的世界。对于来华留学生教育,高校要抓住机遇,不断提升教师的专业素养,使其在讲授专业课的同时成为中华文化的传播者。在把中华文化传播到全世界,紧跟时代发展的同时,我们也要树立危机意识,意识到未来将要面临更多的挑战。因此更要不断与时俱进,取精华,去糟粕,将中华文化的精髓传播到世界的各个角落,提升世界各国人民对中华文化的认同感。树立高度的文化自信,传承、创新中华文化是我们永不能放弃的神圣使命和崇高事业。

当前高校在接收外国留学生时,首先应深刻认识自身管理体制的不足,扬长避短,不断完善教育教学管理体制,真正从留学生的生活、学习的需求考虑,营造一个适合留学生的环境。其次,要有高度的文化认同感,要积极弘扬和传播优秀中华传统文化,积极开设特色课程。同时也要尊重不同留学生的文化信仰,尊重差异、共同发展。不同国家和地区的学生在认知方式、学习心理等方面都会有差异。此外,语言障碍、生活习惯、思维方式、交流方式等方面的差异普遍影响着留学生的学习和生活适应能力,这就需要高校切实从留学生的自身发展需求出发制定有效可行的具体计划和实施策略。

综上,外国学生之所以选择来华留学,离不开中国当前良好的经济发展情况和社会环境,也离不开中国优质的教育资源。如何做好留学生的教育教学管理是关系我们国家社会发展和国际地位的事情,需要以高校为主体的各界人士共同参与、携手努力,方能取得理想的效果。

第五章
对来华留学生学习生活适应现状的分析和建议

高校是留学生教育的主要阵地，随着新媒体时代的到来，高校也要与时俱进，要使学生掌握充分信息，为学生提供一个参与到管理当中的机会①。有了主人翁意识，很多留学生可以自己主动去学习和接受文化差异，努力学习中文课程，主动与中国朋友、老师进行交流，积极参加各种活动。

一、对来华留学生学习生活适应现状的分析

(一)来华留学目的趋向多样化

刘红霞等人(2011)总结了新生代大学生出国留学主要出于接受更好的教育、更好地实现职业理想、促进自我成长与完善、获得认可、对国外环境和生活的向往、受外界环境和人的影响等六大动机。本研究也得到了类似结论，如丁香说："我觉得中国现在是世界上发展较快的国家之一，我正在学习中文，这也将帮助我在未来找到一份好工作。尽管我现在在中国并未找到真正的中国朋友，但我依旧对在中国的生活充满希望。"

小明喜欢到世界各地游览观光，体验各地独特的民俗风情，来华是源于对中国的文化和历史感兴趣。"中国是举世闻名的四大文明古国之一，有着不同寻常的历史积淀和文化特色，怀揣着对中国悠久文化的向往和期待，我来到了中国。"

有研究发现，语言学习与文化体验、能力提升与职业发展这两个方面是当前国际学生到北京留学的主要动机②。学习动机是引发与维持学生的学习行为，并使之指向一定学业目标的一种动力倾向。发自学生内心的学习愿望和要求等内部动机对学习起着强大的推动作用。因丁香一开始就有学习汉语、学习中国文化的热忱，这为他在日后留学中国奠定了良好的基础。此外，中国正不断地改善教育质量和提高办学水平，以便让更多的学生接受良好的教育，从而增加

① 李秀华.来华留学生跨文化适应障碍及其消解[J].现代教育管理,2016(6):110-111.
② 杨晓平,王孙禹.国际学生留学北京动机的实证研究[J].中国高教研究,2017(2):97-101.

留学生对中国教育水平的满意度。

（二）留学生文化适应状况参差不齐

美国语言学家萨丕尔·沃尔夫指出，文化不仅对语言有着很大的决定作用，语言的表现也是文化的反映，同时一个人的语言习惯和对文化的理解也在一定程度上折射出他的世界观和人生观①。本研究发现，该校大部分留学生来到中国以后都会遭遇文化冲突甚至进入文化休克期。然而，不同学生对待这个阶段的态度却迥然不同。小唐以较为严格的标准来要求自己适应异国的环境，因此，文化休克期对于他来说时间较短。刚到中国的时候，小明也像大多数留学生一样，难以适应中国的文化环境。虽然来之前他做了较多准备，提前了解中国，但不可避免还是有文化休克期。语言不通，肤色差异，信仰不同，饮食不适应……面对诸多难以适应的困难，小明选择了迎难而上。比如，在中国牛肉价格高，他便找到了替代品——猪肉。而对于宗教信仰，他则继续保持自己的习俗，但同时也尊重中国的文化。虽然来华不到半年，但小明通过积极努力主动调节适应，目前对该校的生活学习各方面已经比较适应，与同学和老师的交流也比较和谐融洽。然而丁香的适应之路不同。一方面，丁香内心比较喜欢中国文化，来华后也有意愿主动适应中国的生活，然而，在适应行为上，她却采用了回避的做法（常常一个人待在寝室，与以前的朋友交流，固定与父母联系）。所以，尽管丁香来华时具有较好的语言基础，对中国文化也比较尊重，但是因为缺乏主动采取措施积极克服现实生活困扰的行动，使得她的适应情况并不理想：课余的交际范围大部分还是自己国家的亲友，没有固定的中国朋友圈，就连喜欢的中国文化活动也屡次因不与外界交往而错过。

（三）专业课程影响力超越民族文化

前期问卷调查发现，该校大部分来华留学生们更青睐与专业有关的课程。理工科专业留学生认为，数学类的专业知识对自己更有用，因而对专业课更感兴趣。汉语国际教育专业等文科性质的留学生们更喜欢汉语口语课、中国文化课、中国历史课等。来华攻读学位的留学生更多地将接受高等教育视为一种工具性的手段，从中也可以看出经济影响力比民族文化吸引力更容易转化为生产力。对留学生自身发展而言，他们对未来充满希望，也渴望学习更多有用的知识、技能、文化等，让自己的视野更加开括、包容和独立；对国家建设而言，留学生们学习到了扎实的专业理论知识和技能，能够更好地投入到社区和国家建设，为国家做出更大的贡献。

---

① 李雅.来华塔吉克斯坦留学生跨文化适应问题研究[J].民族教育研究，2017(4)：96-97.

文化是一个国家历史发展的沉淀，接纳一个国家首先要了解这个国家的文化。高校的留学生教育不仅要让留学生喜欢中国的专业课程，也要使每一个来华的留学生体验和感受并欣赏中国传统文化，这些要依托高校的教学模式和教学实践活动。侯磊(2016)认为将课堂教学与课外教学实践相结合，把注重实践训练的文化体验活动以文化专题的形式通过实物和行为体现出来，成为课堂教学的有效补充，使留学生在学习过程中有真实的体验和切身的感受，可以达到良好的教学效果①。

二、对来华留学生学习生活有效适应现状的建议

该校留学生在华学习的时间大多不超过三年，然而，研究结果表明，目前在该校学习将近一年的同学中，大部分仍存在着各种各样的适应问题，主要建议如下：

(一)发挥学科优势，走内涵式发展道路

专业的吸引力是众多留学生选择来华的主要动机。如丁香说："我觉得中国现在是世界上发展非常快的国家。我正在学习中文，这也将帮助我在未来找到一份好工作。"各高校应积极发挥地方专业学科优势，以优势资源吸引来华留学生，提升我国教育国际化的发展水平。当前，我国许多高校的众多学科和专业都具有相对优势，对外国的学生，尤其是发展中国家的学生具有较强的吸引力，如信息工程学科、冶金材料学科。然而，很多高校能够用双语开设工程课程的本科专业并不多，高校如果在这方面能够有所加强，会使我国的高等教育更具吸引力。从战略高度统筹规划我国高校招收沿线来华留学生的学科专业，集中优势资源，做强与"一带一路"倡议密切相关的特色学科专业②。在文化全球化日益发展的今天，我国要以包容、开放的姿态迎接国际友人，同时，更要提高高等教育的国际声誉，以及在国际留学生教育市场中的影响力和吸引力，以优秀的文化输出来赢得国际社会的信任和尊重。这最根本的办法是走内涵式发展道路。此外，在"一带一路"倡议影响下，"汉语热"吸引了更多的海外留学生来到中国学习中华文化。因此，我国更需要集中优势资源，建设好来华留学生的学科特色和优势专业。

(二)创新教育模式，以管理育人

留学生不同于国内大学生，对他们的教育管理模式也应有所区别。高校应

---

① 侯磊.汉语国际教育硕士留学生文化体验培养模式探索[J].学位与研究生教育，2016(4)：94-99.

② 翟振元."一带一路"建设与国家教育新使命[N].光明日报，20150813.

进一步明确自身作为质量建设者的主体地位，增强质量管理的责任意识，采取周期审查、学生评教、校外同行评教、教师培训等多种方式①。从调查结果看，首先，教育管理部门应确保高校管理制度明晰化。一方面校方努力完善相应的管理制度，例如及时通过相关的渠道公告相应的信息，及时与留学生们进行沟通；另一方面，留学生们也要更加主动地去了解和掌握与自己有关的信息，做自己的主人翁。同时高校应该多增设一些外语课程，增强高校教师的国际化教学能力，加强与学生的互动交流，持续提高教育质量，不断增强来华留学教育内源性牵引力，吸引更多优质来华留学生。优化改革留学生奖助体系。鼓励高校依据办学传统、学科优势等科学布局来华留学生奖学金，提高奖学金的管理和使用效率，健全留学生资助体系，通过提高来华留学生奖、助学金的标准和扩大范围，吸引更多优秀国际生源来华留学，切实做好"雪中送炭"的工作。

(三) 提升心理素质，培养适应能力

积极主动的个性特征对留学生的学习生活适应具有较好的促进作用。调查发现，适应较好的学生，基本都具有良好的心理自我调节能力，敢于大胆面对两国之间的文化差异和饮食差异，勇于主动去克服种种不适，因此，要提高留学生的生活学习适应能力，首先应提高留学生的心理素质。如，小唐是个积极乐观的学生，他的突出特点是非常尊重老师，也非常善良，而且待人热情，这些心理特征使得他在一个多月的时间里就基本适应了该校的生活和学习。小唐尽管在人际交往中因为不了解相关的文化背景和中国朋友之间有过很多的小误会，但他就是在一次又一次的失误过程中加深了对中国交际文化的理解。

高校在开展来华留学生心理教育工作时，引导来华留学生面对诸多难以适应的困扰时，不逃避、不退缩、勇敢面对现实并积极调节适应。小明就是迎难而上的典型。他通过积极努力主动调节很快就适应了中国的生活，与同学和老师的交流也比较和谐融洽，并有了固定的朋友圈。此外，学校应针对每一年来华留学生的整体情况，通过心理测试及个别交流了解学生的具体情况，然后开展针对性的心理健康辅导或者活动。活动的目的既要注重心理健康知识普及，更要重视心理调节的主要方法和途径。同时，鼓励留学生自身及时调整对中国文化的暂时性休克状态，并有意识地创造更多留学生与中国学生的交流机会。这可以帮助留学生更好地度过文化休克期。最后，关于交流的基本技能，学校还可以通过多种途径提升留学生的听说读写汉语的基本能力，促进留学生与中国学生的交往。

---

① 陈丽. "一带一路"沿线国家来华留学教育近10年发展变化与策略研究[J]. 比较教育研究，2016(10)：36.

第六章
教育叙事研究者的反思

一、关于研究者身份

开展本次研究，同校不同岗位的教师和同事的双重身份使作者具有独特优势：作为本校教师的受访者不必设防。事实上，调研的两所学校教师的敬业精神使作者在研究中得到更多的信任与支持，有些原本不熟悉的老师也真挚地打开心门，充分满足了本研究多渠道取材的需求。因而，对江西省某职业学院（A校）的老师而言，作者是他们这一群体中的"局外人"，但作为江西省某大学的教师，作者又是这一群体之中的"局内人"，因此，作者非常了解他们的日常工作、生活以及学校的基本情况。于是，常常在访谈时的交流中会产生"共情"，实现了他们主动且更加深入地"述说"教育实践的真实情况的目的。

二、关于协议与伦理道德

在研究开展之初，作者非常明确地向被研究对象及相关受访者介绍了本研究的主要目的及主要研究过程，并强调了研究报告以匿名方式呈现，绝对保护个人隐私权，也完全遵循自愿的原则。对于采集录音和视频等材料，首先征得当事人的同意，如有拒绝，则完全尊重本人的意愿。访谈开始前，向研究对象承诺论文定稿之前须经他们审阅。基于研究初衷，在整个研究过程中，作者以对个体生命的关注为出发点，力求客观、真实地再现每位受访者自己的声音，且将此视为自己的责任。

三、关于访谈

首先，尽量避免使用带主观色彩的、具有导向性的问题。如在实地调查中，已经知道王老师对报酬不满意，提问时只问："就物质报酬方面，您能不能谈一谈工资、津贴、住房等。"针对有些老师在回答问题时，总是习惯于把问题抽象化，这时需要追问："您能说得具体一点吗?"

其次，在访谈中时刻注意与受访者的互动。当受访者在谈话中有一些情绪反应或情感表露时，除了用一些非语言行为表达共情，有时也会用简单的语言回应。例如，王老师："……也经常会很恼火呀什么的……一遇到无理取闹的家长找到学校我就头疼，就想，这教师干得真窝囊……由于自己这个职业，老婆孩子没少受牵连，然而，转念我又在想，如果我是家长，我一定不能这样袒护孩子，唉！没办法啊！"，作者回应："您这心态非常难得，真的！"

访谈中，有时作者会从受访者的表情中发现他不愿意回答某些问题。这时，用一些知道的事实来鼓励他说下去。例如：

作者：关于政策的公平性方面呢？

王老师：这我就不太清楚了。

作者：我是看了年度考核意见中，大家对这一方面基本都选的"很不满意"。

王老师：考评制度方面，我觉得，总是以老教师为依据嘛，就肯定会有一点偏向。

此外，对于受访者所谈的一些事例中的有关情境、细节以及对方当时的感受，特别是对从教初期的态度、情感体验的描述，以为无关大局而没有追问，事后才意识到失去了一些生动的素材，这些问题是后续研究时需要学习和改进的地方。

四、关于研究效度与推广度

首先，本研究中受访者与作者的关系以及作者的双重身份保证了受访者说真话的前提，这也是本研究效度的基本保证；其次，作者的访谈提问方式、技巧以及与被研究者之间的互动，也提升了研究效度；最后，作者对资料的分析过程以及对问题的思考方式，也对研究效度有一定影响。"质的研究就本质而言，不是为了推广，而是为了揭示样本本身"。本研究在深入调查和分析的基础上，旨在揭示教育领域中的某种社会现象的个性问题，通过(了解相关背景的)读者对这些问题的感受和共鸣来达到一种认同性的推广。

◎ 中 篇

大学生心理发展
教育实证研究篇

高校大学新生心理育人模式效果实证研究

第一章
引　言

　　大学新生心理健康状况既奠定了大学期间心理素质的基础，也与大学毕业之后的综合素质息息相关，还会对未来社会的发展与稳定产生重要影响。2004年出台的《进一步加强和改进大学生思想政治教育的意见》是我国高校心理教育进入实质推进阶段的标志。该文件强调了要重视心理健康教育，并指出了具体要求：要结合大学生的身心发展特点去增强大学生承受挫折的能力。换言之，高校要根据高等教育阶段大学生的特点制订针对性的心理健康教育方案，这样才能科学引导大学生身心健康成长。近几年，陆续出台的关于高校大学生心理健康的文件促使大学生心理健康教育工作如火如荼展开。然而，目前大学新生的心理健康教育较少就"系统性"和"可操作性"开展科学实证研究。我国心理健康教育的历程启示我们，当前高校大学生心理教育实践经验匮乏，在此背景下开展大学生心理健康教育实践模式探索尤为必要。基于全体新生心理检测结果及实地调查，在教育系统化理论指导下，通过心理教育专家、心理课程教师、职业规划师等专业人员，按照不同层级、不同时段、不同教育主体将不同心理教育内容与各类心理问题贯穿在大学第一学年，以"分阶渐进"方式来解决新生相应发展性"心理问题"的心理育人模式，具有重要的理论和实践意义。

一、国内外研究现状

(一)研究概况

国外一直非常重视大学生心理健康教育,心理教育起步较早,发展较快①。国内的心理健康教育自 20 世纪末逐渐引起我国学者的广泛关注。本研究以"大学生""心理健康""教育模式"为关键词在知网检索相关文献共计 589 篇。俞国良等人(2012)认为当前高校心理健康教育具有对象多元化、方法多样化等特点,但是缺乏有针对性的系统教育模式②,大部分教育模式趋于一致③。当前全国大部分高校开展了入学心理健康教育,如清华大学从 2008 年成立了指导团队之后,逐渐加强大学生思想、行为、心理健康教育,复旦大学也非常重视大学一年级新生的基础心理教育。不难发现,我国高校对大学生特别是大学新生的心理健康教育日益加强,然而,在教育方式、教育方法方面还需进一步提炼和优化④。樊富珉(2008)认为高校大学新生正值人生发展的"心理断乳期",大一是大学四年的起点,由于适应不良常常会产生心理困扰,甚至心理失误,需要引起高度关注⑤。张跃民(2012)研究表明,大学新生中存在较严重心理障碍及中度以上心理问题的分别占 8% 和 11.35%,研究还发现占调查总数 20%以上的新生有心理问题倾向,因此,本研究建议高校要高度重视和加强大学生心理健康教育工作,并从德育的高度建立完善的教育体系,大学生的心理健康教育刻不容缓⑥。

(二)国内外研究综述

1. 国外心理健康教育现状

文献记载,19 世纪中后期,西方国家就开始关注心理健康教育。

(1)心理健康的定义

科学心理学研究始于 1879 年,以德国冯特在莱比锡建立的第一个心理实验室为标志,此后世界各地逐渐形成了许多有重要影响的心理学派⑦,如实验心理学影响下的行为主义心理学派、计算机科学影响下的认知心理学派等,各

---

① 洪昀,吕晓清.浅谈大学新生入学教育[J].沿海企业与科技,2007(10):191-193.

② 俞国良,董妍.我国心理健康研究的现状、热点与发展趋势[J].教育研究,2012(6):97-102.

③ 姚本先.大学生信仰的现状及特点[J].高等教育研究,2009(9):77-83.

④ 陈顺森,陈春玉.近 20 年大学生心理健康状况的变迁[J].漳州师范学院学报,2011(24):96-101.

⑤ 樊富珉.大学生心理健康教育研究[M].北京:科学出版社,2010.

⑥ 张跃民.大学新生心理健康状况调查研究[J].当代教育科学,2012(12):46-48.

⑦ 皮连生.教育心理学[M].上海:上海教育出版社,2011.

个学派围绕着心理健康问题也进行了较为系统的研究，对"心理健康"也下了不同定义。如心理学家英格利斯认为，心理健康作为一种持续的心理状态，个体在现实生活中是否能够对环境有良好的适应，还包含个体具有蓬勃的生命活力，以及能够良好发挥自身的潜能，最终可以实现一定目标的积极状态。这一观点超越了心理健康仅仅是免于患心理疾病的范围。另一学者提出，心理健康包括环境适应与具有较高效率处理事务两个方面的内容，达到心理健康有三个条件，一是处理事务有效率；二是愉快地接受生活规范即适应；三是满足的状态。在19世纪50年代的第三届国际心理卫生大会上，心理健康研究者倾向于把心理健康定义为：在身体、智能以及情感上与他人的心理健康不相矛盾的范围内，将个人心境发展到最佳的状态①。心理健康学派发展至今，比较有影响的学派主要有精神分析、人本主义、认知行为模式和行为主义等学派，代表人物主要有弗洛伊德、罗杰斯、马斯洛、埃里克森、艾利斯等②。这些心理学家为心理健康教育探索了诸多系统理论和教育实践，他们的突出心理学贡献为我们研究心理健康教育提供了丰富的理论基础和实践参考依据。

（2）心理健康的标准

一直以来，到底应该如何去衡量一个人的心理健康水平，一直是心理健康研究领域争论的焦点问题。秉持不同研究视角的学者们将自己的研究成果陆续公布于世。比较早地被广泛接受的观点是在1946年第三届国际心理卫生大会上公布的四条标准：①德、智、体和谐发展；②能很好地适应社会环境；③有一定的幸福感；④充分发挥自己在工作与生活上的潜能。接着，马斯洛等人也提出对心理健康标准的看法，他们认为应当包括以下十个方面，分别是：①充分的安全感；②全面的自我认知及正确的自我评估；③有合理的生活目的；④不脱离现实；⑤具有完善的人格；⑥具有学习和总结的能力；⑦人际关系和谐；⑧具有情绪自我管理和控制能力；⑨能在集体中展现自己的个性；⑩能够发挥自我潜能同时遵守社会规则③。以上心理健康标准为国内开展心理健康研究的标准制定提供了理论基础参考，为开展心理健康教育的内容提供了借鉴。

（3）学校心理健康教育的途径

当前，欧美国家的学校心理健康教育研究比较成熟，心理健康教育的途径日趋多样化、整合化。一般来说，相对正规的心理健康教育工作始于美国，1900年，美国较早从临床心理学和高等教育的视角制定了比较全面的大学生心

---

① 俞国良. 社会心理学［M］. 北京：北京师范大学出版社，2015.
② 樊富珉. 大学生心理健康教育研究［M］. 北京：清华大学出版社，2002.
③ 郑日昌，蔡永红，周益群. 心理测量学［M］. 北京：人民教育出版社，1999.

理健康教育专业伦理和法规，这些规则的制定，既为大学生心理工作者确定了职业规范和依据，同时也为大学生心理健康教育研究指明了方向①。如今，西方国家的心理健康教育推出了新的教育理念：那就是整体合作。主要指的是两个方面的合作：一是学校和社会人员合作，重点是激发社会人员主要包括家庭、社区联合起来的强大支持力量，如"学校青少年计划""健康始于主动性"，以及"灯塔计划"等社会与学校的合作形式。另一个维度是专家的集体合作，该合作团体主要是学校心理学家、学校社会工作者、教育评估专家以及学生辅导员等组成的"以学校为基地的辅助组"（SBST），主要针对全体大学生开展日常心理辅导、心理诊断、咨询、评估和干预等心理辅导活动。

在国际上，受美国心理健康教育体系影响较大的是日本，和美国具有相似经历，日本的心理健康教育也开展得较早。20世纪60年代至70年代是日本公立大学建立心理健康教育机构的高峰期，接着是私立大学建立心理健康教育体系的高峰期。为了提高大学生的心理素质，日本的心理健康教育开展了丰富多彩的活动，主要包括咨询活动、教育活动和研究活动三种类型。针对大学生的学业、职业、恋爱、压力以及择业等方面给予咨询指导；对大学生的人格、智力、适应性、兴趣等问题进行心理帮助；对心理疾病患者进行系统的心理治疗等。

总体来看，虽然我国的心理健康教育研究受西方国家影响较大。但我国高校对大学生的心理健康教育日益加强，同时部分研究也结合了我国的国情及地方特点。

(三)我国高校心理健康教育现状

1.我国高校心理健康教育的发展阶段

20世纪80年代开始，心理健康教育在我国学校教育中逐渐被重视，截至目前，我国的心理健康教育发展过程基本上经历了以下三个阶段：第一阶段是80年代初期，我国学校心理健康教育处于初步萌芽状态。这时，有些高校设立了医学心理学、心理健康讲座，部分院校设立了心理学课程，以及翻译国外的心理健康教育文献。此阶段，仅小部分高校开展了心理健康教育，还处于尝试和摸索的阶段，没有系统的工作体系，也没有设立专门的机构负责大学生的心理健康教育工作。

第二阶段是80年代中后期，国内心理健康教育进入探索阶段。此阶段，一些较发达城市的高校已经建立了一批咨询机构，健全了心理健康教育系统，开

---

① 张文新.高等教育心理学[M].济南：山东大学出版社，2008.

始专业人员的培训，设置心理健康教育课程等，学校的心理咨询工作逐步向社会系统中深入。例如，北京师范大学、华东师范大学以及上海交通大学等高校，逐步建立了大学生心理服务机构，并聘请了一些教育学家、心理学家、精神病专家联合开展心理辅导和个别咨询工作，兼有心理卫生讲座和心理治疗，丰富多彩的心理健康教育不断受到大学生们的欢迎。个别学校还结合中国大学生情况对西方国家的心理量表进行了修订，对心理咨询体系的建立也积极进行了探索，并取得了积极的进展。

90 年代初开始到现在是我国心理健康教育全面发展的第三阶段。经过近30 年的积极探索，国内心理健康教育工作进入了一个全面发展的新时期。一方面，各高校心理健康教育体系已经基本确立，另一方面学校心理健康教育开始得到社会的普遍重视。1990 年 11 月，中国心理卫生协会在北京成立了大学生心理咨询专业委员会。随后，全国的心理健康教育工作得到极大推进，开展了各级各类的心理健康学术研讨会、主题培训、经验交流，合作研究得到不断扩大和推进，同时，在基础教育和中等教育阶段也加强了对学生的心理健康教育的关注，这在一定程度上也有助于高等教育大学生心理素质的提高。目前国内大部分高校心理健康教育工作基本形成了健全的系统，包括咨询活动、教育宣传活动、心理健康调查研究活动等，部分高校还形成了大学生心理教育的不同层级的系统网络①。

不难发现，国内高校大学生心理健康教育工作系统正在日益加强和完善。

2. 当前我国高校心理健康教育的模式

（1）"预防—辅导"心理健康教育模式

该模式的主要教育目的是预防各类心理健康问题的出现，并不断提升大学生心理健康素质，从而有效促进学生学习、生活、感情及就业等方面的顺利发展②。这个模式在当前学校里的心理健康教育中普遍受到学生的欢迎，因为是定位于心理问题的预防教育与心理素质提升的辅导相结合，这在针对整体学生心理素质方面非常有效，且能够顾及全体学生的全面发展，然而在学生发展的目的性方面尚缺乏针对性。

（2）"一体两翼"的心理健康教育模式

"一体"是指心理保健预防与个体心理障碍处理，多层次心理素质教育和心理调查研究为其"两翼"。该模式侧重点为"重在建设，立足教育"，在面向全体的基础上，积极做好各类心理问题的预防，同时也做好各类心理疾病治疗的准

①　刘风林.大学生心理健康教育导论[M].哈尔滨：黑龙江人民出版社，2002.
②　姚本先.我国学校心理健康教育：现状、问题、展望[J].课程·教材·教法，2003(2)：41-44.

备。该模式包括两方面含义：一是注重以心理健康教育的心理保健预防为主，二是注重个别心理问题出现时以个体障碍的针对性处理为辅，并尽力让两者成为"一体"，该模式是心理健康教育有效开展的保障条件。

（3）多维立体心理健康教育模式

有些高校综合各方面心理教育力量，提出了"一二四"模式，即一个中心、两条途径和四个方面的合作。一个中心即以校级心理健康教育为中心来开展大学生的心理健康教育与宣传活动，提高大学生心理素质和健全人格是根本任务，所有心理健康教育活动均以该任务为中心，这也是开展心理健康教育的终极目标。两条途径主要包括专业途径和非专业途径，前者主要指心理健康教育课程、心理专家讲座及个体心理辅导活动，而后者主要是指与心理相关的党团活动和社会实践活动，以及定期举行心理健康教育宣传、开设心理教育专栏等。四个方面的合作主要是校内与校外的合作、教师与学生的合作、教师之间的合作以及家庭和学校的合作等。

以上三个教育模式基本上代表了我国心理教育模式的发展历程，受西方国家影响，我国当前的教育模式更加侧重"整体合作"思想的指导，注重心理教育的系统性和合作性，这必将为有效开展大学生心理健康教育工作带来新的未来。

3.针对新生心理健康教育文献概述

自20世纪末，心理健康教育逐渐引起我国学者的广泛关注。俞国良等人（2012）认为当前高校心理健康教育具有对象和方法多元化、多样化等特点，但是缺乏有针对性的系统教育模式，大部分教育模式趋于一致（姚本先，2009）。归结起来主要有以下方面：①关于新生心理健康状况的研究。如：叶海燕，2003；程子涵等，2009；黄兆信、李远煦，2010；马蓉等，2012；梁彦红等，2016。研究结果表明，大一新生心理健康状况不容乐观，是心理弱势群体，新生主要问题表现在躯体化、自卑、社会退缩、强迫、依赖①、焦虑②、抑郁③等项目上均低于心理健康的最低值，并有随着年代呈线性增长趋势。另有研究发现，将近50%的新生在入学后出现了学业困惑、交往障碍、就业迷茫等各种适

---

① 张录全，肖建伟.大学新生心理健康水平调查[J].心理与行为研究，2015，13（1）：70-75.

② 张本钰.大学新生心理健康状况发展趋势研究——以福建省3所高校12年间新生心理健康状况调查为例[J].思想教育研究，2018（2）：136-139.

③ 雷晓盛，刘朝杰，王雪莹，等.大学新生抑郁状况及其危险因素分析[J].中国公共卫生，2017（4）：678-680.

应不良，适应性问题持续到第一个学期结束的学生比例为 30% ~ 40%①。②关于大学新生心理影响因素研究。如：李军霞，2008；李少英、石福艳，2010；李彤等，2009；张晗，2014；邵迪，2015；耿艳、敬丹莹，2014；周蜜、宁秋娅、王勇等，2018。研究指出，高中学习生活模式②、个体适应能力③、高校教育模式④、师生关系⑤、种族⑥、家庭⑦及生源地是影响大学生心理健康状况的重要因素。③关于新生心理健康教育对策研究。如：王欣，2007；马蓉等，2012；卫茹静，施丽娜，林崇德，2015；马子凤等，2013；沙翠霞，2015；肖云，2017；等等。研究分别从加深对个体发展过程理解⑧，建立三级网络体系⑨，提升心理健康课程教育质量⑩，开展针对性心理讲座⑪，分主题的团体心理辅导⑫等方面提出了教育对策。

　　大学生心理健康教育要取得实效，分特殊群体和不同阶段尤为重要（邵迪，2015）。目前我国关于大学新生心理健康教育研究更多停留在简单介绍国外理论层面，心理健康教育专业队伍有待优化。本研究针对当前对新生心理健康教育在内容上缺乏"系统性"，在教育方法上缺乏"可操作性"的现实问题，展开科学实证研究。基于对本校全体新生心理检测结果及实地调查，在心理健康教育理论及系统化理论指导下，通过心理健康教师、心理健康专家、教育健康专家、心理健康辅导员、职业规划教师等师资团队，按照不同层级、不同时段、不同教育主体将不同心理健康教育内容与各类心理问题贯穿在大学第一学年，构建了以"分阶渐进"方式来解决新生相应发展性"心理问题"的心理育人实践模式。

---

①　李静.大学新生适应不良问题与心理调适的对策探析[J].思想理论教育导刊，2013(1)：118-120.

②　孙萌，冯毅梅.大学新生心理问题浅析[J].沈阳大学学报(社会科学版)，2012，14(5)：112-114.

③　王彩娥.大学新生自我接纳与社交焦虑的关系及干预研究[D].石家庄：河北师范大学，2017.

④　杨宪华.学校因素对大学新生心理健康的影响研究[J].中国健康心理学，2010(5)：335-337.

⑤　张晗.浅析大学新生心理健康问题的影响因素及对策[J].现代交际(学术版)，2014(6)：74.

⑥　杨金江，秦庆，李德波.彝族、白族与汉族大学新生心理健康影响因素比较研究[J].2008，16(12)：1358-1360.

⑦　赵林.家庭环境因素对大学新生心理健康的影响[J].中国校医，2012，26(10)：724-726.

⑧　俞国良.社会心理学[M].北京：北京师范大学出版社，2015.

⑨　马蓉，刘晓军，叶信宇.基于SCL-90的新生心理健康状况调查分析——以某理工科院校为例[J].江西理工大学学报，2012，33(4)：55-58.

⑩　卫茹静，施丽娜，马子凤，等.大学新生心理健康状况调查与教育对策研究——以上海旅游高等专科学校为例[J].社会心理科学，2013(10)：84-88，111.

⑪　沙翠霞.大学新生适应问题及心理健康教育对策研究[J].高教学刊，2015(12)：91-92.

⑫　肖云.大学新生心理健康状况调查及教育对策研究——以四川职业技术学院为例[J].四川职业技术学院学报，2017，27(2)：99-101.

二、研究假设与意义

(一)研究设想

本研究假设主要有以下两个：

1. 传统心理健康教育面临着困境，教育模式急需优化

由于我国的心理健康教育起步晚、发展相对缓慢，并且借鉴西方国家的理论研究较多，依据我国国情进行改造、创新的少，没有完全走出模仿学习阶段，没有形成植根于本土的统一完整体系，教育手段也较陈旧。心理健康教育有其自身的特殊性，有其独特的教育方式和方法，需要具备适切的教育手段。此外，当前较多高校心理健康教育师资队伍人才匮乏，专业化整体水平较低，尚未形成专业的心理健康教育队伍。

2. 构建大学新生心理健康教育模式是必要的，也是可行的

大学新生阶段是大学四年教育的起点和奠基。基于文献分析与实地访谈，针对全体新生心理健康状况分析，通过心理教育专家、心理学专业教师、职业规划师等专业人员，按照不同层级、不同时段、不同教育主体将不同教育内容贯穿在大学生第一学年，以"分阶渐进"方式针对新生相应的"心理发展现状"的心理育人模式研究是必要的。本研究构建系统的教育模式不仅有理论依据，还有实证研究，对理论研究中忽略的细节进行了解答，因此本研究既是必要的也是可行的。

(二)研究意义

(1)本研究基于江西某高校历年心理测试情况，通过调查问卷(分教师版和学生版)，多层面、多渠道对高校新生心理健康教育现状进行调查和结果分析，有针对性提出新生心理教育的实施模式，以切实提高全体新生心理健康水平。

(2)本研究基于教育生态系统化理论，基于对全体新生心理健康状况的调查背景，通过心理教育专家、心理学课程教师、职业规划师等专业人员，按照不同层级、不同时段、不同教育主体将不同教育内容贯穿在大学生第一学年，对大学生心理素质提升及人格的完善有重要现实意义。

(3)拓展了大学生健康与全面发展的内涵。传统观念认为，没有疾病就是健康。直到1989年，联合国世界卫生组织(WHO)重新给健康下了定义：健康除了没有疾病，还包括了身体和心理健康，以及社会适应能力良好。由此，心理健康才被真正重视。心理健康和社会适应能力也是人的健康发展的必备条件，必须重视学生的心理健康和谐、人际关系和谐以及社会适应能力等方面的

和谐发展，只有大学生全面发展，才能适应当前社会的快速发展与不断革新。

此外，本研究研发的"5×5×4"大学新生心理育人模式及培养方案(五个阶段、五类对象、五个实施主体、五个目标、五个途径和四个支撑条件)，对于丰富高校德育和心理教育有实践意义，对于创新高校育人模式有重要启示，对于提高高校育人功能的实效性有一定参考作用。

三、研究理论基础

(一)概念辨析

1.心理健康教育的含义

心理健康教育，是指根据个体的心理特点和心理活动的规律，通过采用针对性的教育措施，并调动一切个体内外部积极因素，在维护心理健康的同时，提升心理健康素质，不断培育良好的心理调节能力[①]。显然，心理健康教育是一个复杂的概念，因为它包括了多个维度、多个层次的内容。一般来说，学界倾向把人们的心理状态分为健康状态、亚健康状态与心理疾病状态三种。本研究心理健康教育指的是通过各种方法和手段促进个体持续处于心理健康的积极状态，个体充满激情、积极应对各种挑战、能够正常发挥潜能，且具有积极的适应能力。

2.发展性心理教育和补救性心理教育

发展性教育与补救性教育最大的区别是教育目标的定位的差异。发展性心理教育的目的是促进个体各个方面的正常与顺利发展，而补救性心理教育目的与治疗性的基本一致，补救性心理教育是在出现了问题之后采用方法解决问题，发展性心理教育是未雨绸缪，重在预防，二者之间还有一个区别是开展工作的先后顺序不同。发展性心理教育开展的所有活动旨在预防问题出现与促进心理发展，所以各类课程及活动的开展具有超前性；而补救性心理健康教育活动的出现是在心理问题出现之后采取措施，以使学生心理问题顺利解决。因此，发展性教育就相当于锻炼身体、增强体质、预防疾病，而补救性心理教育则相当于已经出现了疾病并采取有效治疗措施[②]。本研究的主要目的是以全体学生的发展性心理教育为主导，并辅以个别心理问题的咨询与治疗。

---

① 樊富珉.大学生心理健康教育研究[M].北京：科学出版社，2010.
② 熊淑萍.大学生发展性心理辅导与补救性心理辅导双向结合效果研究[J].教育学术月刊，2015(8)：88-92.

(二) 理论基础

1. 教育生态论和教育系统化理论

教育是一个系统工程，学生只有在教育生态系统中才能健康成长。教育生态论和教育系统化理论是生态学和系统理论在教育上的应用。生态学家布朗芬布伦纳(Bronfenbrenner, 2005)对时间、过程、人和情境四个概念的相互关联性做了有力论证：年轻人在多个嵌套的彼此影响的交互系统中成长，他们的发展受到各级人员、程序和机构的影响，从家庭到学校①；系统化理论研究发现，当前较多的社会问题是复杂因素整合导致的，因此需要各个系统联合解决②。本研究采用系统论观点，整合了心理教师、心理专家、教育专家、心理辅导员、职业规划教师等，在大学新生第一学年的上下学期以及每个学期的不同时段开展不同的心理教育，系统提升大学生的心理健康水平与综合心理素质。

2. 皮亚杰关于认知发展的适应性理论

发展心理学创始人瑞士心理学家让·皮亚杰(Jean Piaget)认为，适应的本质是个体与环境取得平衡，个体对客体的适应也是心理发展的本质和原因。据此，皮亚杰对个体心理发展的过程做了深入研究，得出了系统的个体心理发展过程结论：个体心理发展的过程就是通过同化(把环境因素纳入机体已有图示或者结构中)和顺应(改变主体动作以适应客观变化)两种形式来达到机体与环境平衡的过程，这一过程是一种不断的平衡—不平衡—平衡……的过程，也是适应的过程③。发展性、连续性、情境性、系统的平衡性是皮亚杰适应理论关于个体成长过程的核心概念。林崇德指出，个体发展过程理论是了解教育对象和形成科学教育理论的前提和基础，为环境对青少年心理健康的影响提供了分析框架，也是心理教育实践活动的指南。但已有研究对处于大学新生阶段的探讨较少，且以思辨性理念剖析为主，针对不同群体和不同阶段的心理教育实践研究将成为今后一段时间的发展方向。

---

① Bronfenbrenner U. Making Human Beings Human Bioecological Perspectives on Human Development [M]. London: Sage, 2005.

② 韩梦洁.高等教育系统结构：等级性还是均等化——基于伯顿·R.克拉克的高等教育系统论[J]. 现代教育管理, 2011 (6): 111-114.

高鸿雁, 刘洋.同一框架内的认识论主客二分——从系统论视角加以分析[J]. 经济研究导刊, 2010 (31): 249-250.

③ 林崇德.发展心理学[M].杭州: 浙江教育出版社, 2002.

四、研究主要内容

目前我国关于大学新生心理健康教育研究更多停留在理论层面，较少开展科学、严谨的实践及效果研究。本研究针对全体新生心理检测结果，通过心理教师、心理专家、教育专家、心理辅导员、职业规划教师等，按照不同层级、不同时段、不同教育主体将不同教育内容贯穿在大学第一学年，以"分阶渐进"方式针对新生相应"心理健康现状"的心理育人模式进行构建研究。

本研究内容涵盖（其中，(2)和(3)是核心问题）：

(1)江西省高校新生心理健康教育现状调查：通过自制高校新生心理教育现状调查问卷，对近8年的心理健康状况进行横断历史元分析，多层面、多渠道对高校新生心理健康教育的现状进行调查，总结分析新生心理教育的总体现状及有待改进的问题。

(2)大学新生心理育人模式的建构及实施方案制定：基于前期调查和某校历年新生心理普查结果，将新生大一期间经历的"五个阶段"与心理育人模式有机结合，研发"5×5×4"大学新生心理育人模式构建体系（五个阶段、五类对象、五个实施主体、五个目标、五个途径和四个支撑条件）及培养方案，重点提升全体学生的心理健康水平，有效促进大学生良好心理素质的培养。

(3)"5×5×4"新生心理教育模式实践与效果实证研究：本研究以"5×5×4"教育模式为运行平台，进行为期两年的实践探究和教育模式效果的实证研究，以分时段、分层级、分主体的教育模块来改善新生的心理健康状况，从而进一步完善高校新生心理健康教育的功能。

五、研究框架

研究框架主要是：①提出问题和确定研究主要问题是什么；②对江西省赣南地区大学新生心理健康教育现状进行调研，探讨存在的主要问题；③从以上两点可分析与研究设计与构建的要素，同时研发和实施心理健康教育实践模式；④经过实践检验，不断优化"5×5×4"大学新生心理育人模式体系；⑤对实践模式进行效果实证验证，继续修正心理育人模式形成研究报告。具体如图1-1所示。

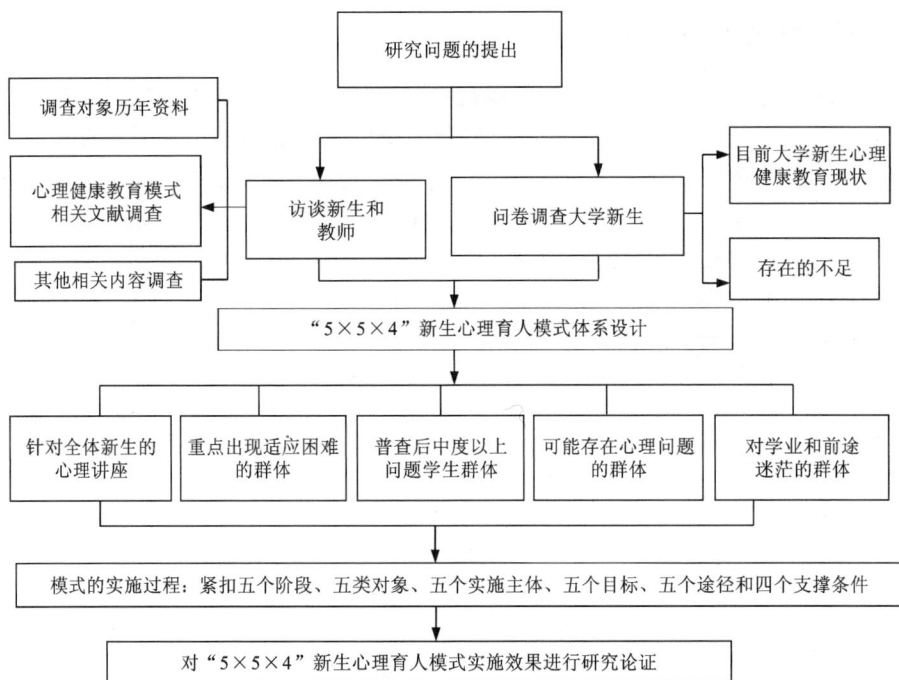

图1-1 "5×5×4"大学新生心理育人模式体系研究框架

六、研究方法与步骤

(一) 研究方法

结合研究目的和研究思路,本研究主体使用了问卷调查法、质性访谈法和横断历史统计分析法。

(1)采用文献研究法和调查研究法,先收集某校以往数据资料,对相关文献资料进行总结分析,同时结合现场访谈和问卷调查确定研究问题。

(2)采用统计分析法、问卷调查法对赣南地区各层次高校新生心理健康教育现状及新生心理健康存在的问题进行调查分析,同时对8年来心理普查数据进行横断历史元分析。

(3)采用统计分析法、逻辑思辨法对"5×5×4"大学新生心理育人模式实施效果进行评估。

本研究共分为三个阶段进行,分别是前期的理论研究、中期的实证调查、后期的结果分析总结与撰写研究报告阶段。

本研究除了采用以上三种主要方法外,还采用了访谈法、观察法、经验总结法等。

(二) 研究步骤

(1) 筹划准备阶段：收集近几年新生心理普查结果并对不同心理问题归类，查阅近几年最新心理健康教育相关研究成果及文献资料。

(2) 调研分析阶段：①初步设计好资料处理分析、研究的方案，对研究组成员进行分工，安排两次学术讨论；②设计问卷及访谈提纲，进行问卷调查和质性访谈，收集数据资料；③组织研究组成员共同研发"分阶渐进式"新生心理育人模式即"5×5×4"体系构建及实施方案。④组织专家研讨会，评估、修改和完善"分阶渐进式"新生心理育人模式构建体系及实施方案。

(3) 实践研究和验证阶段：①开展"5×5×4"大学新生心理育人模式实践研究；②实践模式效果验证，并对研究数据资料进行处理分析。

(4) 成果总结阶段：①针对"5×5×4"大学新生心理育人模式实施方案进行实证性效果评估。②组织专家研讨会，对研究成果进行修改和完善；③形成研究报告，提交研究成果。

第二章

赣南地区高校心理教育现状调查分析过程

一、大学新生心理健康观念等情况调查

为了解当前高校对大一新生的心理健康教育工作的重视程度,学生对学校心理健康教育工作的知晓度及满意度,学校管理行政部门在心理健康教育工作的保障措施等的现状,分析当前我国高校心理教育工作的不足,以便采取有效措施提高学生的心理素质和心理能力,同时使那些有心理困惑的大学生尽早走出心理发展低谷期,故开展了本次调查活动。

(一)大学生心理健康教育现状调查概况

本次调查问卷的编制,主要参考已有文献,结合相关调查数据以及大学新生的实际情况,内容主要包括大学新生心理健康观念和高校心理健康教育与咨询体系情况两个方面。本次调查对象为大一在校学生,在考虑地域差异的基础上,采用随机抽样的方式在江西省赣南地区 5 所高校展开了调查。采用自编问卷量表,内容主要分为三部分:第一部分为基本信息;第二部分为心理健康观念;第三部分为心理健康教育与咨询体系情况(具体见附录)。调查以问卷形式为主,共收到有效问卷 2862 份。

本次调查对象主要是大学本科四年制不同专业的大一学生,调查内容为心理健康观念和该校心理健康教育体系方面的情况。本次调查在校的 2862 名大学新生中,男生 1554 人,占调查总人数的 45.7%,女生共 1308 人,占调查总人数的 54.3%;调查对象的成长地点在城镇的有 983 人,占 34.3%,农村学生有 1879 人,占调查总人数的 65.7%;调查对象专业是理科的有 762 人,占调查总人数的 26.6%,文科专业 1258 人,占调查总人数的 44.0%,工科专业 842 人,占调查总人数的 29.4%。

（二）结果分析

1.大学新生心理健康观念调查状况

大学生心理健康观念的调查结果表明，大学新生整体对自身心理健康关注度偏低，其中20.3%的同学比较不关注自身心理健康，20.7%的同学非常不关注自己的心理健康，对学校的心理健康教育工作体系也缺乏了解，但出现的问题在新生中比较具有典型性，具体见表2-1。

表2-1　大学新生心理健康观念调查状况

题干	题项	$N=2862$		题干	题项	$N=2862$	
		人数/人	比例/%			人数/人	比例/%
您关注自己的心理健康吗?	A. 非常关注	456	15.9	如果遇到心理困扰,您首先的求助对象是?	A. 父母	670	23.4
	B. 比较关注	521	18.2		B. 同学朋友	872	30.5
	C. 一般	712	24.9		C. 老乡	663	23.2
	D. 比较不关注	580	20.3		D. 老师	424	14.8
	E. 非常不关注	593	20.7		E. 心理医生	233	8.1
（多选）您觉得学校有必要设置心理健康教育工作体系吗?	A. 非常有必要	435	15.2%	您不考虑心理咨询帮助的原因是?	A. 心理咨询浪费时间	327	11.4%
	B. 比较有必要	422	14.7%		B. 心理咨询没有效果	346	12.1%
	C. 一般	875	30.6%		C. 不愿意与别人分享自己的秘密	569	19.9%
	D. 不太必要	660	23.1%		D. 害怕被熟人发现自己接受心理咨询	749	26.2%
	E. 非常不必要	470	16.4%		E. 相信自己一定能克服困扰	871	30.4%

续表2-1

题干	题项	N＝2862 人数/人	比例/%	题干	题项	N＝2862 人数/人	比例/%
您一般如何获得心理健康方面的知识？	A. 网络	843	29.5	您觉得心理咨询是什么样的？	A. 等同于思想政治工作	889	31.1
	B. 新闻媒体	542	18.9		B. 心理咨询能提高应对心理困扰的能力	541	18.9
	C. 同伴	637	22.3		C. 只有心理有病的人才会去咨询	492	17.2
	D. 老师	461	16.1		D. 心理咨询老师会遵守保密原则	438	15.3
	E. 其他	379	13.2		E. 心理咨询可以解决任何问题	502	17.5
大一期间，您曾遇到过哪些方面的心理困扰？	A. 学业问题	469	16.4	您是否愿意参加学校组织的心理健康教育活动？	A. 非常愿意	492	17.2
	B. 人际关系	598	20.9		B. 比较愿意	580	20.3
	C. 情绪压力	529	18.5		C. 一般	903	31.6
	D. 生活适应	387	13.5		D. 比较不愿意	321	11.2
	E. 恋爱问题	388	13.6		E. 非常不愿意	566	19.8
	F. 性心理	39	1.4				
	G. 职业发展	205	7.2				
	H. 未留意	247	8.6				

2.大学新生心理健康教育与咨询体系调查状况

调查结果显示，有过咨询体验的学生对咨询认可度较高。具体见表2-2。

表 2-2　大学新生心理健康教育与咨询体系调查状况

题干	题项	N=2862		题干	题项	N=2862	
		人数/人	比例/%			人数/人	比例/%
贵学校是否设有心理咨询室?	A. 是	2578	90.1	贵校是否开展过与心理健康教育有关的活动?	A. 是	2381	83.2
	B. 否	160	5.6		B. 否	242	8.5
	C. 不清楚	124	4.3		C. 不清楚	239	8.4
您是否接受过学校提供的心理咨询帮助,是否有用?	A. 有,非常有用	193	6.7	除心理咨询室外,其他提供咨询的方式是?	A. 咨询热线电话	903	31.6
	B. 有,比较有用	142	5		B. 校园网上开辟栏目	895	31.3
	C. 没有,感觉一般	867	30.3		C. 悄悄话信箱	384	13.4
	D. 没有,没太大用处	790	27.6		D. 不清楚	680	23.8
	E. 没有,不清楚	870	30.4				
您会主动到心理咨询室进行咨询吗?	A. 经常	379	13.2	您觉得心理咨询机构应为大学生提供的服务是?	A. 面对面心理咨询	586	20.5
	B. 较多	248	8.7		B. 热线电话心理咨询	481	16.8
	C. 不确定	677	23.7		C. 网络留言心理咨询	502	17.5
	D. 很少	832	29.1		D. 心理讲座	576	20.1
	E. 不会	726	25.4		E. 团体心理辅导	511	17.9
					F. 定期开展心理健康测评	206	7.2

续表2-2

题干	题项	N=2862 人数/人	比例/%	题干	题项	N=2862 人数/人	比例/%
您认为学校心理咨询机构应该为大学生提供哪些指导？	A. 生涯规划与就业指导	1089	38.1	您认为大学新生的心理问题主要是由什么引起的？	A. 人际交往带来的压力问题	652	22.8
	B. 学习能力培养与潜能开发	431	15.1		B. 学习压力	468	16.4
	C. 情绪管理	469	16.4		C. 情感问题	504	17.6
	D. 人际交往能力	357	12.5		D. 就业压力	683	23.9
	E. 性及恋爱心理	331	11.6		E. 情绪管理	555	19.4
	F. 大学生社会技能训练	185	6.5				
您对现在学校提供的心理健康教育途径满意否？	A. 很满意	763	26.7	你认为心理健康最应该加强哪方面的工作？	A. 进行心理健康知识宣传	671	23.4
	B. 基本满意	609	21.3		B. 举行心理健康讲座与知识竞答	801	28
	C. 一般	1042	36.4		C. 进行心理健康状况调查并开展相应活动	350	12.2
	D. 不满意	308	10.8		D. 开展团体心理辅导与个体心理咨询	872	30.5
	E. 非常不满意	140	4.9		E. 深入同学中，多与同学沟通	168	5.9

(三)研究讨论与建议

1.讨论与分析

研究结果显示，在是否关注自身心理健康这一问题上，较多同学都对自身心理健康状况不够关注，其中20.3%的同学比较不关注自身心理健康，20.7%的同学非常不关注自己的心理健康。而对于"学校是否有必要设置心理健康教育工作体系"这一问题的回答，仅有15.2%的同学认为非常有必要。不难发现，心理咨询工作还没有真正被大部分同学认可。这一点，从参加活动的同学的主观意愿来看也得到类似结果，非常愿意参加活动人数比例仅占17.2%，显然，大学生参与心理健康教育活动的积极性有很大提高空间。调查发现，一半以上的同学存在学业问题、人际关系、情绪压力、生活适应等问题，而当出现问题时，占调查总数22.3%的新生求助的对象往往是同伴，对学校心理教育的求助比例较低。在教育内容上，占调查总数38.1%的同学希望获得生涯规划与就业指导，15.1%的同学希望能培养学习能力并且开发潜能，28%的同学对情绪和恋爱心理问题的知识较为需求。总体来说，同学们对学校当前的心理健康工作满意度较高，占48%，但不满意的比例也占10.8%，甚至还有4.9%的同学是非常不满意的，这是不容忽视的问题。

2.研究建议

尽管十几年以来，我国大部分高校对新生的心理教育在不断加强，然而，当前的教育效果仍然不甚理想，突出表现在教育方式仍需进一步探索和优化：其一，心理育人理念陈旧。心理健康教育工作者的定位应从"治疗性"的心理危机处理，转变为引导促进全体学生心理素质提升的"发展性"心理教育理念。其二，教育的内容和教育形式缺乏系统性和多样化。传统的教学内容忽略了大学新生特定的阶段——青春发育关键期，心理的适应包括情感状态、语言障碍、地域差异等，这些均是不容忽视的问题。此外，心理健康教育的周期缺乏系统性与连续性。只有突破传统间断性、一过性的心理健康活动，注重心理教育活动的系统性和多维性、多层次、连贯性，才能从根本上解决问题。

具体来说，首先要注重发展性理念的实施。以发展性眼光解决心理问题，在促进个体心理素质和成长方面具有更高的教育价值。其次是抓教育过程的连续性。心理育人的本质即是守护心灵成长的过程。其中，教育内容的系统性和教育过程的连续性是个体心理发展的阶段性和连续性的必然要求。再次，强化学业目标导向。研究中，占调查总数38.1%的同学希望获得生涯规划与就业指导。事实上，诱发心理健康问题的根本原因是学生学习目标的偏差。生活缺乏目标极易引起作息混乱和各类问题。在新生入校基本适应后，即开展职业生涯课程教学，培养新生对未来职业发展初步的规划意识，引导学生树立学业目标。学业目标能够有效促进大学生顺利实现角色转换，杜绝或者减少心理问题，为有效有序展开大学四年的学习奠定基础。最后，维护好自然教育情境。班级是教育的主阵地。心理状态在某种程度上是环境的产物，心理教育要坚持"人在环境"的理念，自然环境更有利于个体成长。针对适应能力本质特征，本研究采用在"独特的环境"——自然班级中展开干预，自然环境及其中的人际互动为新生创造了真实的实践机会，这种积极的支持性校园环境，既为新生主动寻求学习、生活、交往的新模式创造了现实条件，也为实验组日后适应能力的持续发展提供了保障。

二、横断历史元分析近 8 年某理工科大学新生心理健康状况（2009—2016）

（一）研究背景

当前，全球科技迅猛发展，我国正处在社会转型期，也是加速信息化、城镇化、工业化的关键阶段。科技的快速发展在改善我们生活的同时，信息技术日新月异使大学生面临的精神压力与日俱增[1]。较之文科，理工科学生更关注思维理性，轻人文素养，忽略自身心理健康[2]。长期的逻辑思维训练与超负荷学习是理工科学生的主要生活内容，而大学新生还面临着全新的生活和人际环境，加之专业特殊性造成的男女比例悬殊，若缺乏良好的心理调节能力，极易产生抑郁、焦虑等心理问题。时代的变迁会给当代理工科新生的心理健康状况带来怎样的变化？本研究重点探讨不同性别、不同生源地、不同家庭新生的状况，主要包括：第一，理工科高校男女生人数悬殊会给刚刚步入大学的新生带来怎样的心理影响，年代效应如何？第二，目前在城镇化全面建设背景下，不同生源地的理工科新生心理健康状况有无变化？第三，家庭在大学生成长阶段一直是重要的精神源泉和经济支柱，其影响作用有无变化？厘清这些问题既是制定理工科新生心理健康教育策略的重要依据，也是针对性开展心理教育活动的必要前提。

① 桑志芹，肖静怡，吴垠.社会变迁下大学新生心理健康状况研究[J].江苏高教，2016（6）：134-138．周秋莲，吴海银.本科院校新生的心理问题调查及其教育策略[J].武汉理工大学学报（社会科学版），2016，29（4）：693-697.焦杰庆.理工科院校大学生思想政治状况及其优化[J].学校党建与思想教育，2017,12：62-63，72.

② 杨子萱.理工科大学生心理健康问题与教育对策研究[D].哈尔滨：哈尔滨理工大学，2013.

(二) 大学新生心理健康研究综述

当前,大学生心理健康教育如火如荼展开。俞国良等(2012)认为,目前高校心理教育呈现出对象多元化、方法多样化、内容丰富化特点,然而对新生这一特殊群体心理特点的研究却矛盾重重。20 世纪 80 年代开始,心理健康教育在我国学校教育中逐渐被重视。一些研究结论指出,大一新生心理健康状况不容乐观,是心理弱势群体(叶海燕,2003;程子涵等,2009;黄兆信,李远煦,2010;马蓉等,2012;梁彦红,2016)。相反,也有许多研究者认为大学生整体心理健康状况良好(肖昊醒,孙莹莹,2006;王磊等,2011;陈喆等,2012;王志琳,2015)。还有研究者从不同视角对大一新生心理健康状况进行研究,但其结果也不尽相同。如性别方面,不少研究结果显示男生整体心理健康状况要优于女生(李妍,刘平,2010;耿艳,敬丹萤,2014[①];麦小菡,杨杰文,2015)。但另一些研究结果却发现女生整体心理健康状况要优于男生(黎光明,陈建华,2004;张录全,肖建伟,2015)。在生源地方面,大部分观点认为,城镇生源新生心理健康水平要明显高于农村生源新生(潘云军,2008;李彤等,2009;张迪,2015),但有学者提出异议,认为城镇生源新生心理健康状况不如农村生源新生(李军霞,2008;李少英,石福艳,2010)。在家庭结构方面,张茂运等(2004)研究发现特殊家庭远比正常家庭大学生心理健康状况差。但张东宁和王欣(2007)对此提出反对意见,认为两者并不存在显著差异。

研究者从多个角度对大学新生心理健康状况做了大量分析,但研究结论存在诸多矛盾。在研究过程中,虽有学者从横向探讨了大一新生心理健康状况存在的差异,但所用方法简单,并未深度挖掘数据传递的信息,更未分出特殊的专业群体,目前对理工科新生心理健康的跨年代分析研究尚未出现。本研究基于江西某高校 8 年新生心理测试数据,通过横断历史的元分析方法,分析年代的发展趋势;对比分析不同性别、不同生源地、不同家庭结构的理工科新生心理健康差异,为提升理工科新生心理健康水平的教育策略提供借鉴。

(三) 横断历史分析的对象与方法

1. 研究对象

连续抽取江西省某理工科高校 2009—2016 级新生 8 年心理健康测试数据。测评在每年 10 月份进行,均基于测试指导并遵循自愿原则,以班级为单位集中网络施测。共抽取了有效新生测试 32984 份,占测试总人数的 98.24%。其人口学特征见表 2-3。

---

①　耿艳,敬丹萤.大学新生心理健康状况调查[J].中国学校卫生,2014(8):1233-1234,1236.

表 2-3　2009—2016 级理工科新生基本信息　　　单位：份

年级	总样本量	性别		生源地		家庭结构	
		男生	女生	城镇	农村	普通	特殊
2009	3858	2840	1018	1321	2537	2671	1187
2010	3808	2832	976	1336	2472	2526	1282
2011	3920	2951	969	1353	2567	2558	1362
2012	3843	2901	942	1453	2390	2589	1254
2013	3955	3002	953	1531	2424	2546	1409
2014	4241	3112	1129	1847	2394	2902	1339
2015	3986	2894	1092	1869	2117	2548	1438
2016	5373	3749	1624	2501	2872	3475	1898

2.研究工具

该研究采用 90 项症状清单(symptom check list-90, SCL-90)，又名症状自评量表(self-reporting inventory)，该量表由 Derogatis 编制于 1973 年，自 20 世纪 80 年代引入我国后①，成为当前我国高校最为普遍使用的量表②。该量表共有强迫症、抑郁、焦虑、偏执、精神病性等 9 个因子和 1 个"其他"因子，采用五级评分，研究表明，该量表具有较好的信度和效度③。

3.研究方法

分析工具为 SPSS 17.0，主要采用描述统计、相关分析、回归分析以及 t 检验。

(1)普通元分析

在已有研究结论相互矛盾的情况下，美国学者 Glass 于 1976 年提出"元分析"理论，并提出以"效果量"作为研究结果的客观指标，再分析得出普遍结论。元分析是基于对多项独立的具有共同研究目的的研究结果加以定量分析，考察所有研究的平均效果量，从而综合评价研究结果。依据 Cohen 对效果量(绝对值)大小的区分，当效果量 d 大于 0.5 时为"中效应"，即肉眼可见，应引起足够

① 王征宇.症状自评量表 (SCL-90) [J].上海精神医学, 1984 (2): 68 -70.
② 郑日昌, 邓丽芳, 张忠华, 等.中国大学生心理健康量表的编制[J].心理与行为研究, 2005, 3(2): 102-108.
③ 施玲燕, 黄水平, 卓朗, 等.大学生应用 SCL-90 量表的参考值及信效度评价[J].中国学校卫生, 2013, 34 (2): 223-224.

的重视；大于0.8时为"大效应"，0.2至0.5之间为"小效应"[①]。其平均效应量 d 的公式为：

$$\bar{d} = \frac{\sum w_i d_i}{\sum w_i} \tag{2-1}$$

其中 w_i 为权重系数，公式为：

$$w_i = \frac{2N_i}{8 + d_i^2} \tag{2-2}$$

N_i 为各研究的总样本量。效果量 d 的计算公式如下：

$$d = \frac{(M_h - M_z)}{s} \tag{2-3}$$

其中 M_h 代表实验组的均值，M_z 代表控制组的均值，s 为两组的共同标准差，计算方法为：

$$s = \sqrt{\frac{(n_h - 1)s_h^2 + \left[(n_z - 1)s_z^2\right]}{n_h + n_z - 2}} \tag{2-4}$$

其中 n_h 和 s_h^2 分别代表各研究中实验组的样本量及方差；n_z 和 s_z^2 分别代表各研究中对照组的样本量和方差。

（2）横断历史元分析

最初由美国学者 Twenge 教授针对"年代效应"提出了"横断历史元分析"的概念，后经国内学者辛自强（2008）介绍引入中国[②]。在计算方法上，横断历史研究与普通元分析方法不同，其重点指标并不是 d，而是不同年代心理量的均值 M 的变化趋势，且主要通过效果量 d 或者解释率 r^2 来衡量，两者的公式如下：

$$r = \frac{d}{\sqrt{d^2 + 4}} \tag{2-5}$$

$$d = \frac{M_{2016} - M_{2009}}{s} \tag{2-6}$$

值得关注的是，此处平均标准差与普通元分析中的计算方式不同，该研究中的 s 是通过将所有研究的标准差求平均而得到，这种采用个体层面变量的计算方法能有效避免生态谬误[③]。

---

① 辛自强，池丽萍. 横断历史研究：以元分析考察社会变迁中的心理发展[J]. 华东师范大学学报（教育科学版），2008，26（2）：45-51.

② 辛自强，池丽萍. 社会变迁中的青少年[M]. 北京：北京师范大学出版社，2008.

③ 辛自强，张梅. 1992年以来中学生心理健康的变迁：一项横断历史研究[J]. 心理学报，2009，41（1）：69-78.

(四) 研究结果

1. 理工科新生整体心理健康状况随年代的变化

运用散点图(图2-1、图2-2)将SCL-90各因子与年代之间的关系进行定量刻画,以分析8年来"年代效应"对新生心理健康状况的影响。结果显示,其他各项都在逐渐变好并逐年下降,除了"精神症状"呈上升趋势以外,这里仅以精神病和抑郁因子为例。

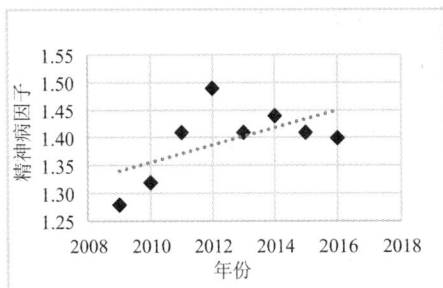

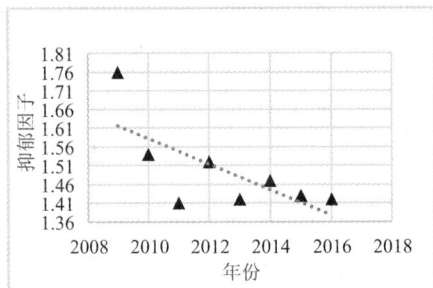

图 2-1 理工科新生精神病因子与年代的关系   图 2-2 理工科新生抑郁因子与年代的关系

为了更直观地展现SCL-90各因子随年代的变化,将9个因子的均值与年代之间的关系绘制成折线图(图2-3)。从图中可以看出,8年来SCL-90各因子波动幅度不大,除精神病因子与年代呈现上升趋势外,躯体化、强迫症等8个因子与年代均呈现下降趋势。这说明2009—2016年来该校新生心理健康状况在合理波动范围内逐年改善。

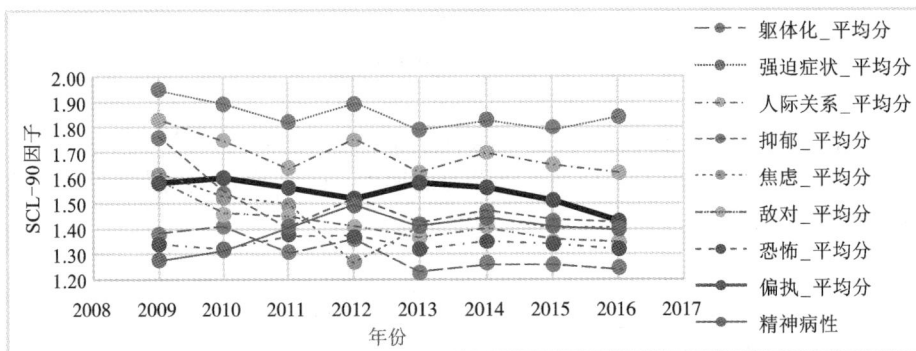

图 2-3 2009—2016 年理工科新生 SCL-90 各因子均值的变化

SCL-90 各因子与年代之间的相关分析(表2-4)显示,除强迫、恐怖、偏执因子外,其余 6 个因子与年代均存在显著相关性。年代可解释抑郁因子高达18%的变异;解释人际关系、焦虑、躯体化因子11%、10%、8%的变异;解释敌对、强迫、精神病因子7%、4%、4%的变异。

表2-4 理工科新生 SCL-90 各因子均值与年代之间的相关分析

因子	r	r^2	因子	r	r^2
躯体化	−0.28**	0.08	敌对	−0.26**	0.07
强迫	−0.20	0.04	恐怖	−0.04	0.00
人际关系	−0.33***	0.11	偏执	−0.18	0.03
抑郁	−0.43***	0.18	精神病	0.21**	0.04
焦虑	−0.31***	0.10			

注:r、r^2 为 SCL-90 各因子均值与年代的相关系数和回归系数;* $P<0.05$;* * $P<0.01$;* * * $P<0.001$,下同。

由上述分析可知,除强迫、恐怖、偏执因子以外,其他因子与年代均存在不同程度的相关性,其中,精神病因子得分与年代呈现上升趋势,其余因子得分随年代呈现不同程度的下降,得分越低,心理健康状况越好。而这 8 年来究竟上升了多少,又下降了多少呢?参照以往研究者 Twenge、Campbell(2001)和 Twenge、Im(2007)的做法,主要通过效果量 d 或解释量 r^2 来衡量,其计算引用式(2-5)和式(2-6)。

表2-5 理工科大学新生心理健康的变化量

因子	$Mean_{2009}$	$Mean_{2016}$	$Mean_{变化}$	s	d	r^2
躯体化	1.38	1.25	−0.13	0.32	−0.41	0.04
人际关系	1.83	1.62	−0.21	0.41	−0.51	0.06
抑郁	1.76	1.42	−0.34	0.52	−0.65	0.10
焦虑	1.61	1.41	−0.20	0.42	−0.48	0.05
敌对	1.59	1.35	−0.24	0.56	−0.43	0.04
精神病状	1.28	1.40	0.12	0.43	0.28	0.02

由表2-5可知,8 年来理工科新生 SCL-90 中精神病因子上升了 0.12 分,上升了 0.28 个标准差(效果量 d),总体上升2%(即 r^2);其余各因子得分下降

了 0.13~0.34 分，平均下降了 0.28~0.65 个标准差，即下降了 2% 至 10% 不等。依据 Cohen 对效果量(绝对值)大小的区分，由表 5 可知，精神病状、躯体化、敌对、焦虑因子均属于小效应，人际关系、抑郁因子属于中效应。

2. 理工科不同性别新生心理健康随年代的变化

本研究为了探讨男生、女生 SCL-90 各因子均值与年代之间的关系，对不同性别的新生进行了年代分析。结果发现，男生除恐怖因子和偏执因子上与年代呈现正相关性，其余因子与年代均呈负相关性；女生除了强迫、人际关系、焦虑因子三个因子与年代呈现正相关性，其余均是负相关性，见表 2-6。

表 2-6 不同性别理工科新生 SCL-90 各因子均值与年代的相关性

因子	男生		女生	
	r	r^2	r	r^2
躯体化	−0.19***	0.04	−0.15*	0.02
强迫	−0.39**	0.15	0.31*	0.10
人际关系	−0.21***	0.04	0.39***	0.15
抑郁	−0.25	0.06	−0.23*	0.05
焦虑	−0.23***	0.05	0.25*	0.06
敌对	−0.59***	0.35	−0.14***	0.02
恐怖	−0.04	0.00	0.25	0.06
偏执	0.35***	0.12	−0.48***	0.23
精神病	−0.25***	0.06	−0.23***	0.05

用效果量 d 和变化率 r^2 来表示各因子随年代的具体变化量，理工科男生心理健康水平逐渐转好，且速度快于女生。除人际关系、焦虑、偏执因子外，男生 8 年来随年代的变化量及解释率均高于女生(表 2-7)。

表 2-7 不同性别理工科新生 SCL-90 因子随年代的变化

因子	男生				女生			
	$Mean_{变化}$	s	d	r^2	$Mean_{变化}$	s	d	r^2
躯体化	−0.11	0.35	−0.31	0.02	−0.06	0.36	−0.17	0.01
强迫	−0.24	0.41	−0.59	0.08	0.24	0.52	0.46	0.05

续表2-7

因子	男生				女生			
	$Mean_{变化}$	s	d	r^2	$Mean_{变化}$	s	d	r^2
人际关系	-0.22	0.58	-0.38	0.03	0.28	0.48	0.58	0.08
抑郁	-0.23	0.53	-0.43	0.04	-0.17	0.52	-0.33	0.03
焦虑	-0.17	0.39	-0.44	0.05	0.18	0.44	0.41	0.04
敌对	-0.32	0.39	-0.82	0.14	-0.10	0.44	-0.23	0.01
恐怖	-0.02	0.41	-0.05	0.00	0.19	0.49	0.09	0.04
偏执	0.20	0.41	0.49	0.06	-0.29	0.45	-0.64	0.09
精神病	-0.17	0.40	-0.43	0.04	-0.14	0.43	-0.33	0.03

当以男生作为对照组，女生作为实验组，发现在9个因子中，除敌对和偏执因子男生得分高于女生外，其余7个因子女生得分均高于男生（表2-8）。按照分析标准，焦虑属于中效应；恐怖、精神病接近小效应；其余因子均属于小效应。

表2-8　不同性别理工科新生 SCL-90 得分差异的平均效果

因子	躯体化	强迫	人际关系	抑郁	焦虑	敌对	恐怖	偏执	精神病
$\bar{d}$	0.20	0.20	0.20	0.39	0.58	-0.24	0.18	-0.33	0.03

3. 不同生源地新生心理健康随年代的变化

对不同生源地新生心理健康与年代分析发现，城镇新生除了强迫、恐怖因子外，其余因子与年代均存在显著负相关，年代可以解释各因子4%~26%的变异。农村新生除抑郁、恐怖因子外，其余因子与年代均存在显著相关性，年代对各因子变异的解释率为3%~18%，具体见表2-9。

表2-9　不同生源地理工科新生 SCL-90 各因子均值与年代的相关性

因子	城镇		农村	
	r	r^2	r	r^2
躯体化	-0.21**	0.04	-0.16**	0.03
强迫	-0.01	0.00	-0.22***	0.05

续表2-9

因子	城镇		农村	
	r	r^2	r	r^2
人际关系	-0.41**	0.17	0.39***	0.15
抑郁	-0.45***	0.20	-0.02	0.00
焦虑	-0.25**	0.06	0.18***	0.03
敌对	-0.51***	0.26	-0.43***	0.18
恐怖	0.02	0.00	-0.09	0.01
偏执	-0.37***	0.14	-0.41***	0.17
精神病	-0.33***	0.11	-0.18***	0.03

上述结果说明, 自2009至2016年, 理工科城镇与农村新生心理健康状况呈现逐年转好的迹象, 相比农村新生, 城镇新生随年代的变化更明显。同样使用效果量 d 和变化率 r^2 来表示不同生源地新生各因子得分与年代之间的相关程度, 如表2-10所示。

表2-10 不同生源地理工科新生 SCL-90 因子随年代的变化

因子	城镇				农村			
	$Mean_{变化}$	s	d	r^2	$Mean_{变化}$	s	d	r^2
躯体化	-0.09	0.34	-0.26	0.02	-0.10	0.36	-0.28	0.02
强迫	-0.01	0.58	-0.02	0.00	-0.09	0.28	-0.32	0.03
人际关系	-0.22	0.35	-0.63	0.09	0.23	0.40	0.58	0.08
抑郁	-0.22	0.32	-0.69	0.11	-0.01	0.50	-0.02	0.00
焦虑	-0.16	0.45	-0.36	0.03	0.13	0.47	0.28	0.02
敌对	-0.29	0.37	-0.81	0.14	-0.25	0.38	-0.66	0.10
恐怖	0.01	0.64	0.02	0.00	-0.05	0.59	-0.08	0.00
偏执	-0.24	0.42	-0.57	0.08	-0.25	0.41	-0.61	0.09
精神病	-0.22	0.43	-0.51	0.06	-0.10	0.40	-0.25	0.02

从表2-10可以看出, 对城镇新生来说, SCL-90 中9个因子8年来下降了0.02至0.81个标准差, 其中敌对、抑郁、人际关系、偏执得分分别下降了14%、11%、9%、8%, 城镇新生的心理健康水平总体在不断提高。对农村新生来说, 人际关系、焦虑因子分别上升了0.58和0.28个标准差, 其余因子下降

了 0.02 至 0.66 个标准差，变化相对更缓慢，除敌对因子的变化率等于 10% 外，其余因子变化率均小于 10%。

虽然城镇新生 SCL-90 得分随年代的变化更显著，但为了对比分析 8 年来不同生源地理工科新生平均分孰高孰低，该研究计算了平均效果量 $\bar{d}$，以农村新生作为实验组，城镇新生作为对照组，引用上述式（2-1）~式（2-4）对不同生源地理工科新生各因子效果量进行了如下分析（表 2-11）。

表 2-11　不同生源地理工科新生 SCL-90 得分差异的平均效果

因子	躯体化	强迫	人际关系	抑郁	焦虑	敌对	恐怖	偏执	精神病
$\bar{d}$	0.27	0.45	0.64	0.50	0.48	0.14	0.40	0.00	0.52

由表 2-11 可知，在 9 个因子中，除偏执因子城镇生源地与农村生源地相等外，其余 8 个因子得分均是农村新生高于城镇新生，得分越高，心理健康水平越低。从平均效果量上来看，人际关系、精神病因子差异较大，依据 Cohen 对效果量（绝对值）的区分属于中效应；焦虑、强迫、恐怖、躯体化等因子差异相对较小，属于小效应；敌对因子接近小效应，得分为 0.14。

4. 不同家庭结构新生心理健康随年代的变化

为深入了解原生家庭对新生心理的影响状况，研究者考察了不同家庭结构新生各因子均值与年代之间的关系。普通家庭新生除恐怖因子外，其余因子与年代均呈现显著负相关，普通家庭理工科新生的变化率为 4%~35%。特殊家庭新生除人际关系、敌对因子外，其余因子与年代均存在负相关性，其变化率为 4%~18%。具体见表 2-12。

表 2-12　不同家庭结构新生 SCL-90 各因子均值与年代的相关性

因子	普通家庭		特殊家庭	
	r	r^2	r	r^2
躯体化	-0.19***	0.04	-0.21	0.04
强迫	-0.26***	0.07	-0.24	0.06
人际关系	-0.59***	0.35	0.32***	0.10
抑郁	-0.25***	0.06	-0.43***	0.18
焦虑	-0.22***	0.05	-0.19*	0.04
敌对	-0.31***	0.10	0.39***	0.14

续表2-12

因子	普通家庭		特殊家庭	
	r	r^2	r	r^2
恐怖	−0.07	0.00	0.04	0.00
偏执	−0.28***	0.08	−0.27***	0.07
精神病	−0.27***	0.07	−0.29***	0.08

注：普通家庭指普通、多代家庭；特殊家庭指单亡、双亡、离异、其他家庭(下同)。

上述结论表明，8年来相比特殊家庭学生，普通家庭学生各因子随年代的变化更明显。为具体量化不同家庭结构学生各因子与年代之间的相关程度，用效果量 d 和 r^2 计算的结果如表2-13所示。

表2-13　不同家庭结构大一新生SCL-90因子随年代的变化

因子	普通家庭				特殊家庭			
	$Mean_{变化}$	s	d	r^2	$Mean_{变化}$	s	d	r^2
躯体化	−0.07	0.35	−0.20	0.01	−0.10	0.49	−0.20	0.01
强迫	−0.07	0.64	−0.11	0.00	−0.12	0.42	−0.29	0.02
人际关系	−0.36	0.45	−0.80	0.14	0.21	0.43	0.49	0.06
抑郁	−0.16	0.44	−0.36	0.03	−0.26	0.40	−0.65	0.10
焦虑	−0.11	0.41	−0.27	0.02	−0.12	0.46	−0.26	0.02
敌对	−0.22	0.43	−0.51	0.06	0.29	0.48	0.60	0.08
恐怖	−0.09	0.46	−0.20	0.01	0.00	0.49	0.00	0.00
偏执	−0.20	0.47	−0.43	0.04	−0.16	0.47	−0.34	0.03
精神病	−0.16	0.44	−0.36	0.03	−0.18	0.44	−0.41	0.04

表2-13显示了不同家庭结构理工科新生各因子随年代的变化量。对普通家庭新生来说，9个因子8年来下降了0.11~0.80个标准差，其中人际关系、敌对、偏执得分下降了14%、6%、4%。对特殊家庭新生来说，人际关系、敌对因子分别上升了0.49、0.60个标准差，其余各因子下降了0.20~0.65个标准差，变化相对缓慢。

为深层考察家庭环境的突出影响作用，该研究还以特殊家庭新生为实验组，以普通家庭为对照组，采用式(2-1)~式(2-4)对不同家庭结构新生各因子效果量进行了分析。由表2-14可知，特殊家庭新生得分均高于普通家庭，从平均效果量上来看，躯体化、敌对、精神病、偏执因子差异更为显著，属于小效应。

表2-14 不同家庭结构大一新生SCL-90得分差异的平均效果

因子	躯体化	强迫	人际关系	抑郁	焦虑	敌对	恐怖	偏执	精神病
$\bar{d}$	0.29	0.14	0.18	0.19	0.20	0.23	0.12	0.21	0.23

（五）讨论与建议

理工科大学生与文科学生相比，更侧重理论的思辨性和逻辑推理，更关注知识的工具性，由此导致学习的负担也更加沉重。现如今，国家对理工科学生的培养目标较高，除了要扎实掌握理论知识以外，还要持续进行科学创新，加之新生面临新的环境，生活习惯、着装喜好、地方方言等差异无形会加剧新生出现的种种心理适应不良问题，极易导致原有心理问题加重或迁延。

1.8年来理工科新生整体心理健康状况分析

该研究通过"事后追溯"的方法对以往研究进行了综合分析，故不需要将结果与常模进行比较，只是客观反映SCL-90各因子与年代之间的关系，所得结果更为客观，更能真实反映理工科新生随年代变化的心理健康状况。该理工科新生心理健康状况提高可能原因有：第一，2001年以来，国家相继多次出台相关政策，对大学生心理健康课程的开设目的和基本要求做出具体的规定，这为高校制定科学、系统的教学大纲，组织实施有效的教育教学活动提供了政策保障和发展动力。第二，全国大部分高校积极响应国家政策，除开设心理健康教育必修课程外，还积极探索有效的心理健康服务体系，并已形成完整系统的以心理健康中心为主阵地，二级学院为主力，辅之以学生心理委员的三级心理健康教育网络机制[1]，有效保障了大部分学生在心理健康问题上的基本诉求。第三，随着科技进步，新媒体深入到人们生活的各个角落，QQ、微博、微信等互

① 田涛.建构大学生心理健康危机干预三级防护网络实效探析[J].黄冈职业技术学院学报，2014（3）：81-84.张姝婧.高校心理健康教育三级网络在大学生心理危机干预中的作用研究[J].济南职业学院学报，2016（1）：32-34.汪立夏，舒曼.大学生心理健康状况、负性事件及求助行为趋势分析——基于江西省十年大学生心理健康状况调查[J].教育学术月刊，2013（5）：24-27.杨子萱.理工科大学生心理健康问题与教育对策研究[D].哈尔滨：哈尔滨理工大学，2013.

联网即时通信软件为网络心理咨询提供了新平台①，有效解决了部分学生因羞怯或焦虑等回避心理咨询的状况，使学生在较为轻松和具有安全感的网络环境下达到心理咨询目的。

2. 不同群体理工科新生心理变迁轨迹分析

（1）不同性别理工科新生心理变迁轨迹

综合分析结果发现，8 年来所有新生的心理健康状况随着年代逐渐转好，且男生明显优于女生，这与大部分研究结果一致。之所以会出现男女生变迁轨迹不同，可能的原因有：首先，虽然现代社会倡导男女平等，但受封建"男尊女卑"思想影响，社会上仍存在隐形的男女不平等，最为典型的是女性毕业生就业时面临诸多不公平待遇。据调查，89% 的女生认为就业受到性别歧视，就业机会远远不如男生。其次，因理工院校在人数上男生占绝对优势，大部分专业的男生占 70% 以上，部分专业如冶金、采矿、材料等专业男生占 90% 以上。此环境下，众多男生可能更倾向"温柔浪漫的文科女生"，冷落不善着装和不拘小节的理工科女生，使得理工科女生普遍出现性别和专业认同感均较差的现象，极易因情感受挫产生自卑甚至自暴自弃的心态。再次，女性特殊的人格特质和心理机制致使其思维方式更细腻，人际关系也较男生更敏感，对挫折的承受能力较弱，对环境的适应能力也更差②。此外，因理工科的女生人数偏少，学业上是女大学生中的佼佼者，具有较强的成就感和优越感，特殊的人数比例是造成学习压力和情感问题的另一重要原因，因此，高校应针对女生的特殊心理特点和专业人数比例特征开展针对性教育工作。

（2）不同生源地理工科大一新生心理变迁轨迹

本研究中城镇新生对年代的解释率更高。通过对比发现，除偏执因子相同外，其余因子农村新生得分均高于城镇新生，表明农村新生心理健康状况更为严峻。近年来，我国积极开展新型城镇化建设，虽然在一定程度上缩小了城乡差距，但农村的经济、教育、生活水平普遍低于城镇，面对新环境，农村生源地新生更易产生焦虑和恐慌感。同时，由于经济原因，农村新生在发展兴趣爱好等方面受限。故当开展新生晚会、社团活动等集体活动时，农村新生更易产生自卑和挫败感。值得一提的是，对来自农村特别是边远山区的生源开展心理教育工作时，应充分考虑理工科学生重科学研究，轻人际交往这一因素；因学习

① 张迪.不同生源地大学新生心理健康状况的变迁（2006—2013）[J].心理学探新，35（6）：561-566.

② 陈军，周少贤.家庭经济状况对大学生心理健康的影响[J].中国青年政治学院学报，2012（4）：24-27.

侧重理性思维，导致其对自身感性的情绪、情感状态缺乏感知，所以当出身条件艰苦的他们一旦背负较高期望入学后，不能很快适应大学学习和交往模式，对自己的学习目标，甚至将来就业方向感到困惑和迷茫，却又不知如何释放不良情绪，这部分农村新生更加容易产生抑郁或轻生等心理障碍。

（3）不同家庭环境理工科新生心理变迁轨迹

从标准差及年代解释率可以看出，8年来，理工科普通家庭大一新生随年代的变化更为明显。从平均效果量来看，特殊家庭新生心理健康状况要低于普通家庭，尤其在人际关系、敌对因子上，特殊家庭大一新生随年代的变化呈现上升趋势。之所以会出现这样的现象，是因为家庭是人出生后接触到的首个赖以生存，并将会持续终生的生长环境，也是青少年健康成长的最为重要的环境①。良好的家庭生活环境不仅可以为大学生提供必需的物质条件，更可以在精神上给予源源不断的学业、情感、人际交往指导，为个体不断进步提供及时的动力和支持②。生活在单亡、双亡、离异等不完整的家庭环境会使其承受更多的压力与磨难，在成长的过程中因所受的关爱较少而缺乏安全感，逐渐形成自卑封闭、敏感多疑、敌对偏执等自我保护过强的性格特征。同时，特殊家庭成员极易产生心理问题，而家庭其他成员的心理问题也会因为不完善的交流方式传给青少年，加之初入大学校园，环境的变化使其不能良好适应新生活，表现出对未来的担心、忧虑、悲观甚至厌世，从而不断加剧其已有的心理问题。所以，学校和家庭应在心理辅导和心理支持上加强关注，给予他们温暖和接纳的心理支持，这样可以有效降低新生的社交回避、焦虑和自卑感，使他们的心理状态更加和谐健康。

---

① 杨剑，严丽萍，王林，等.家庭环境因素对儿童青少年幸福感的影响[J].中国健康教育，2016，32(3)：222-225.

② 桑志芹，伏干.家庭环境、专业满意度与大一新生心理健康的关系[J].心理与行为研究，2015，13(2)：278-282.

第三章

大学新生心理育人模式方案的制定

基于前期调查和某校历年新生心理普查结果，将新生大一期间经历的"五个阶段"与心理育人模式有机结合，研发了"5×5×4"大学新生心理育人模式构建体系（五个阶段、五类对象、五个实施主体、五个目标、五个途径和四个支撑条件）及培养方案，重在提升全体学生的心理健康水平，有效促进大学生良好心理素质的形成。本阶段共探索形成了 2 个子方案和 1 个总方案。

一、前期探索阶段：基于五年数据分析的"5A"模式

（一）研究背景

目前我国关于大学新生心理健康教育的研究更多停留在简单介绍国外理论层面，心理教育专业队伍有待优化，较少就"系统性"和"操作性"开展科学、严谨的研究与实践，大部分研究成果还无法应用到实践领域。本研究针对新生心理检测结果，通过心理教育专家、心理教师、职业规划师等专业人员，按照不同层级、不同时段、不同教育主体将不同教育内容贯穿在大学生第一学年，构建了以"分阶渐进"方式针对新生相应"心理健康现状"的心理育人模式，展开对心理健康教育模式的前期探索。

分析与测试对象为某理工科院校 2010—2014 级的四年制本科所有新生，共 19753 人（分别是 3975、3843、3955、3976、3978 人），有效测试问卷 19727 份，占测试总人数 99.8%，按性别统计，其中有男生 14740 人，女生 4987 人；按城乡统计，其中城市 7368 人，农村 12359 人。测试在每年的 10 月、11 月进行。采用 90 项症状清单（SCL-90）作为心理健康调查工具。

（二）结果分析

测试总体情况：单因子超过 2 分与总分超过 200 分的学生比例总体呈现一个缓缓下降而又逐步上升的趋势，具体数据见图 3-1。

近五年SCL-90得分数据所占比例

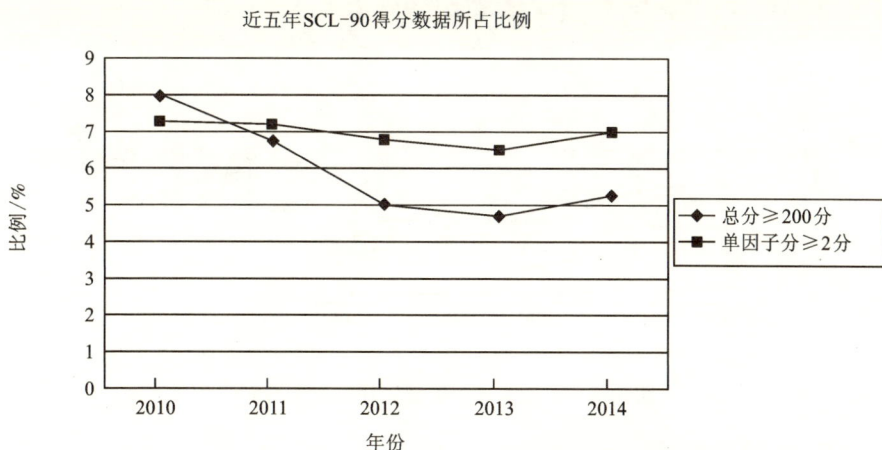

图 3-1　近五年心理健康调查新生总分和因子分阳所占比例

　　10 个因子分情况：调查发现大学新生整体心理健康状况不容乐观，强迫症状学生比例在不断增加，由 2010 年的 0.43% 上升到 2014 年的 4.47%，人际关系敏感学生比例在 2.76% 至 6.34% 之间，并有上升趋势，具体见图 3-2。

五年单因子数据所占比例

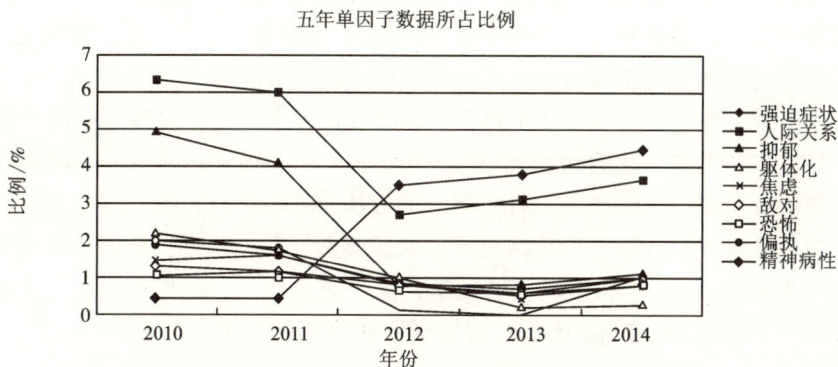

图 3-2　近五年 10 个因子阳性人数比例分布

　　关键题项选择情况：为提高心理危机预防和干预的针对性，对近五年调查的 6 个关键题目进行了统计，结果发现新生在选择率上总体波动较小。其中第54 题"感到前途没有希望"、第 59 题"想到死亡的事"和第 79 题"感觉自己没有什么价值"这三题所占比例较大，具体见图 3-3。

近五年关键项目所占比例

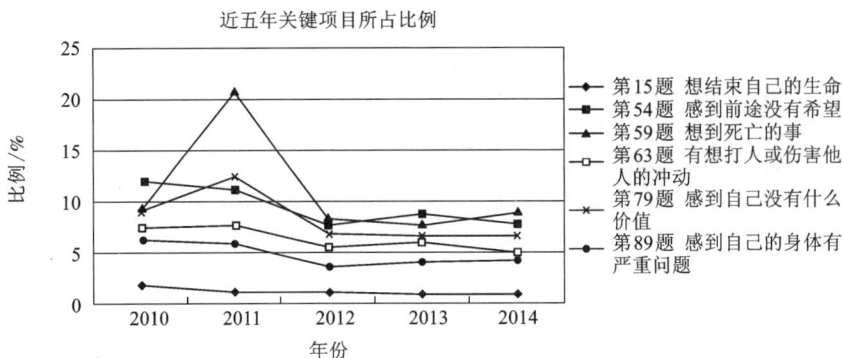

图 3-3　近五年 6 个关键项目的比例分布

(三) 讨论与分析

不难发现，当前我国高校对大学生特别是大学新生的心理健康教育日益加强，然而，在教育内容、教育方式以及教育方法方面还需进一步改进。突出表现在以下方面：首先是在指导思想上，注重大学生思想道德要求，对心理健康教育引导的重视程度不够，心理健康教育的针对性不强，大学生心理育人的水平跟不上当前经济社会的发展。其次是在心理健康教育定位上，过于看重心理障碍咨询，忽略了心理发展咨询。受传统教育心理的影响，"重治疗、轻发展"的现象普遍。较多高校的心理健康教育就是为了应对学生的个别心理问题，忽视了提升心理素质对个体身心发展的重要性，而这恰恰是现代社会发展中对人才素质的重要要求。此外，当前的心理健康教育还存在教育内容的断层性及教育途径和方法的单一化的问题。一些高校开设了心理健康教育课程，然而目的却不是普及学生心理健康知识自我调节的方法，而是完全变成了单纯传授心理知识的理论课程。开展心理活动也严重缺乏实践性和互动性，这在一些理工科院校较为普遍。同时，很多高校的教学方法缺乏灵活性和可操作性，完全是照本宣科，走形式、重应付，团体心理辅导活动缺乏针对性。

二、子方案 1：情绪管理团体辅导方案教育效果研究

(一) 研究目的

当前全国高校大部分开展了入学心理教育。如，清华大学在 2008 年成立了指导团队之后，逐渐加强大学生心理健康教育；复旦大学也非常重视大一新生的基础心理教育。然而，以上学校在教育方式、教育方法方面还需进一步提炼和优化（陈顺森，陈春玉，2011）。樊富珉（2008）认为高校大学新生正值人生发展的"心理断乳期"，大一是大学四年的起点阶段，大学生由于不适应大学

生活常常会产生心理困扰，甚至心理问题，需要相关方面引起高度关注。在各类心理问题中，情绪问题最为突出，这与大学生处在特殊的心理阶段有直接关系。然而，情绪管理对于大学生提高个性适应能力、提升情商、形成健康人格至关重要。情绪管理能力是控制情绪的一种有效手段，在新生入学教育中增设情绪管理课程，在日常管理开展团体心理辅导活动，进行心理问题预防训练，满足大学新生成长合理需要，是帮助大学生度过心理断乳期的有效途径[①]。

本研究在情绪管理理论及团体心理辅导理论的指导下，对适应期大学新生开展了为期三个月的心理辅导活动，旨在探索提升大学新生情绪管理能力的有效途径，以促进大学生心理综合素质的提升。

(二)对象与方法

为排除地域因素对研究结果的干扰，本研究把研究对象按照农村和城镇两个区域做了划分，城镇主要是大城市、中小城市(城镇)。2017年9月，即新生入校约两周之后，研究组采用公开招募、自愿参加的方式，从江西省某大学召集了各个专业学生共计40人，根据随机原则，以一半(20名)学生作为实验组，对其进行情绪管理团体心理辅导，余下20名学生作为对照组只进行常规教育，处于常态学习状态。研究工具为SCL-90量表(Symptom Check List-90)，数据采用分析软件SPSS 16.0进行统计与分析。

(三)研究过程

1. 前测

在准备开展团体心理辅导的前一周，对所有被测试对象使用SCL-90症状自评量表测查，记录40名同学在干预前的心理健康数据，分析发现两组学生在心理健康水平测试结果的初始总分、总均分及各项因子均分并无统计学差异，见表3-1。

表3-1　实验组与对照组干预前心理健康水平的比较

	农村实验组 $n=20$	农村对照组 $n=20$	P	城市实验组 $n=20$	城市对照组 $n=20$	P
SCL-90 初始总均分	1.4515	1.4400	0.914	1.5110	1.6485	0.256

2. 干预过程

干预前测试结束后，在接下来的三个月时间，以"情绪控制团体辅导"方案

① 夏艳霞. 大学新生心理断乳期的情绪管理问题探析[J]. 黑龙江高教研究，2013，31(4)：124-126.

为参考，把实验组 20 名被试分为两组展开团体心理辅导活动。干预频率为每周一次，共计 12 次。两个实验组的团体辅导方案相同，组织者一样，负责干预的 5 名心理教师中有 3 名为心理学专业硕士，1 名为精神卫生硕士，1 名为心理辅导员教师。对照组学生只进行常规教育。

3. 团体辅导干预方案

在梳理理论文献的基础上①，遵循团体辅导的基本理念②，研究组成员结合以往经验，制订了自编方案"我的情绪我做主"，方案围绕如何认识情绪、走近情绪及管理情绪三个主题，分为创建、干预及巩固三个阶段，开展了"大风吹""滚雪球""同舟共济""情绪知多少""我演你猜"等活动，具体如表 3-2 所示。

表 3-2 "我的情绪我做主"活动方案

干预阶段	干预活动	干预目的	干预方法
创建期	大风吹 滚雪球 同舟共济 "情绪知多少"我演你猜	建立团体；走近情绪 觉察自己的情绪 了解情绪管理的重要意义 增强团体凝聚力	歌曲联唱 互相认识与增强凝聚力的活动
干预期	歌曲《快乐老家》《春天花会开》 《哭吧哭吧不是罪》 ABC 花儿朵朵开与我的情绪 ABC	了解快乐的方法 掌握表达愤怒的方法 在团体的帮助下认识情绪，尝试管理自己的情绪 掌握运用 ABC 理性情绪疗法调节情绪的方法	歌曲联唱 通过活动让学生感受最近的愤怒情绪，尝试 ABC 方法调节
结束期	路长情更长 "友谊天长地久" 滚动心里话 结束活动填写反馈表	学以致用 在生活实践管理情绪 在日常交往中提高自己的情绪管理能力	通过"云梯"加强新任；自愿发表活动感言；天使留言，成员之间互相留下赠言和鼓励

---

① 赵富才，周君倩.大学生情绪管理团体辅导活动的设计与实施[J].中国健康心理学杂志,2009(17):1391-1392.

② 樊富珉.团体心理咨询[M].北京:高等教育出版社,2007

(四)研究结果

1. 干预后两组 SCL-90 因子分比较

本研究在干预前的测试结果分析中,每个组都有单项 3 分以上及总分 300 分以上同学,并且各组在总分、总均分差异并无统计学意义。干预结束后,农村实验组与对照组在抑郁、人际关系等 5 个因子项的差异非常显著($P<0.01$);城镇对照组与实验组在恐怖、偏执这 2 个因子项上的差异显著($P<0.05$);其他各个因子项差异极其显著($P<0.001$)。具体见表 3-3。

表 3-3　干预后实验组与对照组统计结果比较

	组别/统计值	躯体症状	强迫	人际关系	抑郁	焦虑	敌对
干预后	农村实验组	1.12±0.15	1.42±0.35	1.19±0.19	1.17±0.19	1.17±0.21	1.15±0.18
	农村对照组	1.48±0.44	1.82±0.58	1.66±0.60	1.59±0.53	1.47±0.28	1.43±0.38
	t 值	−3.427***	−2.663*	−3.355**	−3.310**	−3.788***	−3.006**
	城镇实验组	1.16±0.17	1.35±0.33	1.22±0.23	1.16±0.13	1.16±0.18	1.11±0.14
	城镇对照组	1.49±0.50	1.67±0.32	1.60±0.57	1.47±0.40	1.44±0.42	1.50±0.57
	t 值	−2.759**	−3.072**	−2.820**	−3.322**	−2.779**	−3.000**

	组别	恐怖	偏执	精神病性	其他	总分	总均分
干预后	农村实验组	1.15±0.18	1.15±0.19	1.17±0.28	1.24±0.24	107.55±15.33	1.20±0.17
	农村对照组	1.33±0.40	1.48±0.50	1.47±0.40	1.50±0.40	138.30±34.28	1.54±0.38
	t 值	−1.829	−2.733**	−2.715**	−2.523*	−3.662***	−3.681***
	城镇实验组	1.09±0.17	1.18±0.25	1.18±0.22	1.18±0.23	106.35±13.02	1.18±0.14
	城镇对照组	1.44±0.59	1.48±0.45	1.43±0.36	1.64±0.51	136.20±37.24	1.51±0.41
	t 值	−2.508*	−2.536*	−2.747**	−3.711***	−3.384**	−3.393**

注: $*P<0.05$, $**P<0.01$, $***P<0.001$。

(五)讨论

本研究针对目前心理教育过程中的重补救、轻发展、教育方法单一、教程针对性欠缺、教育连贯性差等现实问题,系统设计本研究的"情绪管理团体心理辅导方案"。在情绪管理团体心理辅导中选用了大量隐含情绪控制和管理的心理实践活动，这是基于大学生心智基本成熟，当事人参与丰富多彩的情绪相关活动之中能够体验、反思、整理以及释放自己被压抑的情感经验，从而帮助当事人重新认识困扰自己的问题所在，并在多次团体活动的参与过程中实现疗愈。

实践表明，通过为期三个月的干预后，无论农村实验组还是城镇实验组，对比干预前的心理健康水平均有不同程度的提高；且半年后的远期评估结果显示，实验组同学对自己参与过的辅导活动所受到的影响有着积极正向的评价。大学一年级是学生成长成才历程中的新起点，是完成由中学生向大学生角色转换的关键期，也是培养高素质人才的奠基阶段。"我的情绪我控制"团体实践模式能有效帮助大学适应期新生解决适应性问题，既为高校新生的心理健康成长提供了支持和保障，也为高校德育工作途径拓展了新的思路。

三、子方案2："表达性艺术"团体辅导方案及教育效果研究

(一)研究背景

樊富珉（2008）认为高校大学新生正值人生发展的"心理断乳期"，大一是大学四年的起点阶段[①]，大学新生由于难以适应大学生活常常会产生心理困扰，甚至心理问题，需要引起高度关注[②]。张跃民（2012）研究表明，大学新生中存在较严重心理障碍及中度以上心理问题的分别占8%和11.35%，研究还发现，占调查总数20%以上的新生有产生心理问题的倾向。因此，建议高校要高度重视和加强大学生心理健康教育工作，并从德育的高度建立完善的教育体系，大学生的心理健康教育刻不容缓。"重治疗、轻发展"的传统心理辅导模式很难满足大学新生的实际心理需求[③]。

表达性艺术治疗（expressive arts therapy）起源于20世纪70年代，美国艺术治疗协会（American Art Therapy Association，AATA）把艺术治疗定义为：为了更加关注个人的发展、能力、个性、兴趣以及内心的反思，充分利用艺术媒介、艺术创作过程和当事人对所创作艺术作品的反应的一系列艺术活动。表达性艺术团体心理活动是通过把绘画、音乐、舞蹈、心理剧、散文等形式融入团体心

---

① 周秋莲，吴海银.本科院校新生的心理问题调查及其教育策略[J].武汉理工大学学报（社会科学版），2016，29(4)：693-697.

② 杨宪华.陕西省某高校2008—2013级新生心理健康状况变化分析[J].中国健康教育，2015，31(6)：587-590.

③ 王祖承.艺术治疗[J].上海精神医学，2006，18(2)：104-106.

理辅导活动，让团体中的个体在追求艺术美的同时，发挥表达性艺术治疗唤醒团体成员无意识、激活原始动力、传递成员之间的动力及赋予艺术元素以特殊心理意义的作用，在整合心理资源、拓展心理空间的过程中达到心灵成长目的的团体心理咨询模式。因表达性艺术兼具治疗和成长的双重作用，除了在心理治疗方面的独特价值，在潜能激发、自我成长等方面，表达性艺术治疗更加适合在青少年中使用①。

本研究在前期理论文献梳理的基础上，遵循团体辅导的基本理念②，研究组成员结合以往经验，制定了自编方案"表达性艺术团体心理辅导"，辅导方案在为期三个月的时间内开展，活动分为创建、干预及巩固三个阶段，分别引入了自由创作（个人剪贴画）、我愿意 OR 我拒绝（双人即兴剧）、一列火车车厢（团体游戏互动）、情绪王国的国王大人（舞蹈+手工）、人生彩虹图等艺术活动。

（二）对象与方法

1. 研究对象

为排除不同专业因素对研究结果的干扰，在新生入校约两周之后，研究组从江西某大学的冶金学院和文法学院以自愿报名、公开招募方式共召集文理科各 40 名共计 80 名学生，根据随机原则，以一半（40 名）学生作为实验组，对其进行表达性艺术团体心理辅导，成为本次心理干预研究的对象，余下 40 名学生作为对照组只进行常规教育。研究前后采用 SCL-90 量表（Symptom Check List-90）进行统一测试。

2. 研究工具和方法

（1）一般情况问卷

一般情况问卷为自编问卷，用于调查基本情况，内容涵盖了学生的性别、生源地、家庭结构、家庭收入、报考本校的满意度等调查内容，可以初步把握与学生心理适应状况相关的因素。从基本情况调查得知：实验组与对照组学生在城乡来源、是否独生、家庭结构、报考满意度等方面构成比例平衡，具体见表 3-4。

---

① 武培博.论表达性艺术治疗在心理健康教育课程改革中的应用[J].当代教育实践与教学研究，2016（4）：199-200.

② 何瑾，樊富珉.团体辅导提高贫困大学生心理健康水平的效果研究——基于积极心理学的理论[J].中国临床心理学杂志，2010，18（3）：397-402.

表 3-4　实验组与对照组学生构成情况比较

		文科实验组 n=20		文科对照组 n=20		理科实验组 n=20		理科对照组 n=20	
		人数	比例	人数	比例	人数	比例	人数	比例
性别	男	11	0.55	12	0.60	17	0.85	18	0.90
	女	9	0.45	8	0.40	3	0.15	2	0.10
城乡来源	农村	11	0.55	9	0.45	12	0.60	11	0.55
	城镇	9	0.45	11	0.55	8	0.40	9	0.45
是否独生	是	5	0.25	4	0.20	7	0.35	7	0.35
	否	15	0.75	16	0.80	13	0.65	13	0.65
家庭结构	核心家庭	18	0.90	9	0.45	13	0.65	11	0.55
	多代家庭	1	0.05	8	0.40	3	0.15	9	0.45
	离异或单亲家庭	1	0.05	3	0.15	4	0.20	0	0
家庭氛围	和谐	19	0.95	20	1	20	1	18	0.90
	不和谐	1	0.05	0	0	0	0	2	0.10
报考满意度	一般	13	0.65	6	0.30	2	0.10	5	0.25
	比较满意	5	0.25	12	0.60	12	0.60	8	0.40
	非常满意	1	0.05	1	0.05	3	0.15	5	0.2
	不太满意	1	0.05	1	0.05	3	0.15	2	0.10
首选求助对象	父母	11	0.55	8	0.40	5	0.25	6	0.30
	朋友	6	0.30	4	0.20	7	0.35	9	0.45
	自己	3	0.15	8	0.40	8	0.40	5	0.25

（2）SCL-90 量表（Symptom Check List-90）

该量表共有 90 个项目[①]，常用的分析统计指标包括 10 项因子：躯体症状、

① Bollinger A R, Riggs D S, Blake D D, et al. Prevalence of personality disorders among combat veterans with posttraumatic stress disorder［J］. The Journal of Trauma Stress, 2000, 13：255-270.

强迫、人际关系、抑郁、焦虑、敌对、恐怖、偏执、精神病性及其他（General Symptomatic Index，GSI）。实践表明该量表信度和效度较好[①]。

（3）心理健康满意度问卷

本研究参考相关文献[②]，结合大学新生适应期的常见问题，使用自编心理健康满意度问卷测评远期效果。该问卷共 9 个项目，涵盖诸如了解自己、接纳自身不足、自信、人际体验、未来规划性等方面内容，初试分析具有良好的信度和效度。问卷采用 10 级评分，用来追踪辅导 6 个月后"表达性团体心理辅导"给成员自身成长带来的主观满意感受程度。

（三）研究过程

1. 前测

在准备开展团体心理辅导的前一周，对所有被试使用 SCL-90 症状自评量表测查，记录 40 名同学在干预前的心理健康数据，分析发现两组学生在心理健康水平测试结果的初始总分、总均分及各项因子均分并无统计学差异。具体见表 3-5。

表 3-5　实验组与对照组干预前心理健康水平的比较

	文科实验组 $n=20$	文科对照组 $n=20$	P	理科实验组 $n=20$	理科对照组 $n=20$	P
SCL-90 初始总均分	1.4515	1.4400	0.914	1.5110	1.6485	0.256

2. 干预过程

干预前测试结束后，在接下来的三个月时间，以"表达性团体心理辅导"方案为参考，对文科组和理科组被试同学（各 20 名）展开团体心理辅导活动。干预频率为每周一次，共计 12 次。两个实验组的团体辅导方案相同，组织者一样，负责干预的 6 名心理教师中有 4 名为心理学专业硕士，其余为心理辅导员

---

① 施玲燕, 黄水平, 卓朗, 等. 大学生应用 SCL-90 量表的参考值及信效度评价[J]. 中国学校卫生, 2013, 34 (2)：223-224.

② 欧薇, 谢琴红, 何静, 等. 综合干预模式对农村留守初中生心理健康干预效果研究[J]. 中国学校卫生, 2016, 37(6)：814-816.

教师。对照组学生只进行常规教育，处于常态学习状态。

3. 后测和追踪

在三个月干预结束后，再次使用 SCL-90 症状自评量表对所有被试进行评估。针对实验组的学生：在干预结束 6 个月后采用"心理健康教育满意度调查问卷"追测，追踪干预后个人成长的主观满意效果。

4. 辅导者专业背景

本研究参与干预的 4 名心理咨询师均为心理学或精神卫生硕士毕业，有 3 年以上大学生心理教育或辅导干预经验。为保证整个干预流程的标准化、规范化，研究组按照制订的培养方案对辅导教师和学生进行了严格培训，确保其系统、规范地实施该辅导模式。

5. 数据处理

采用 SPSS 20.0 对数据进行统计与分析。采用独立样本 t 检验和单因素方差分析进行组间差异检验。

(四) 团体干预方案

基于对江西某大学近十年心理教育实践的探索，对该校新生心理健康教育现状进行分析。在此基础上，参考新生适应期常见问题的相关文献[1]，探索新生适应期特征。总结发现，新生主要在学习、生活、心理方面出现诸如志愿不满、学习困难、适应不良、情绪障碍、前途迷茫等适应性问题[2]。据此，本研究采用表达性艺术治疗的多样化方式设计了以下实践性辅导活动：①培养成员的自我认知，主要是释放因环境改变带来的不良情绪、情感；②深层的自我剖析，体验各种不同价值观的碰撞，加强心理弹性能力训练；③成员自我悦纳以及压力应对技巧养成；④解决成员生涯规划、人际交往、适应不良等现实的发展性问题。

在实践操作上，除了运用基本团体辅导技术外，本团体重点融入了大量绘画治疗、手工操作、音乐治疗、舞蹈治疗、即兴剧等艺术治疗形式来促使成员识别和释放不良情绪，并不断剖析内在原因，通过表达性艺术创造积极的适应性心理特质。具体活动设置见表 3-6。

---

① 朱凌云，李健.大学新生适应特征与影响因素的实证分析[J].东北大学学报(社会科学版)，2015，17(4)：416-421.

② 黄兆信，李远煦.大学新生适应性问题研究———从高中与大学衔接的视角[J].中国高教研究，2010(5)：83-85.

表 3-6 "表达性团体心理辅导"干预方案活动设置

辅导阶段	辅导活动	辅导目的	主要表达性治疗方法
诊断期	我是谁(游戏) 自画像与我的家(绘画) 鸡蛋中的小世界(绘画) 多彩假面人(手工综合)	自我认知 释放因环境改变带来的不良情绪、情感	"滚雪球"式自我展示 绘画艺术治疗 手工综合艺术治疗
干预期	自由创作(个人剪贴画) 我愿意 OR 我拒绝(双人即兴剧) 一列火车车厢(团体游戏互动) 情绪王国的国王大人(舞蹈+手工) 人生彩虹图(纸笔)	深层的自我剖析 体验各种价值观的碰撞 压力应对技巧培养	绘画艺术治疗 双人即兴戏剧艺术 舞蹈艺术治疗 手工艺术治疗
巩固期	第二次自由创作(个人剪贴画) 放松与冥想(音乐治疗+纸笔) 我们在一起(团体剪贴画) 汉斯的故事(小组即兴剧) 人格特质与内心的理想(纸笔)	自我升华,学会悦纳自我、接纳他人 解决成员生涯规划 适应不良等现实的发展性问题	绘画艺术治疗 音乐冥想艺术治疗 手工艺术治疗 小组即兴戏剧艺术

由于我国大部分地区高中阶段仍以应试教育为主,而青春期恰好是自我同一性形成的关键期,绝大多数学生在升入大学前对自我的认识并不清晰,对自我的过去、现在和将来还未进行整合,因此设计表达性活动需注意以下几个方面:第一,在前期,通过"我是谁""鸡蛋中的小世界""多彩假面人"等探索性绘画或手工活动,能帮助成员进一步了解自我、澄清自我认知误区,此时期表达性活动更多倾向个体的自我探索,故此阶段不需要分组。第二,随着成员对自身个性特点、价值观等有了较为清晰的认识之后,需要学生进一步尝试去接纳不同的价值观,这是开展中期阶段活动的重心,以小组为单位展开尤为必要,

如"双人即兴剧：我愿意 OR 我拒绝""舞蹈+手工：情绪王国的国王大人"。以小组为单位展开的表达性活动能有效引导学生与他人进行观念的碰撞，促使学生反省自身、探索深层的自我以及了解不同的他人。第三，后期通过重复前期的剪贴画创作，通过与前期作品的对比，帮助学生更深一步自我觉察与自我体验，从而引导学生自我改进。虽然同为个人剪贴画，但后期阶段应以小组为单位开展讨论更有利于价值观的融合。另外，利用小组进行音乐剧创作、团体剪贴画等形式，其中穿插的音乐放松与冥想等活动能够进一步引导学生悦纳自我以及接纳他人。

（五）研究结果

1. 干预前后两组 SCL-90 因子分比较

干预前，实验组与对照组在总分、总均分以及单项因子分 3 分以上等方面的差异均没有统计学意义。干预结束后，除了恐怖症状因子无显著差异以外，文科实验组与对照组在强迫症状、其他 2 项因子的差异显著；而在人际关系、抑郁、敌对、偏执、精神病性 5 项因子的差异显示非常显著（$P<0.01$），在躯体症状、焦虑、总分和总均分 4 项中显示出极其显著的差异（$P<0.001$），具体见表 3-7。

表 3-7 实验组和对照组干预前后心理健康状况比较

时间	组别/统计值	躯体症状	强迫	人际关系	抑郁	焦虑	敌对
干预前	文科实验组	1.28±0.21	1.88±0.40	1.61±0.59	1.43±0.37	1.36±0.43	1.35±0.34
	文科对照组	1.25±0.21	1.84±0.35	1.64±0.63	1.40±0.36	1.37±0.43	1.33±0.34
	t 值	0.319	0.333	-0.174	0.267	-0.037	0.155
	理科实验组	1.24±0.25	1.91±0.57	1.73±0.50	1.47±0.39	1.52±0.38	1.52±0.46
	理科对照组	1.33±0.35	2.16±0.64	1.88±0.68	1.59±0.48	1.69±0.50	1.46±0.37
	t 值	-0.912	-1.277	-0.792	-0.894	-1.261	0.437
干预后	文科实验组	1.12±0.15	1.42±0.35	1.19±0.19	1.17±0.19	1.17±0.21	1.15±0.18
	文科对照组	1.48±0.44	1.82±0.58	1.66±0.60	1.59±0.53	1.47±0.28	1.43±0.38
	t 值	-3.427***	-2.663*	-3.355**	-3.310**	-3.788***	-3.006**
	理科实验组	1.16±0.17	1.35±0.33	1.22±0.23	1.16±0.13	1.16±0.18	1.11±0.14
	理科对照组	1.49±0.50	1.67±0.32	1.60±0.57	1.47±0.40	1.44±0.42	1.50±0.57
	t 值	-2.759**	-3.072**	-2.820**	-3.322**	-2.779**	-3.000**

续表3-7

时间	组别/统计值	恐怖	偏执	精神病性	其他	总分	总均分
干预前	文科实验组	1.33±0.49	1.46±0.43	1.39±0.37	1.41±0.44	130.70±30.18	1.45±0.34
	文科对照组	1.35±0.48	1.43±0.41	1.38±0.37	1.39±0.47	129.65±29.76	1.44±0.33
	t 值	−0.141	0.189	0.086	0.153	0.111	0.109
	理科实验组	1.36±0.46	1.49±0.52	1.53±0.45	1.33±0.32	136.00±30.38	1.51±0.34
	理科对照组	1.55±0.58	1.70±0.52	1.55±0.32	1.59±0.40	148.45±37.16	1.65±0.41
	t 值	−1.131	−1.271	−0.203	−2.256*	−1.160	−1.154
干预后	文科实验组	1.15±0.18	1.15±0.19	1.17±0.28	1.24±0.24	107.55±15.33	1.20±0.17
	文科对照组	1.33±0.40	1.48±0.50	1.47±0.40	1.50±0.40	138.30±34.28	1.54±0.38
	t 值	−1.829	−2.733**	−2.715**	−2.523*	−3.662***	−3.681***
	理科实验组	1.09±0.17	1.18±0.25	1.18±0.22	1.18±0.23	106.35±13.02	1.18±0.14
	理科对照组	1.44±0.59	1.48±0.45	1.43±0.36	1.64±0.51	136.20±37.24	1.51±0.41
	t 值	−2.508*	−2.536*	−2.747**	−3.711***	−3.384**	−3.393**

注：* $P<0.05$，** $P<0.01$，*** $P<0.001$；下同。

统计数据分析发现，所有组别的差异无统计学意义，但干预结束后，理科对照组与实验组在恐怖、偏执这2项因子上的差异显著($P<0.05$)；其他这项因子差异极其显著($P<0.001$)；其余7项因子及总分和总均分都显示出非常显著的差异($P<0.01$)。

2. 实验组干预6个月后满意度普遍较高

三个月的干预结束后，即使经过半年，实验组在了解自己、接纳自身不足、学会关怀理解他人、增加自信、感知正性情感、对未来有清晰的方向及认识、感觉活动课程有意义的得分上均比干预前提高，并且差异值显示有统计学意义($P<0.05$)。具体见表3-8。

表3-8　实验组干预前后心理辅导满意度比较($n=40$)

满意度	干预前	干预后	t 值
越来越了解自己	5.63±2.03	7.78±1.54	−2.64**
愿意接纳自己的不足	4.78±1.99	7.01±2.07	−3.67**
学会欣赏悦纳自己	6.45±2.03	6.78±2.01	−0.93

续表3-8

满意度	干预前	干预后	t 值
学会关怀理解他人	6.71.±2.01	7.55±2.10	-1.93*
课程或活动增加了自信	5.74±1.85	6.98±2.34	-1.95*
体会到信任、爱、感恩等正性积极的情感	5.99±2.84	7.09±1.65	-2.33*
乐意与他人分享经验	6.55±2.31	6.67±2.64	-0.89
对未来有了更为清晰的目标	4.47±2.30	7.58±2.15	-4.59***
觉得心理课程或活动很有意义	5.78±2.33	8.04±1.59	-3.89**

(六) 讨论

本研究针对大学适应期新生实施"表达性团体心理辅导"干预方案，干预后发现，对大学适应期新生的心理健康有良好改善效果，且干预结束后6个月效果持续。

大学生是现代化建设的生力军，其综合素质直接影响未来中国社会的发展质量，是国家战略发展的决定力量[1]。然而，现代高校学生心理问题和异常行为发生比率逐渐增加，以及由此导致的违纪、违法现象时有发生[2]。本研究针对心理教育内容针对性欠缺、教育过程连贯性差等现实问题[3]，系统设计"表达性团体心理辅导方案"。

在团体心理辅导中引入多种表达性艺术治疗到活动之中，区别于传统上以游戏为主的团体辅导形式，这是基于大学生心智基本成熟，单纯的趣味性会容易让学生产生参与疲劳，而表达性艺术治疗是心理学界的新秀，借助绘画、舞蹈、音乐、即兴剧、剪贴画创作等各种艺术形式来帮助当事人进行心理诊断与疗愈[4]。当事人参与丰富多彩的艺术活动，能够体验、反思、整理以及释放自己被压抑的情感经验。表达性艺术治疗除了直接帮助当事人处理情绪上的困扰，还能激发当事人潜意识的创造性，作品投射出当事人难以用言语表达出来的内心冲突，从而帮助当事人重新认识困扰自己的问题，并在多次艺术活动的参与

① 沈晓梅.构建网络环境下大学生心理健康教育新模式[J].中国青年研究,2012(1):113-116.
② 刘翠英.民办高校近十年新生心理健康状况分析与对策[J].教育与职业,2015(12):77-78.彭丹.大学生心理健康现状及干预效果的调查研究[J].高教学刊,2016(19):203-204.熊淑萍.大学生发展性心理辅导与补救性心理辅导双向结合效果研究[J].教育学术月刊,2015(8):88-92.
③ 章学云.表达性艺术治疗研究综述[J].上海教育科研,2018(2):78-81.
④ 樊富珉.大学生心理健康教育研究[M].北京:科学出版社,2010.

过程中实现疗愈。从这些功能上看，表达性艺术治疗形式的辅导方法无疑是契合了润物细无声式的教育方法，非常符合大学生追求独立、接受潜移默化式的启发、持续探索等青春期中后期年龄阶段的个性特点。

实践表明，经过为期三个月的干预后，无论文科实验组还是理科实验组，心理健康水平均有不同程度的改善。且半年后的远期评估结果显示，实验组同学对自己在参与过的辅导活动所受到的影响有着积极正向的评价。表达性艺术治疗团体实践模式能有效帮助大学适应期新生解决适应性问题，既为高校新生的心理健康成长提供了支持和保障，也为高校德育工作途径拓展了新的思路。

四、总方案形成阶段："5×5×4"大学新生心理育人实践模式体系构建

当前我国高校对大学生特别是大学新生的心理健康教育日益加强，然而，在教育内容、教育方式以及教育方法方面还需进一步优化。很多高校在教学方法上缺乏灵活性和可操作性，完全是照本宣科、走形式的应付状态。探讨适合大学生心理特点和年龄特征的教育方式具有实践和理论价值。

（一）构建"5×5×4"大一新生心理育人模式体系的背景

大学新生心理健康状况与其大学四年学业、就业时的整体素质及职业发展密切相关。2001年教育部印发《关于加强普通高等学校大学生心理健康教育工作的意见》，该文件对大学生心理健康素质教育与社会需要的高素质创新人才之间的关系做出明确指示，吹响了高校心理健康教育的号角，各个高校纷纷采取相应措施，逐步重视大学生的心理健康教育问题。接着，国务院下发了《关于进一步加强和改进大学生思想政治教育的意见》，进一步明确了如何开展心理健康教育工作，重点强调工作的开展一定要符合大学生年龄特点，才能有效促进大学生的成长和发展。该文件把国内高校的心理健康教育推向了实质性发展阶段，各个高校逐渐落实了心理健康教育课程及心理咨询服务等实质性工作。2005年教育部、卫生部联合制定了心理健康教育的"五个结合原则"指导性文件，为高校心理健康教育工作的机构如何设置、教师和学生的配置比例以及对高校心理健康教育工作的具体内容和活动开展形式都做了具体的指导性建议。在以上政策的指导下，近几年，国内高校心理健康教育工作逐渐步入正轨，日益成为教育教学常规工作。然而，既往的教育历程启示我们，大学生心理健康教育在我国还处于探索阶段，表现在教育方法、教育内容以及教育阶段方面成熟的做法较少，对不同学生的针对性教育更是缺乏。

（二）"5×5×4"大学新生心理育人模式体系的内容

2005年，教育部、卫生部、共青团共同发文强调高校开展心理健康教育要

遵循大学生心理健康发展规律，具体实施要坚持"五个结合"的原则：即坚持注重心理素质与培养积极人生态度、全体教育与个别咨询、课堂教育与课外文体活动、教师引导与学生积极主动性、解决心理问题与解决实际问题等五个结合。基于以上方面，本研究组成员系统设计了"5×5×4"大学新生心理育人实践模式体系结构，具体如表3-9所示。

表3-9 "5×5×4"大学新生心理育人实践模式体系构建

五个阶段	五类对象	五个目的	五个实施主体	五个途径	四个支撑条件
入学第一天 (after a month)	全体新生，尤其对志愿不满新生	营造温馨校园氛围	心理辅导教师及心理委员	传统媒体和新媒体	1. 整合四学（生理学、心理学、伦理学、社会学） 2. 紧抓四体（全体、个体、主体、特殊群体） 3. 围绕四化（全面化、全程化、全才化、全员化） 4. 打造四支队伍（心理教师、心理辅导员、心委、职业规划师）
入学第一周 (after a week)	重点出现入学适应问题新生	普查新生心理健康状况后开展讲座	心理测试教师、心理专家	心理测试、专家讲座	
入学第一月 (after a month)	中度及以上心理问题新生	疏导重点对象	心理咨询师	个别咨询和团体心理辅导	
入学第一学期 (after a period)	全体新生，重点是可能存在心理问题新生	全面普及心理知识，个别解决心理问题	心理课程教师、心理咨询师	开设心理学课程、个别和团体心理辅导	
入学第一年 (after a semester)	全体特别是对前途迷茫群体	引领学生职业规划	职业规划课程教师	开设职业生涯规划课程	

1. 关于"五个阶段"

第一阶段(入学第一天)：热情接站与欢迎并举。

针对历年的心理健康调查结果，学生中对学校不满意的占39%，众多原因之中既有对学校基础设施不满的因素，也有主观上对学校期望值过高的原因，故入校第一天给新生营造温馨的氛围尤为重要。心理专业老师可组织大二、大三、大四的心理志愿者从校内和校外入手：在火车站、汽车站设置专门接待站点，并辅以温馨的心理提示牌，为外地学生做热情引路人；校内在新生接待处设置精美心理画报展示板，辅以心理健康箴言、有趣的心理适应图片。同时，充分利用新媒体的强大沟通作用，利用微信、微博、QQ 等渠道欢迎新生入校，力求让新生们在入学第一天看到的是笑脸，听到的是问候，感到的是温馨，得到的是帮助。这样更容易使得新生对新校园和新同学、新老师建立信任感，消除陌生感。

第二阶段（入学第一周）：心理普查与专家指引结合。

入学一周后，新生虽然没有真正理解大学与高中生活的诸多不同，但对全新的大学生活有了基本的感知，对大学新鲜感逐渐降低，生活和学习开始出现许多不适应，因而很多同学慢慢进入思念家人、怀念高中朋友的状态，加上大部分同学是初次寄宿，生活自理能力的缺失带来一系列不便，加剧了大学生适应不良问题，有些学生还面临着语言障碍、水土不服以及饮食不适应的问题，这个阶段是适应问题高发时期，比较适合给学生做统一心理测试，并紧接着开展心理健康教育讲座与心理个别咨询。心理专家讲座主题可以根据心理普查测试结果来确定。同时，对普查中分数较高的同学个别约谈，确定是心理问题时，尽快开展个体心理咨询与干预工作。

第三阶段（入学第一月）：心理课程与个体心理咨询并进。

近几年，各省先后下文要求各高校把"大学生心理健康"课程作为大学期间的必修课。大学生的心理健康教育工作宜早不宜迟，在大一新生阶段开展具有更大的意义。一方面有利于新生适应期诸多心理困惑的解答；另一方面大一是大学生活的起点，能够对大学生心理健康含义有全面认识，并较快习得心理问题自我调节方法，这是大学生顺利完成四年大学必备能力。前期调查发现，一些学校在师资方面还存在困难，建议专业教师以大班教学结合心理课程的特点，灵活教学形式，以分组教学、游戏活动、主题辩论等方式授课，比较容易被学生理解和接受。开展心理专业课程的同时，工作人员需督促各学院每个月开展一次对心理调查发现的可能存在心理问题的同学的及时跟踪，并按照不同类别分别给予心理疏导。

第四阶段（入学第一学期）：团体心理辅导与大规模心理活动并行。

团体心理辅导是指在团体指导者的引导下，通过一定的心理活动使得团体成员主动对心理和行为自省、澄清及修正，从而对心理健康状况进一步完善和提升的团体活动，团体规模一般 10 人左右为宜。针对新生的团体心理辅导可以分为问题解决性和心理能力提升两类。同时，针对心理调查结果，还可以拓展形式，开展较大规模的团体心理素质拓展活动，主题可以与小规模的接近，但是设计活动的时候应选择适合大规模的活动。通过团体互动和交流，既可以拓展心理素质，还可以提升团体合作的社会适应能力。学校心理工作部门还应在此阶段组织大学生心理社团，联合各班心理保健员面向全体新生开展丰富多彩的心理健康宣传活动，比如心理情景剧、心理知识大赛、心理运动会、心理微电影大赛、心理素质拓展、心理健康专家讲座等，让学生在娱乐的同时了解心理健康知识，增强自身心理调节能力，使得综合素质有所提升，也可以有效促进对其他专业课的学习。

第五阶段(入学第一年)：提升心理素质与引领自主规划结合。

大学生的"迷茫"始于新生，如果没有专业引导会持续到大学结束。因而，在新生入学第一学年内，应积极引导学生产生职业生涯规划意识，合理进行职业生涯规划，避免学习生活无目标、日常生活无规律。首先，加强"大学生职业规划与就业指导"课程教学质量，强调专任教师侧重实践引领，可以结合对往届学生就业情况的社会调查让学生明确理解就业与进一步理论学习深造的区别，在职业规划的理论上和实践上加强引导。其次，紧密结合职业规划课程，开展"走好大学第一步"系列宣讲活动，搭建平台，引导学生理性思考，正确地选择大学起点，合理规划职业生涯。① 此外，还要加强家校联系，让家长了解学习目的性的重要性，使家长认识到学生进行生涯规划的重要性，从而有效帮助学生规划大学生活及职业生涯，使社会、家庭、学校、学生形成合力，基于调动学生内部动机推动学生的积极发展，构建新生教育与发展的立体网络。

2. 四个支撑条件的解读

四个支撑条件是本方案有序实施和完成的保障条件，也是本研究针对教育系统平衡性的具体体现。①统合四个学科：指心理教育内容要涉及生理学、心理学、教育学和社会学。对大一新生开展心理教育既要重视体能训练，还要注重社会文化价值观、道德观和思想政治引导，从而有效促进社会适应能力的增强。②紧抓四体：指心理教育对象要面向全体、突出个体差异性、持续跟踪特殊体，同时要尤为强调学生的主体性。③围绕四化：一是兼顾教育对象全面化；二是针对新生的心理教育过程，贯穿于其生活学习始终的全程化；三是为适应社会发展，培养积极应变、较高情商、良好心理适应能力的全才化大学生；四是心理教育需要全员化，即全校教师、教辅人员、后勤员工都参与到心理教育中来，全员关注、全员参与、全员实践、全员学习，从而最终实现全员化成长。④统筹一支队伍：打造一支以心理专业课教师、个体咨询与团体辅导教师、职业规划教师为主，以心理辅导员、心理委员与心理社团成员等准专业人员为辅的合四为一的心理健康教育队伍。

本研究针对当前新生心理教育在内容上缺乏"系统性"，在教育方法上缺乏"可操作性"的现实问题，展开科学实证研究，根据对该校全体新生心理检测结果及实地调查，在心理教育理论及系统化理论指导下，通过心理专家、心理课

---

① 李磊，张盼.大学新生"四阶段渐进式"教育模式的探索与实践[J].学校党建与思想教育，2014(10)：60-62.

程、职业规划师等专业人员，按照不同层级、不同时段、不同教育主体将不同心理与各类心理问题贯穿在大学生第一学年，构建了以"分阶渐进"方式对新生相应"心理健康现状"进行心理育人的模式。以"分阶渐进"方式来解决新生相应"心理问题"的心理育人模式具有重要理论价值和实践意义。

第四章

"5×5×4"新生心理教育模式实践效果实证验证

一、研究背景

本研究以"5×5×4"教育模式为运行平台，进行为期三年的实践探究和对教育模式实施效果的实证研究，围绕新生心理健康教育模式构建，经历了初期模式探索、中期模式构思(2个分模式提炼)到后期形成并验证(完整模式与效果验证)三个阶段，形成了较丰富的理论和实践成果，尤其是采用以分时段、分层级、分主体的教育模式来改善新生的心理健康状况的做法，为进一步促进高校新生心理健康教育的功能奠定基础。

大学一年级是个体成长发展过程中容易产生各类心理行为问题的关键期，这一时期的心理健康水平影响大学四年和毕生的发展[1]。美国大学入学考试(American college testing, ACT)的一项调查统计显示，大学生在新生适应期的学习生活对其大学四年的学习、工作以及之后的差异分化的影响极大(约占53%)[2]。近年研究发现，大学新生在躯体化、自卑、社会退缩、强迫、依赖[3]、焦虑[4]、抑郁[5]等项目上均低于心理健康的最低值，并有随着年代呈线性增长趋势。另有研究发现，将近50%的新生在入学后出现了学业困惑、交往障碍、就业迷茫等各种问题，适应性问题持续到第一个学期结束的学生比例达30%~40%[6]。大学新生整体的心理健康状况不容忽视。

---

① 于频，朱华华，王萍萍，等.大学新生心理适应现状调查分析及研究——以重庆工商大学2015级为例[J].重庆工商大学学报(自然科学版)，2017，34(3)：116-122.

② Martin J S, Hanrahan K. Criminology freshmen：Preparation，expections，and college performance [J]. Journal of Criminal Justice Education, 2004, 15(2)：287-309.

③ 张录全，肖建伟.大学新生心理健康水平调查[J].心理与行为研究，2015，13(1)：70-75.

④ 张本钰.大学新生心理健康状况发展趋势研究——以福建省3所高校12年间新生心理健康状况调查为例[J].思想教育研究，2018(2)：136-139.

⑤ 雷晓盛，刘朝杰，王雪莹，等.大学新生抑郁状况及其危险因素分析[J].中国公共卫生，2017(4)：678-680.

⑥ 李静.大学新生适应不良问题与心理调适的对策探析[J].思想理论教育导刊，2013(1)：118-120.

发展心理学创始人瑞士心理学家皮亚杰（Jean Piaget）认为，适应的本质是个体与环境达到平衡，个体对客体的适应也是心理发展的本质和原因[①]。林崇德指出，个体发展过程理论是了解教育对象和形成科学教育理论的前提和基础[②]，对环境对青少年心理健康的影响提供了分析框架，也是心理教育实践活动的指南，已被广泛应用于心理教育领域。但已有研究对处于大学新生阶段的探讨较少，且以思辨性理念剖析为主[③]，针对不同群体和不同阶段的心理教育实践研究将成为今后一段时间的发展方向。

大一新生处于成人早期——脱离家庭的阶段（17～22岁），也是埃里克森人格发展八个阶段中的亲密感对孤独感时期（18～25岁）。面对高校全新的生活、学习、人际交往环境，不同个体在与客观环境平衡的过程中势必会产生各种适应不良。针对以往心理健康教育实践重治疗轻发展、教育过程连贯性弱、教育内容系统性欠缺、忽略成长环境等问题，本研究尝试以皮亚杰的适应理论为指导理念，注重个体心理适应的发展性、连续性、情境性及系统的平衡性等影响因素，在自然班的教育情境下，通过整合四个相关学科的教育内容，组织心理专家、职业规划教师等五个实施主体，将五类不同心理育人形式与五个不同阶段教育目的系统贯穿于新生第一学年，旨在提高大一新生心理健康水平，培养职业规划意识，促进新生群体的心理素质和适应能力，探究大一新生尽快适应和自主发展的有效教育模式。

二、对象与过程

（一）对象选择

2017年9月中旬，高校新生陆续入学，经过实验宣讲、知情签名，从江西某大学新生中随机抽取一个文科、一个理科共2个班的56名学生作为实验组，余下与实验组同级同专业的61名学生作为对照组。选择文科、理科的自然班级为实验对象原因如下：一是由于班级成员的编排具有完全随机性，实验组和对照组的同质性得以保证；二是本研究基于皮亚杰的适应理论，侧重全体学生心理素质和心理适应能力发展性教育，以区别于传统针对个别问题学生的治疗性干预；三是以随机的自然班为团体既是心理教育真实环境的需要，也为个别严重心理问题学生提供安全感更高的辅导情境。最后，为避免文理科不同专业特性成为干预模式有效性验证的干扰因素，故抽选文科和理科各一个班级。

---

① 林崇德.发展心理学[M].杭州：浙江教育出版社，2002.
② 林崇德.发展心理学的现实转向[J].心理发展与教育，2010（1）：1-8.
③ 彭丹.大学生心理健康现状及干预效果的调查研究[J].高教学刊，2016（19）：203-204.

(二)评估工具

(1)人口统计学问卷。该问卷用于调查新生人口学基本情况,内容涵盖新生的年龄、性别、生源地、家庭结构、是否独生、报考满意度等方面,用来调查与学生心理健康状况密切相关的因素。

(2)SCL-90量表。该量表是世界上应用极为广泛的心理健康测试量表,共有90个项目,常用的分析统计指标包括10项因子:躯体症状、强迫、人际关系、抑郁、焦虑、敌对、恐怖、偏执、精神病性及其他(General Symptomatic Index,GSI)。诸多研究表明该量表具有良好的信效度。

(三)研究过程

(1)前测。在干预前对所有参与实验的被试采用人口统计学问卷、SCL-90症状自评量表、心理健康教育满意度问卷进行评估,比较实验组与对照组心理健康水平及相关影响因素构成情况。

(2)干预过程。2017年9月中旬,本研究参考前期拟定的"'5×5×4'大一新生心理育人实践模式"总方案①,对实验组文理科两个班56名同学展开系统干预,实践总方案把新生第一学年划分为五个阶段,由报到入学方案(入学篇)、心理普查与专题讲座方案(讲座篇)、心理咨询与团体辅导方案(辅导篇)、心理学课程方案(心理课程篇)、职业规划课程方案(职业课程篇)五个子方案组成,并在2018年6月底完成了所有干预项目。对照组:不加干预,仅开展大学生守则、高等院校管理条例、军训等常规入学教育。

(3)后测与追踪。采用SCL-90症状自评量表,在为期一年的干预后对所有被试进行测评,并在干预结束6个月后再次追踪评估。

三、课程和辅导方案设计

(一)教育辅导干预总方案

基于对大学新生十余年的心理教育实践与理论探索②,本研究以皮亚杰的适应理论为指导理念,围绕个体认知发展过程的发展性、连续性、情境性及系统的平衡性等特点,将新生适应期心理问题的辅导和心理品质的提升相结合,制订了"'5×5×4'大一新生心理育人实践模式"总方案(见表4-1)和五个不同阶段的子方案(见表4-2),旨在确保所有新生在以班级为单位的自然环境中,

---

① 马蓉,赵江燕,孙箐靖."5×5×4"大一新生心理育人实践模式体系构建研究[J].江西理工大学学报,2017,38(4):77-83.

② 马蓉,曾智斌,郭修凤,等.理工科院校新生SCL-90测查与分析[J].江西理工大学学报,2010,31(6):40-42.

适应大学生活，为大学四年的有效学习、自主发展奠定基础。

表 4-1 "5×5×4"大学新生心理育人实践总方案

五个阶段	五类对象（确立依据）	五个教育目的	五个具体实施途径	五个实施主体	四个支撑条件
入学篇第 1 周	全体新生，尤其是志愿不满新生（历年入学测试）	营造温馨校园文化	传统媒体和新媒体的入学宣传	心理辅导员及心理委员	1. 整合四个学科：生理学、心理学、教育学和社会学 2. 紧抓四体：全体、个体、特殊体和主体 3. 围绕四化：全面化、全程化、全员化、全才化 4. 打造心理和职业教师、心理咨询师、心理委员四支队伍
讲座篇第 2~3 周	全体新生，针对适应不良（心理普查）	为后续活动提供依据	心理普查、专家讲座	心理测试教师及心理讲座专家	
辅导篇第 1 个月	中度及以上心理问题（心理普查及个别面谈）	疏导重点对象	个体咨询、团体辅导	心理咨询师	
心理课程篇第 1 学期	全体新生，重心理素质提升（文献和实践）	全面普及心理知识、提升心理能力	《心理学》专业课程、个体咨询、团体辅导	心理专业课教师	
职业课程篇第 1 学年	全体新生，针对学习困惑与职业规划（文献和实践）	引领全体规划未来	《职业生涯规划课程》	职业规划课教师	

（二）关于总方案的解读

1. 五类对象及干预时间设置依据

①入学篇：在新生报到期间，心理辅导员老师带领大二大三心理委员及心理协会成员通过张贴热情欢迎新生的标语、横幅，设计、发放大学生活须知的板报、小卡片，同时充分利用微博、班级 QQ 群、微信等新媒体，全力打造温馨热情的校园心理文化。②讲座篇：个体对新环境变换后的新鲜感维持在一周左右即进入为期 1~3 个月的身体和心理排斥期，近 50.5% 的同学更乐于接受专题讲座。故此阶段先开展全体新生心理普查，继而开展专题心理讲座。③辅导篇：此阶段既对极个别新生在高中就已产生的心理问题进行持续性个体心理咨询，同时面向全体开展适应性团体心理辅导。④心理课程篇：在第一学期结束前开设面向全体新生的"大学生心理学"课程，注重课程内容的实践应用价值、

教学方法的有效性和趣味性，并在每节课结束前留下部分时间给新生答疑。⑤职业课程篇：着眼于培养学生学业目标和职业规划意识，在第二学期开始之后就开设"大学生职业生涯规划课程"，同时邀请企业人力资源专员分析当前职场发展状况，组织优秀学长职业规划的"现身说法"交流会，帮助新生初步树立学业目标，以便制订规律的生活作息，为大学四年有效学习生活奠定基础。

2. 具体干预实践子方案列举

立足促进发展的教育总目的，本研究在团体心理辅导实践中引入了大量的表达性艺术辅导形式①，以润物细无声式的教育方法开展辅导活动。

通过梳理新生适应期的典型特征，针对新生学习、生活、心理方面出现的诸多适应性问题，本研究用表达性艺术辅导的多样化方式设计了以下实践性辅导活动：①培养成员的自我认知，主要释放因环境改变带来的不良情绪；②深层的自我剖析，体验各种不同价值观的碰撞，加强心理弹性能力训练；③成员自我悦纳以及适应性压力应对技巧养成；④解决成员生涯规划、人际交往、适应不良等现实的发展性问题，具体活动设置见表4-2。

表4-2 "表达性艺术"团体心理辅导活动设置的案例

辅导阶段	辅导目的	辅导流程
诊断期	自我认知 释放因环境改变带来的不良情绪、情感 确定咨询关系，建立咨询目标	1. 我是谁(游戏) 2. 自画像与我的家(绘画) 3. 鸡蛋中的小世界(绘画) 4. 多彩假面人(手工综合)
干预期	深层的自我剖析 体验各种价值观的碰撞 把握情绪管理和沟通技能 消除适应期焦虑和压力 学会乐观思考适应问题	1. 自由创作(个人剪贴画) 2. 我愿意 OR 我拒绝(双人即兴剧) 3. 一列火车车厢(团体游戏互动) 4. 情绪王国的国王大人(舞蹈+手工) 5. 人生彩虹图(纸笔)
巩固期	自我升华 学会积极乐观发展自我 悦纳自我和接纳他人 解决适应不良问题 制订生涯规划等现实发展性问题	1. 第二次自由创作(个人剪贴画) 2. 放松与冥想(音乐治疗+纸笔) 3. 我们在一起(团体剪贴画) 4. 汉斯的故事(小组即兴剧) 5. 人格特质与内心的理想(纸笔)

---

① 许新赞.表达性艺术疗法在高校团体心理咨询课程教学中的应用[J].大学教育，2016(3)：146-147.

实验组被试共分三组，每组 14~20 人，每周开展一次团体辅导活动，三个月完成所有活动项目。在前期自我认知阶段，针对适应不良学生以表达性绘画治疗艺术的情绪释放为主(自画像与我的家，鸡蛋中的小世界)；中期以了解个体深层自我，体验各种价值观异同及职业生涯规划认知为重点，活动以双人即兴剧、手工、舞蹈及绘画"人生彩虹图"为主；后期重点是引导个体悦纳自我，规划未来，积极乐观投身现实生活，以音乐冥想、剪贴画、小组即兴剧、绘画等形式展开。表达性艺术治疗除了直接帮助当事人处理情绪上的困扰，还能激发当事人通过表达性艺术创造积极的适应性心理特质，适应性特质会在多次艺术活动的参与过程中不断升华。表达性团体辅导更适合适应期大学生的心理发展需求。

四、研究结果

(一) 干预前两组学生构成情况比较

实验开始前对所有被试进行了 SCL-90 测查与基本情况调查：实验组与对照组学生的构成在性别、城乡来源、家庭结构、报考满意度等方面构成比例相似，没有显著差异，表明是同质的；在心理健康水平测试 SCL-90 问卷的初始总分、总均分及各项因子均分并无统计学差异(总均分文科 $t=0.967$，$P=0.863$；理科 $t=0.962$，$P=0.339$)，具体见表 4-3。

表 4-3　实验组与对照组学生构成及干预前心理健康水平比较

		文科实验组 $n=27$		文科对照组 $n=25$		P	理科实验组 $n=29$		理科对照组 $n=36$		P
		人数	比例	人数	比例		人数	比例	人数	比例	
性别	男	12	44.4	14	56.0	0.684	25	86.2	33	91.7	0.630
	女	15	55.6	11	44.0		4	13.8	3	8.3	
城乡来源	农村	12	44.4	12	48.0	0.904	15	51.7	19	52.8	0.365
	小城镇	9	33.3	9	36.0		8	27.6	10	27.8	
	中等城市	4	14.8	2	8.0		4	13.8	6	16.7	
	大城市	1	3.7	2	8.0		1	3.4	1	2.8	
	边远农村	1	3.7	0	—		1	3.4	0	—	
是否独生	是	9	33.3	10	40.0	0.864	9	31.0	10	27.8	0.387
	否	18	66.7	15	60.0		20	69.0	26	72.2	

续表4-3

		文科实验组 $n=27$		文科对照组 $n=25$		P	理科实验组 $n=29$		理科对照组 $n=36$		P
		人数	比例	人数	比例		人数	比例	人数	比例	
家庭结构	核心家庭	15	55.6	13	52.0	0.915	19	65.5	20	55.6	0.425
	多代家庭	10	37.0	9	36.0		5	17.2	14	38.9	
	离异家庭	1	3.7	1	4.0		3	10.3	1	2.8	
	单亲家庭	1	3.7	2	8.0		2	6.9	1	2.8	
家庭氛围	和谐	26	96.3	24	96.0	0.956	26	89.7	32	88.9	0.617
	冷淡	0	—	0	—		1	3.4	1	2.8	
	争吵	1	3.7	1	4.0		2	6.9	2	5.6	
	暴力	0	—	0	—		0	—	1	2.8	
报考满意度	一般	12	44.4	12	48.0	0.905	6	20.7	15	41.7	0.287
	比较满意	10	37.0	8	32.0		14	48.3	13	36.1	
	非常满意	1	3.7	2	8.0		5	17.2	4	11.1	
	不太满意	4	14.8	3	12.0		3	10.3	4	11.1	
	很不满意	0	—	0	—		1	3.4	0	—	
首选求助对象	父母	14	51.9	9	36.0	0.907	10	34.5	11	30.6	0.180
	亲密朋友	6	22.2	6	24.0		6	20.7	10	27.8	
	同学	3	11.1	1	4.0		1	3.4	5	13.9	
	自己	4	14.8	9	36.0		10	34.5	8	22.2	
	心理咨询师	0	—	0	—		2	6.9	2	5.6	
SCL-90 初始总均分		1.53±0.42		1.48±0.31		0.863	1.54±0.30		1.39±0.37		0.338

(二) 干预前后两组因子分比较

干预结束后,文科实验组与对照组在强迫症状、人际关系、抑郁、偏执、精神病性、其他因子项的差异非常显著($P<0.01$),而躯体症状、焦虑、敌对、总分和总均分显示出极其显著的差异($P<0.001$)。理科实验组焦虑因子差异显著($P<0.05$);强迫症状、人际关系、抑郁、敌对、恐怖、偏执、精神病性及其他等8项因子及总分和总均分都显示出非常显著的差异($P<0.01$),文科和理科班新生心理健康水平均显著优于前测。文科、理科实验组与对照组干预前后心理健康状况比

较见表4-4。

表4-4 文科、理科实验组与对照组干预前后心理健康状况比较

时间	组别/统计值	躯体症状	强迫	人际关系	抑郁	焦虑	敌对
干预前	文科实验组	1.32±0.42	1.97±0.47	1.65±0.57	1.47±0.42	1.43±0.46	1.44±0.62
	文科对照组	1.31±0.43	1.94±0.46	1.64±0.59	1.44±0.42	1.40±0.44	1.45±0.64
	t 值	0.092	0.294	0.091	0.284	0.238	−0.013
	理科实验组	1.31±0.41	2.02±0.60	1.82±0.58	1.50±0.40	1.57±0.39	1.60±0.61
	理科对照组	1.20±0.28	1.92±0.62	1.71±0.63	1.41±0.42	1.47±0.42	1.37±0.35
	t 值	1.570	0.700	0.733	0.919	1.063	2.191*
干预后	文科实验组	1.12±0.14	1.43±0.31	1.18±0.17	1.17±0.18	1.17±0.19	1.14±0.17
	文科对照组	1.44±0.41	1.77±0.55	1.60±0.56	1.53±0.49	1.44±0.27	1.43±0.35
	t 值	−3.755***	−2.800**	−3.712**	−3.595**	−4.215***	−3.809***
	理科实验组	1.23±0.29	1.42±0.37	1.29±0.29	1.20±0.17	1.23±0.25	1.15±0.18
	理科对照组	1.40±0.46	1.76±0.50	1.61±0.54	1.48±0.42	1.46±0.44	1.48±0.56
	t 值	−1.859	−3.237**	−2.937**	−3.418**	−2.628*	−3.054**

时间	组别	恐怖	偏执	精神病性	其他	总分	总均分
干预前	文科实验组	1.37±0.49	1.50±0.43	1.45±0.47	1.49±0.53	136.19±36.43	1.51±0.41
	文科对照组	1.38±0.50	1.46±0.42	1.43±0.48	1.47±0.55	134.40±37.27	1.49±0.41
	t 值	−0.090	0.342	0.121	0.119	0.175	0.174
	理科实验组	1.35±0.45	1.56±0.56	1.54±0.44	1.43±0.44	141.34±36.45	1.57±0.40
	理科对照组	1.38±0.44	1.51±0.46	1.46±0.38	1.46±0.43	133.83±33.18	1.49±0.37
	t 值	−0.259	0.486	0.877	−0.277	0.967	0.962
干预后	文科实验组	1.14±0.17	1.15±0.17	1.15±0.24	1.23±0.23	107.00±13.66	1.19±0.15
	文科对照组	1.29±0.37	1.42±0.46	1.42±0.38	1.47±0.37	134.28±31.96	1.50±0.41
	t 值	−1.882	−2.856**	−3.107**	−2.928**	−4.056***	−4.075***
	理科实验组	1.11±0.17	1.22±0.25	1.21±0.22	1.23±0.23	111.31±16.80	1.24±0.19
	理科对照组	1.37±0.46	1.42±0.36	1.45±0.42	1.56±0.51	135.24±36.68	1.49±0.35
	t 值	−2.959**	−2.743**	−2.877**	−3.256**	−3.338**	−3.340**

注：* $P<0.05$，** $P<0.01$，*** $P<0.001$，下同。

由数据分析可见，与对照组相比，系列课程和辅导在改善实验组新生（文科和理科）人际关系、抑郁、恐怖、偏执、精神病性方面具有共同的正向影响作用，两个实验组的总分和总均分与对照组都存在显著性差异，说明本方案在促进新生整体心理健康及其发展上具有一定的影响作用。

（三）干预结束后的追踪结果

追踪研究表明，干预结束 6 个月后，无论文科还是理科，实验组与对照组之间的均值差异有所缩小，但文科实验组与对照组仍然在躯体症状、抑郁、敌对、偏执、精神病性、其他因子项以及总分、总均分方面显示出显著差异（$P<0.05$）；在人际关系因子上则显示出非常显著的差异（$P<0.01$）。理科实验组与对照组追踪结果显示，除了躯体症状、焦虑、偏执这三项因子的结果无显著差异之外，在强迫、人际关系、抑郁、敌对、恐怖、精神病性这 6 项因子以及总分与总均分方面也显示出了显著差异（$P<0.05$）；而其他因子项在干预结束 6 个月后仍然显示出非常显著的差异（$P<0.01$）。总体看，干预结束 6 个月后，本方案的教育和辅导效果仍然持续发挥促进心理健康发展的作用，见表4-5。

表4-5　文、理科实验组、对照组干预结束后6个月的追踪结果

时间	组别	躯体症状	强迫	人际关系	抑郁	焦虑	敌对
干预结束6个月后	文科实验组	1.20±0.26	1.47±0.33	1.24±0.27	1.25±0.26	1.26±0.29	1.18±0.25
	文科对照组	1.40±0.40	1.71±0.54	1.56±0.55	1.48±0.50	1.37±0.29	1.34±0.31
	t 值	−2.165*	−1.929	−2.688**	−2.073*	−1.416	−2.051*
	理科实验组	1.27±0.30	1.47±0.40	1.33±0.31	1.25±0.23	1.29±0.27	1.22±0.30
	理科对照组	1.41±0.50	1.71±0.46	1.62±0.57	1.45±0.40	1.42±0.44	1.50±0.54
	t 值	−1.348	−2.234*	−2.442*	−2.333*	−1.462	−2.559*

时间	组别	恐怖	偏执	精神病性	其他	总分	总均分
干预结束6个月后	文科实验组	1.20±0.25	1.22±0.26	1.19±0.29	1.27±0.31	112.63±21.75	1.25±0.24
	文科对照组	1.27±0.36	1.42±0.45	1.37±0.35	1.48±0.38	130.40±31.48	1.45±0.35
	t 值	−0.800	−2.008*	−2.045*	−2.135*	−2.383*	−2.398*
	理科实验组	1.14±0.20	1.24±0.28	1.26±0.28	1.26±0.26	115.21±21.09	1.28±0.23
	理科对照组	1.38±0.49	1.41±0.38	1.47±0.46	1.54±0.48	134.33±37.63	1.49±0.42
	t 值	−2.430*	−1.972	−2.207*	−2.821**	−2.443*	−2.449*

五、研究结论

（一）关于大学新生育人模式效果的讨论

本研究以适应理论为指导理念，以促进个体发展为根本目标，通过心理课程、职业规划课程和多种心理辅导形式相结合的方式，对以班级为单位的新生进行为期一年的系统干预。结果显示，文科和理科实验组新生在强迫症状、人际关系、抑郁、敌对、恐怖、偏执、精神病性及其他项目均有良好改善，且干预结束 6 个月后效果持续。

大学生心理教育的有效性和系统性是心理教育一直以来强调的重点，也是持续至今的难题。本研究从新生入学开始至第一学年结束，在维持教育生态系统环境的基础上，系统安排了针对五个不同发展阶段的连续性的教育辅导活动：即欢迎入校—初步适应调整—系统课程—个体与团体辅导—学业规划课程五个环节，时间上保持连续的纵向展开；针对如何确保教育系统的平衡性，明确了四门学科、四个主体、四个全面及四支队伍等四个支撑条件，这也是本方案有序实施和完成的保障条件。

前期调研发现，新生除了入学满意度低，还被焦虑、抑郁、人际交往等适应障碍所困扰，大部分新生对前途感到迷茫。由于对志愿不满意的新生在入学初期抵触情绪最为强烈，而 90%的新生认可校园文化活动，本研究在新生报到期间从多个渠道塑造热情温暖的校园文化，事实表明，对部分对报考高校持不满情绪的新生有直接抚慰作用，入校一周后新生的满意度较往年显著提升。针对适应性焦虑、抑郁、恐惧、人际交往等问题，本研究以开学初开展专家讲座和心理学课程形式，拓展新生心理知识面，并同时针对少数新生的人际交往、情感情绪问题开展表达性艺术的团体心理辅导。本研究在新生逐步适应大学生活学习模式之后，于大一第二学期开设了"大学生职业生涯规划课程"，实践表明，此时新生对学业目标具有较为强烈的探索欲望，连同职业规划意识一起培养，第一学年结束后，新生出现心理问题、学习障碍的人数明显减少，对课程和活动更自信、对未来有清晰方向等自主发展能力显著增强，班风学风呈现积极务实趋势。

干预结束 6 个月后追踪显示，虽然实验组与对照组之间的均值差异有所减小，但新生心理健康教育和辅导的影响仍然持续存在。文科和理科实验组在抑郁、敌对、人际关系、精神病性以及总分、总均分方面仍然显著优于对照组，尤其是其他因子项差异极其显著。干预 6 个月后，跟踪调查还发现，大二上半学期结束时，文科班和理科班实验组在生活学习态度方面积极上进，明显优于非实验组，班风较朴实和乐观，班级整体凝聚力比较强，师生之间、同学之间的人际关系、寝室关系较对照组也纠纷更少，且学生会主动尝试自我调节，对自身职业规划和学业目标更加明确。

(二)对大学新生心理健康教育与辅导模式的建议

以皮亚杰适应理论为指导的心理健康教育和辅导对提升大一新生心理健康有独特的适用性，主要体现在发展性的教育理念、干预过程的连续性、自然班级的环境、重学业目标的引导四个方面。

一、重发展性理念的实施

以发展性眼光解决心理问题[①]，在促进个体心理素质和成长方面具有更高的教育价值[②]。本研究的所有教育辅导目标都在于促进个体发展能力的提升及认知适应性发展，并以"去问题化"的眼光看待出现的各种心理障碍，特别是在个体咨询和团体辅导实践中，对各种问题都以积极的"非病人"态度去展开教育辅导，效果显著优于理性的治疗性干预，这和大学生心理育人的宗旨相契合，实践表明合理的理念定位是研究取得效果的首要条件。

二、抓教育过程的连续性

本研究依据皮亚杰提出的关于适应过程(同化和顺应)的阶段性和连续性，在制订和实施研究方案时与新生适应性心理问题解决过程的特殊性和长期性相结合。心理育人的本质即是守护心灵成长的过程。教育内容的系统性和教育过程的连续性是个体心理发展的阶段性和连续性的必然要求。本研究对每一个适应性问题的出现和解决均会展开因果分析，并对预后做适时追踪和回访。连续和系统的教育方式让新生切实感受到时时被关注、处处被关怀，这样，当他们有了困扰就会积极主动与老师交流探讨，不会让问题沉积甚至迁延。

三、强化学业目标导向

心理健康问题的诱发原因是学生学习目标的偏差[③]。生活缺乏目标极易引起作息混乱和各类问题。本研究在新生入校大部分同学基本适应后，即开展职业生涯课程教学，培养新生对未来发展职业初步的规划意识，引导学生树立学

---

① 李雪凤.论发展心理学在教育改革中的作用[J].山西财经大学学报，2012(3)：214-21.黄华华，刘少英，徐芬.发展性心理干预对大学生自我同一性的改善效果[J].中国心理卫生杂志，2012，26(10)：748-753.

② 冯小明.浅析学习目标偏差对大学生心理健康产生的作用[J].山西农业大学学报(社会科学版)，2011，10(6)：559-562.

③ 曾晓强，张大均.心理健康教育及研究的方法论反思[J].心理科学，2008，31(4)：992-994.

业目标,从而对近期的生活和学习发挥指引作用。学业目标能够有效促进大学生顺利实现角色转换,杜绝或者减少心理问题,为有效有序展开大学四年的学习奠定了基础。

四、维护自然教育情境

班级是教育的主阵地。心理健康状态在某种程度上是环境的产物,心理教育要坚持"人在环境"的理念①,自然生态的环境更有利个体成长。针对适应能力本质特征,本研究采用在"独特的环境"——自然班级中展开干预,自然环境及其中的人际互动为新生创造了真实的实践机会,这种积极的支持性校园环境,既为新生主动寻求学习、生活、交往的新模式创造了现实条件,也为实验组日后适应能力的持续发展提供了保障。

此外,本研究尤为注重发挥互联网的独特心理辅导价值。方案实践中充分利用互联网私密性、灵活性的特点,把互联网与心理课堂、心理测试、心理咨询微信平台和心理咨询 APP 相结合,打造了移动的心理健康教育网络,为新生提供了学习、讨论、咨询心里话题的便捷途径,有效建立了传播心理健康知识和心理咨询的移动平台。

---

① 俞国良. 社会心理学[M]. 北京:北京师范大学出版社,2015:2-9.

提升高等教育质量
对策分析篇

国外家庭因素对大学生学习投入影响研究进展及启示

21世纪以来，"学习投入"已经成为全世界加强高等教育质量的年度教育大会最关注的焦点。随着大学生学习投入研究的不断推进，新成果不断涌现。对相关文献分析发现，学习投入研究关注点已从投入的过程研究扩展到投入结果研究，对影响因素的分析由学校制度扩展到以学生为核心的整个社会经济文化体系，进而对学习投入内涵研究，已从投入的个体行为实践、内部心理过程发展到以学校为核心的社会和家庭综合作用的产物。因此，在阐明家庭因素对大学生学习投入的影响关系的基础上，深度发掘家庭经济水平、文化程度及社会关系对学习投入的深层影响机理也极为重要。未来，大学生学习投入研究或呈现社会经济文化环境中构建的新内涵，促进大学生学习投入实现路径或将以高校为中心的社会家庭协同改革，学习投入的研究或将更加注重多学科整合，这些都对我国高等教育理论研究与实践带来的一些启示。

一、学习投入研究的兴起

20世纪末以来，学习投入（student engagement）在高等教育领域中占有越来越突出的地位，这一变化既代表了提供制度质量和有效性指标的问责措施，又代表了可用于解释学生学习与发展的教育研究变量（Axelson and Flick，2011）[①]。2014年，美国布卢明顿印第安纳大学的高等研究中心指导的年度全国学生参与调查问卷（NSSE）已被1500多所四年制大学和学院使用。美国国家学习成果评估研究所（The National Institute for Learning Outcomes Assessment，NILOA）调查显示，约76%的受访机构使用"学生投入调查"来评估学生的学习成果。众多实践和研究表明，在大学中学习和学术成就方面的成功取决于学生的投入水平（NSSE，2000，2014；Kuh，2003；Zepke，2015）。学习投入既是知识和理解的先驱，也是学习的代名词，同时还是学习的结果，学习投入的价值不再受到质疑。随着NSSE的广泛实施，AUSSE（澳大利亚和新西兰）、SASSE

---

① Axelson R D，Flick A. Defining student engagement[J]. Change：The Magazine of Higher Learning，2011，43(1)：38-43.

（南非）、CSSE（中国）相继落地。学习投入理论成果的不断涌现，突出体现在学习投入内涵的不断变迁：从最初的概念理解转向促进有效投入产生的背景条件，代表观点如乔治·库（Kuh，2009）将学生参与定义为"基于以往已有经验，学生投入到与大学期望结果相关的活动上的时间和精力以及学校如何促使学生参与这些活动"。该概念既关注投入的过程和结果，还强调了"以往经验"在投入中的重要作用，于是在以往经验中的家庭因素逐渐进入研究者的视野。学生投入的结构性因素对大学生学习投入的影响虽然隐蔽却持续存在（M A Kraft，S M Dougherty，2013）[①]。在家庭因素对学生学业成绩产生积极影响的观念指引下，大量的相关成果涌现（如 Jeynes，2003；Patall，Cooper & Robinson，2008；Hill & Tyson，2009；Kahu，2013；Zepke，2015；Mark Berends & Samuel，2017；Abraham，2019）。

学习投入的新理念"整体观"的研究者经过考察发现，学习投入发生在社会文化背景中，并且持续受其影响。正如布朗提醒我们的那样，虽然我们天生具有体验情感的能力，但社会塑造了我们的表达方式和时间观念[②]。《科尔曼报告》也支持这一观点，科尔曼（1988）认为，家庭为青年人提供了经济、文化和社会资源。本文基于对学习投入概念内涵的演变过程分析，对近年来国外关于家庭因素对大学生学习性投入影响研究成果进行阐述，并在此基础上探究大学生学习投入的未来趋势，为我国高等教育质量研究提供可借鉴的依据。

二、学习投入内涵变迁与家庭因素概念解读

多年来，接受高等教育的学生对学习的冷漠以及大量学生在没有获得学位的情况下放弃学习的问题引起了人们的广泛关注（Bryson & Hand，2007）。为了应对这一现实，在过去的几十年里，研究者开展了大量学习投入研究（例如，Entwistle & Ramsden，1983；Finn，1997；Astin，1993；Tinto，1997；Bandura，1999；Brannan & Illeris，2009；Biswas-Diene，etc，2013；Kahu，2015）。通过分析以往研究文献，我们发现随着学习投入理论研究的深入及多学科融合发展，学习投入概念内涵已逐渐发生了变化，突出表现在外部环境特别是家庭经济文化逐渐进入研究者们的视野。

---

① Matthew A Kraft，Shaun M Dougherty. The effect of teacher-family communication on student engagement：Evidence from a randomized field experiment[J]. Journal of Research on Educational Effectiveness，2013，18(6)：198-222.

② Kahu E R，Stephens C，Leach L，Zepke N. Linking academic emotions and student engagement：Mature-aged distance students' transition to university[J]. Journal of Further & Higher Education，2015，39(4)：481-497.

(一)学习投入内涵的嬗变

继泰勒与阿斯汀开启学习投入论题之后,21 世纪以来,关于学习投入的研究已从一维的学习投入概念解读拓展到对那些对投入产生多维影响的因素进行系统剖析;从关注投入行为与内部心理过程,发展到采用系统和整体论的方法对学习投入环境背景特别是对社会文化和个体家庭背景进行分析,以寻求理解学习投入在每个维度的相互关联性(例如 Kuh,2009;Green,Marti & McClenney,2008;Axelson & Flick,2011;Kahu,2013;Zepke,2015)。依据对学习投入内外部背景环境研究关注点的差异,当前的研究可分为两大类。

1. 关注学习投入行为及心理过程:对投入本身的解读

在高等教育文献中,最早也是最广泛被接受的学习投入观点强调投入的行为和相应的教学实践。在 20 世纪 90 年代后期,由于对美国大学排名系统和高等教育质量测评的不满,学习投入被视为一种不断发展的结构。例如芬等(Finn,1993,1995,1997)认为行为参与有三种定义:第一种定义认为需要积极的行为;第二种定义涉及参与学习和学术任务并包括诸如努力、坚持等行为;第三个定义涉及参与学校相关的活动。行为实践的观点侧重解释教学实践和学生行为之间的关系,由于它突出的优势是包含更多参与的远端后果,所以它在当前教育质量的测量中仍然被广泛运用。如澳大利亚教育研究委员会(AUSSE,2010)在 NSSE 基础上将学生投入分为六个教育成果测量:高阶思维、一般学习成果、职业准备、成绩、学习动机和满意度。显然,行为论只解释了学生参与多维图景的一部分,对参与的理解过于狭隘。

学习投入的心理学观点在有关学生投入文献中占主导地位,该观点认为投入是一种包括行为、认知、情感和意志的内部社会心理过程。除了行为维度,Newman 等(1992)将心理论的认知维度定义为"学生的心理投入和努力理解或掌握知识",Fredricks(2004)等进一步将认知维度确定为"学生自我调节和有效使用深度学习策略"。第三个维度——情感是心理学方法的突出优势,Askham(2008)指出,"经常被忽视的学习体验会伴随着情感强度"这一现象是客观存在的。此外,一些相关理论学家认为,与成功相关的意志和意愿(Conation)是一个独立的参与维度(Corno & Mandinach,2004;Harris,etc,2004)。然而,大多数相关研究认为,行为、认知和情感的三个维度已经充分地捕捉了参与的心理状态。不难发现,心理过程论的突出局限在于不同维度之间存在重叠。例如,认知还包含个体特征,如动机、自我效能等;行为和认知措施也有重合部分。此外,各维度之间的关系也存在分歧。例如,Newman 等(1992)发现学生可以在没有情感参与的情况下完成他们的工作并且做得很好,而 Gibbs 和

Poskitt(2010)则持反对意见。心理过程论清晰地分析了学习投入的前因和后果及其相关的状态,这一点突破了行为论的局限。然而,在个体内部心理定位学习投入,明显存在淡化情境和社会背景重要性的弊端,因为学习参与从根本上是情境化的社会心理活动——它源于外部背景和个体内部心理的相互作用。

2. 强调学习投入社会中建构的整体论:对个体先于结构性因素的关照

在学习投入研究中,阿斯汀等(Astin,1963)率先关注到背景特征是学习投入尤为重要的影响因素,并从社会心理学角度开发了社会环境输入结果(Input Environment Outcome,I-E-O)模型。随着研究的深入,研究者发现"真实的学习过程是学生通过学术人员的促进,不断地积极构建知识,而不是依靠从老师到学生直接的知识传播(Thomas & Jamieson-Ball,2011)。社会文化论观点侧重于研究更广泛的社会背景对学习投入的影响,尤其是一些理论家们通过社会文化理论框架,探索了学习投入的异化现象——与投入相对立的极端主义的解释(Geyer,2001;Bryson & Hand,2007;Case,2008;Kahu,2013;Barnhadt & Ginns,2014)。代表如曼(Mann,2001)将异化定义为"与一个群体或一个人应该属于的活动隔离的经验状态(being isolated)"①。还有研究者把异化描述为:"(强大的文化冲击让学生)犹如脱离水的鱼(Thomas,2002)。"Christie 等(2008)的研究也得到了相似的结论。因而,研究者认为要考虑高校大学生面临的实际挑战,必须从本体论角度进一步深化参与概念,还有一些研究者从建构主义角度呼吁,高等教育不但要实现本体论转向,教育机构还需要"吸引整个人:学生们已经知道什么,他们如何行动,他们是谁(Dall' Alba & Barnacle,2007)"。于是,诸多研究者对非传统学生群体和不同民族的学生文化进行了探究,结果发现这些学生普遍缺乏文化和学术资本以轻松融入大学文化。社会文化视角提供了关于"为什么"学生在大学里投入学习或疏远学习的重要思想,它首次强调了高校不仅需要考虑成为学生的支持机构,还需要考虑影响学生参与的更广泛的文化、社会和家庭因素。因此,社会文化论在理解学生的投入上增加了一个经常被忽视的,但却是非常关键的环境背景部分。

针对学习投入如何有效实现,Bryson 等(2009)从建构主义角度出发,提出了一个更为全面的定义:"参与的概念包括作为学生的观念、期望和经验以及作为学生的建构",与社会文化论的建构主义方法一致,他们认为大学更应关注"作为"的概念。还有研究者发现参与既是一个过程(机构所做的),也是一个结果(学生所做的,即"学生参与")(Bryson,Cooper & Hardy,2010)。在近几

---

① Mann S J. Alternative perspectives on the student experience: Alienation and engagement[J]. Studies in Higher Education, 2001, 26(1): 7-19.

年的整合论研究中,Kahu(2013)依据当前研究现状,把学习投入内涵分成了行为论、心理过程论、社会文化论以及整体论,并提出了先于结构性影响因素的概念(主要包括社会-文化及学生背景、支持、家庭和生活负荷等方面),构建了一个包括社会文化背景和结构、心理社会影响、学习投入、投入近端和远端的后果六个因素的框架,更明确地将参与的前因和后果与参与的心理社会状态分开①。Kraft 等(2013)基于社会文化和整体变革理论的研究表明,教师和家长是作为影响学生学习投入内在动机和外在动机以及投入学习的主要行动者。Zepke(2015)进一步采用整体性的社会文化生态系统法,强调“学习投入是将课堂、个人背景和更广泛的社区作为学习投入的重要因素的黏合剂”。整体论是学习投入研究理论新的发展动向,揭示了学习投入本质上是一个动态的连续统一体,参与发生在不同的场所,包含了不同的内容。

整体论与行为论等观点更明确的区别是:整体论认识到影响学生参与的一系列因素只是过程,而结果才是学生的学习投入。心理与行为及整体理论为学习投入的复杂结构提供了相异但有用的视角。同时,在学生参与研究中引入家庭背景概念也是多学科研究融合发展的结果,尤其是生态学家布朗芬布伦纳(Urie Bronfenbrenner, 2005)对时间、过程、人和情境四个概念的相互关联性的有力论证:年轻人在多个嵌套的彼此影响的交互系统中成长,他们的发展受到各级人员、程序和机构的影响,从家庭到学校再到社会。布朗芬布伦纳指出家长对学校满意度以及他们与教育成就之间有着重要的关系②。

教育社会学中对家庭背景重要性的认识始于《科尔曼报告》(Coleman, 1966)。虽然有研究者认为大学生必须脱离家庭和高中同龄人才能融入大学社区(Tinto, 1993),但更多的研究表明家庭对大学生的学术参与确实发挥着作用(Jeynes, 2003; Case, 2007; Patall, Cooper & Robinson, 2008; Hill & Tyson, 2009; Van der Meer, Scott & Neha, 2010; Kahu, 2013; Zepke, 2015; Samuel, etc, 2017; Abraham, 2019)。近期基于社会文化和整体变革理论的研究发现,学习投入是大学生学业成绩重要的影响因素,而教师和家长是作为影响学生内在动机和外在动机以及投入学习的主要行动者,家庭是塑造大学生学术期望的重要组成部分(Kraft, etc, 2013; Martin Llanet, 2014; Samuel, etc, 2017)。此外,在大学生学习投入中引入家庭参与还是高等教育快速发展的现实需求。随着大部分国家大学入学人数不断增加,即便是发达国家的大学(如美国加纳大

---

① Ella R Kahu. Framing student engagement in higher education [J]. Studies in Higher Education, 2013, 38(5): 758-773.

② Bronfenbrenner U. Making human beings human bioecological perspectives on human development [M]. Thousand Oaks, CA: Sage, 2005.

学)也存在着众多获得高等教育入学资格的中学毕业生因较多高等教育机构面临资金挑战而无法开始学习的问题，大规模扩招影响了机构和设施服务的能力，使得实验室和实验用化学品、奖学金以及学生补助等学习资源紧缺（Sawyerr，2004），这种情况加剧了家长为学生提供家庭支持的现实必要性。

（二）家庭因素的含义

科尔曼（Coleman 1966）把家庭因素分为经济水平、父母文化程度和社会关系三个方面，目前这一界定已得到国内外教育界的广泛认可[①]。社会学家布迪厄（Bourdieu，1986）对家庭资源也做了类似划分[②]。在学习投入研究中关于大学生家庭因素特征的划分通常包括：家庭文化背景、父母亲职业类型、家庭年收入、学校类型、是否为第一代大学生、性别、族群等（Astin，1989，1991，1993；Richardson & Skinner，1992；Pascarella E T & Terenzini，2005；Pike，Kuh，et al，2013；Mark Berends，et al，2007）。在对美国不同家庭背景的种族群体成就差距的分析中，通常把家庭背景分为父母的教育程度、父母的职业地位及家庭收入三个方面。塞缪尔等（Samuel，et al，2017）也做了类似划分。本文以科尔曼对家庭背景的划分为依据展开阐述。

三、家庭对大学生学习投入的影响研究

虽然有研究者认为大学生必须脱离家庭和高中同龄人才能融入大学社区（Tinto，1993），但更多的研究表明家庭对大学生的学习投入确实发挥着作用（Jeynes，2003；Case，2007；Patall，Cooper，et al，2008；Hill & Tyson，2009；Van der Meer，et al，2010；Kahu，2013；Zepke，2015；Samuel，et al，2017；Abraham，2019）。Gamoran 等（2007）认为无论研究人员的研究重点是什么，持续的研究趋势表明，影响学习成绩的因素中，社会和经济背景是关键，必须评估学生的家庭因素[③]。虽然有效的学习投入教育实践通常会使所有学生受益，但能否产生影响往往是有条件的（Cruce，Wolniak，Seifert，Pascarella，2006；Kuh，et al，2008；Pascarella，Terenzini，2005；Martin，2014），总的来看，家庭因素的影响主要有以下四个方面。

---

① Coleman J S, et al. Equality of Education Opportunity［M］. Washington D C：Government Printing Office，1966.

② A H Halsey, H Lauder, P Brown, A S Wells. Education：Culture，Economy，and Society［M］. Oxford：Oxford University Press，1986.

③ Sirin S R. Socioeconomic status and academic achievement：A meta-analytic review of research［J］. Review of Educational Research，2005，75(3)：417-453.

(一)家庭经济状况

科尔曼(1988)的研究显示,父母双方的社会经济地位会对学生的学业成就产生重大的影响。科尔曼关于家庭社会经济地位对学业成就的影响研究在学界和社会引起了巨大的反响和广泛的思考。同时也在其他学者那里得到了验证。例如,一项有关社会经济地位(Socioeconomic Status, SES)和学生学术成就关系的文献综述(White, 1982),系统整理了 1990—2000 年发表的同类文章。结果发现二者呈现中等至强的 SES-成就关系。Pallavi(2016)汇总了 2005—2014 年以英语发表的 771 项研究的成果[①],进一步确定了与数学和科学成就差异相关的主要是个人、家庭、地区和学校层面的因素[②]。

1. 高收入对大学生学习投入影响研究

人们普遍认为,来自高收入家庭的学生可能在学业上更有准备,在高等教育方面也做得更好(Kuh, 2003),这可能是因为他们的家庭能够将他们送到优秀的学校,并提供必要的学习资源,如电脑、书籍和舒适的学习场所(Pike & Kuh, 2005),这些也是学习投入中必须考虑且非常重要的因素(Perna, 2000; Samuel, et al, 2017)。一项叙事研究发现,来自高收入家庭的参与者更关心的是遵循其家庭成员的生活轨迹:"我的父母已退休,他们有大学学历,而我的哥哥姐姐在他们的职业生涯中表现很好。所以,他们对我有一种好的期望。"可见,高收入家庭学生希望证明他们能够达到家人的标准,因为高社会背景向学生发出一定的信号:成功是正常的,所有家庭成员都应该这样做(Morley & Lussier, 2009)。值得注意的是,富裕家庭也可能成为学生参与的障碍,因为这些学生可能获得更多的钱,为其提供参与社交活动的机会,同时却分散了他们的学习注意力。大学生学习和社交是应当均衡的,但过分强调社交活动可能会使学生疏远学业,反过来会影响学业成绩。Kuh (2007)的研究发现,社会经济背景、经济水平状况和家庭支持在很大程度上影响一个人是否会获得证书或学位[③]。

此外,家庭收入不同,使学生的课外学习情况也存在一定差异。柏瑞(Bray

---

① Sirin S R. Socioeconomic status and academic achievement: A meta-analytic review of research[J]. Review of Educational Research, 2005, 75(3): 417-453.

② Pallavi Amitava Banerjeel. A systematic review of factors linked to poor academic performance of disadvantaged students in science and maths in schools. http://dx. doi. org/10. 1080/2331186X. 2016. 1178441, 2016.

③ Kuh G D. How to help students achieve[J]. Chronicle of Higher Education, 2007, 53(41): 12-13.

& Mark)认为,比起中等收入家庭和低收入家庭,能够提供更多更好的辅导①。还有学者认为,辅导活动的质量存在地域差异,城市地区比偏远农村地区在质量上更高,学生更容易获得。在肯尼亚竞争激烈的教育体系中,布克曼认为"影子教育"(Shadow Education)是一种文化资本的形式,相比其他弱势群体的儿童,来自富裕家庭的肯尼亚儿童更有可能参加除学校外的教育活动,如辅导和校外考试准备课程②。

2. 低经济水平对大学生学习投入的影响研究

家庭是学生学业资金的主要来源,家庭未能提供资金的后果可能是可怕的(Atuahene, 2012)。显而易见,家庭提供的财政支持减少了学生从事有偿工作以满足其经济需求的时间。John 和 Cabrera 等(2000)的研究发现,学生的经济需求得不到满足,那么学生就会产生一种心理压力,迫使他或她将注意力从学术转移到货币问题上。同样的,Krause(2005)的研究也发现,占调查比例57%的学生认为有偿工作干扰了他们的学习。当学生不确定是否可以支付费用来时,很可能失去投入学习的时间和动力(Morley & Lussier, 2009)。正如一位学生所说:"我没有精力考虑如何改善我的学习,而是专注于如何获得资金来支持自己的生活。"另一位学生则强调:"专心投入学习对我来说并不容易,因为发生的与经济有关的一切都让我感到恼火。"(Samuel, 2017)。一项对美国大学生学习投入的研究发现,收入不平等的现象正在加剧,家庭收入越来越能预测学生的教育机会和成就(William F & Arsenio, 2013)。

由于坚信高等教育是改善经济条件的潜在途径,所以许多低收入背景的大学生积极争取入学(Morley & Lussier, 2009;Swain & Hammond, 2011)。获得大学学历的经济前景,使高等教育成为改善低收入个人及其家庭生活的主要渠道,来自低收入家庭的父母鼓励他们的孩子通过努力学习以在经济上独立。一项针对拉丁裔社区大学生文化资本和文化财富状况的研究提出,经济支持和援助很重要,对低收入家庭更重要(Martín, 2014)。Abraham(2015)对精英大学里不同阶级、文化资本与学习投入的关系进行分析时,把低收入家庭学生分为"特权穷人"(Privileged Poor, PP):低收入,通过参加政府资助的流动项目从资源丰富的高中进入大学)和双重弱势群体(Doubly Disadvantaged, DD):低收入,留在家庭社区或附近上学)。双重弱势群体经历了更具破坏性的大学过渡:一

① Bray Mark, Blurring Boundaries. The growing visibility evolving forms and complex implications of private supplementary Tutoring [J]. Orbis Scholae, 2018(4):61–67.

② Buchman Claudia. Getting ahead in Kenya:Social capital, shadow education, and research [J]. The Sociology of Education, 2002(13):133–59.

名大一学生(PP)形象地比喻说,"我除了感觉还在同一个国家,(精英)大学的一切对我构成了强烈的文化冲击。"一位大四学生 Shaniqua(DD)说:"在上大学之前,因为艰苦的环境形成的过度自我保护导致我在大学里无法适应新的环境,直到大三认识了一位教授才有些改善。"即使双重弱势学生深知同龄人因与大学权威建立良好关系获得了诸多益处,但学生坦言他们仍与教师的互动较少,此类学生比例并非少数。家庭经济水平状况除了直接影响学生的学习参与条件外,也间接影响了家庭文化资本的差异。

(二)家庭文化水平

科尔曼(1966)认为,文化资本是社会各阶级和个体所拥有的知识、技术、气质以及文化背景的总和。拥有较多文化资本的父母,通常会更加重视子女接受教育的情况,可以通过言传身教和家庭文化氛围,使子女养成较好的学习习惯,进而使其子女接受更多更好的教育。同时,布迪厄(Bourdieu,1977,1986)将文化资本解释为可交换的教育水平,如乔治城大学的教育和劳动力中心报告了教育与劳动力市场需求之间的关系,结果表明大学学历的终生收入估计比只有高中文凭的学生高出 75%(Carnevale,Rose & Cheah,2011),于是学士学位的价值与其在社会中的资本功能之间的紧密联系被视为不争的事实,学士学位的获得成为许多人的追求目标。Yosso(2005,2006)对家庭资本进行了深入研究并建立了社会文化模型框架,Yosso 把家庭文化资本描述为依赖深层家庭关系的文化习俗和知识形式,这些资本使得家庭成员能够围绕情感、教育和职业意识共同建构并维持家庭感情。可见,家庭文化资本既是学生早期文化资本的根源,还对学生一生的发展发挥着尤为重要的潜在作用。为建立一个欧盟教育体系的公平指标,一项由六个国家(英国、比利时、法国、瑞士、意大利和西班牙)组成,以欧洲委员会(Européende Recherche surl Equitédes Systèmes Educatifs)为名的跨学科研究团队发现 PISA(Program for International Student Assessment)能力的实现与文化资本(父母的受教育水平和职业地位)有较高的相关性[①]。一般说来,家庭的文化资本主要包括父母的受教育水平、父母参与、父母支持及父母期望等方面。

1. 父母受教育水平的影响

父母受教育水平直接影响着家庭的文化环境。正如 Case(2007)所说,家庭可以作为一个重要的学习资源,例如,父母接受过大学教育的学生可以通过与

---

① Luciano Benadusi. Education equality indicators in the nations of the European union//R Teese, S Lamb, M Duru-Bellat[M]. International studies in educational inequality:Theory and policy, 2007:152-188.

父母讨论他们的学习来获得一定的学术帮助。当前第一代和第二代大学生是一个衡量父母教育水平的普遍标准。大学生人数在急剧增加，很多"新"学生是他们家中第一个上大学的人（Carnevale & Fry, 2000）。但第一代学生中与在大学里成功的人的数量却不成比例①。Terenzini 等（1996）建立多元回归方程分析发现非第一代大学生的阅读理解能力更好，并且课程投入和师生互动对阅读能力的提升具有更重要的积极影响。Kuh（2009）借鉴 Astin（1970）的（I-E-O）投入概念模型和 Pascarella（1985）的环境影响模型，通过对全国大学生体验问卷（CSEQ）分析也得到类似结果，第一代大学生的课程学习参与显著低于第二代大学生，知识与家庭教育背景的差距使得第一代大学生在课程参与中缺乏更多的自信心，对于教师提出更高挑战度的课程难以应对。进一步研究发现，因缺乏文化资本，第一代大学生在情绪上与教师沟通不畅以及"难以充分理解教师对学生的期望"（Collier, Morgan, 2008）。家中第一个上大学的人是由于没有参与广泛的学术和社会活动而备受研究者关注②。还有学者发现，文化资本差异在精英大学中最为明显（Mullen, 2010; Binder&Wood, 2013; Abraham, 2019）。工薪阶层本科生因文化冲突增加了学业压力（Stephens, et al, 2012），增加了他们的孤立感（Aries, 2008），威胁到他们的学术身份（Collier & Morgan, 2008），削弱了学业成绩和坚持不懈的动力（Pascarella & Terenzini, 2005; Pike & Kuh, 2005; Terenzini, et al, 1996），并且可能导致他们退出校园生活（Bergerson 2007）。一项为期40年的描述学生家庭背景（父母的教育程度，家庭收入和母亲的工作状况）和家庭结构（家庭规模、母亲年龄和单身母亲家庭）与数学和阅读成绩关系的调查研究得到了同样的结论（Gamoran, A & Long D A, 2007）。Roberto Fini（2007）的研究也发现父母所获得的正规教育水平与子女所接受的正规教育水平之间有很强的直接关系，并且发现义务教育似乎只是部分地弥补了学生之间的文化和家庭背景差异③。

布迪厄（1986）认为，学校领域的代理人（即校长、教师、学生和家长）争取的是文化资本（例如，知识和证书），因为文化资本可以在社会和经济资本的其他领域兑现（例如，职位和奖励）。Annette L（2000）展示了中产阶级父母的优越性，因为他们理解教师的"诊断和教学语言"以及为儿童设置的课堂学习任

---

① Pike G R, Kuh G. A typology of students engagement for American colleges and universities[J]. Research in Higher Education, 2005(46): 185-209.

② Kuh G D. The national survey of student engagement: Conceptual and empirical foundations[J]. New direction for institutional research, 2009(141): 5-21.

③ Roberto Fini. Education and Social Selection in Italy. R Teese, S Lamb, M Duru-Bellat. International studies in educational inequality: Theory and policy, 2007: 423-444.

务，他们自信地与其他受过良好教育的人(包括专业人士)建立联系，他们与教师的社会地位相同，并且对与教师的关系充满信心，包括在干预学校和课堂问题方面的合法角色。虽然大部分研究者认为受过良好教育的父母能够为大学生提供指导，然而，Paulette B 和 Romney(2012)的研究发现，非洲裔美国男学生的学习参与并不依赖于父母的大学教育水平，但是拥有支持学生努力和学习投入的支持性家庭结构(家庭可以提供"安全、情感、感情和指导"等支持)，以及父母主动获得其所需信息的男学生，拥有更高的参与度、学业坚持性及大学成功率；同时，还可以更有效地摆脱街头毒品、帮派活动、犯罪的危险环境等有害的生活方式。因此，他们呼吁应该努力鼓励非洲裔美国男性学生将家庭纳入他们的教育过程①。

　　在应对策略研究中，鉴于大量拉丁裔学生进入具有高转移意愿但却只有低转移率的社区学院，为了填补低收入学生文化资本和文化财富的不足，Martin(2014)采用案例研究法探讨了加利福尼亚大学夏季新生过渡(Summer Intensive Transfer Experience, SITE)中的低收入拉丁裔/第一代社区大学生在参与该计划之前、期间和之后如何描述其社会/文化资本和文化财富，研究结果对 SITE 的影响产生了压倒性的积极反应。计划完成后，参与的学生均表示对自己在学业上取得成功的能力更有信心，同时也了解了他们成功所需的文化信息。Goldstein A (2016)则通过父母养育方式分析了家庭对现代犹太社区青少年学业的影响。通过收集 541 份关于个别青少年的家长反馈发现，家庭凝聚力、平衡性与学生学业成就、社会融合或隔离、犯罪风险呈现出了相关性，建议父母、教育工作者和负责教育培养现代青少年领域的其他从业者应采取相应措施。

　　2. 父母参与对学习投入的影响

　　父母参与是指父母对子女的日常学习活动感兴趣，愿意了解并积极参与其学业的程度。尽管有些管理者坚持，大学生应该自己处理好各种挑战，而不是依靠父母支持(Sanford, 1962)，因为父母可能会通过为学生提供过多的支持来扰乱这种平衡(Taub, 2008)。Sax 和 Wartman (2010)的研究也发现学生事务管理员担心父母的参与会对学生的发展产生负面影响(Savage, 2003; Taub, 2008)。然而，父母参与对学生学业成就具有积极影响的看法文献数量更占优势(Hill & Tyson, 2009; Patall & Cooper, et al, 2008; Brannan, et al, 2013; Nielsen & Newman, et al, 2016)。教育决策者和研究人员已经认同，父母的参与是儿童学业成功的关键因素之一；积极参与孩子教育的父母被认为可以促进

---

① Paulette B Romney. Aspects of the student engagement of African American Men in community college Romney Glenda Prime[D]. Morgan State University, 2012.

孩子在社交、情感、生活及学术诸方面的成长（Green, et al, 2007；Graves, et al, 2011）。Mulkey 等（1992）对高中及以上学生分析的综合研究结果显示，单亲家庭学生的考试成绩显著低于双亲家庭，母亲或父亲缺勤都会降低学生的成绩，特别是父亲的缺席具有极为负面的社会化影响，对男孩尤其有害（Biblarz, Raferty, 1993）。在家庭对大学影响的模型研究中，Astin（1968）的"I-E-O"结构被认为是最早具有影响力的模型。Weidman（1989）则在本科社会化模型中更明确地阐述了父母的角色。接着，Kellaghan 等（1993）将父母的参与分为五个主要领域：①家庭的工作习惯；②学术指导和支持；③激励探索和讨论思想事件；④语言环境；⑤学术期望。于是有研究者将"家庭背景"确定为对大学成功的四个层面的影响因素之一（Perna & Thomas, 2008），因而在研究上专注于大学生所经历的"变革的过程和根源"。Wartman（2010）则基于学生背景的社会文化因素制订了学习投入模型。Hornby 等（2011）则对父母参与阻碍因素做了系统分析，他们认为父母和家庭、儿童、家长与教师以及社会层面四个领域阻碍了有效父母参与 PI（Parental Involvement）的发展。Hornby 等还进一步介绍了这四个维度：①父母和家庭因素：主要指父母对 PI 的看法，父母当前的生活情境，父母对参与邀请的看法，以及阶级、种族和性别；②儿童的因素：重点关注年龄、学习困难和残疾、礼物和才能以及行为问题；③家长教师因素：主要是两者交流的过程、态度和使用的语言；④社会性因素：包括历史、人口问题，政治问题和经济问题①。该模型对教育专业人员的职前教师教育和专业发展课程，以及确定未来 PI 的研究领域具有重要参考价值。

父母参与是一个受到广泛关注的研究领域。在有关父母参与的研究中，部分研究者关注了另一类参与趋势：极端的父母参与行为，即父母对后代的大学生活表现出特别的兴趣，并主动获得较多有关大学的信息②。事实上，当前大学生的父母与子女保持着密切联系（Coburn, 2006；Taub, 2008；Nielsen & Newman, et al, 2016）。根据 2007 年美国学生参与的调查（NSSE）发现，70%的学生表示他们在学习期间"经常"与至少一位家长或监护人沟通。Johnstone（2005）对父母参与趋势进行分析发现，不断上升的大学成本导致了父母更多的参与，因为父母更频繁地帮助他们，为子女的教育提供资金并承担这些成本增加的负担。信息技术的普及为学生和家长提供了更多的交流方式，这也促成了父母参与的增加。同父母和大学生之间的关系变化一样，学生和学校之间以及

---

① Hornby G, Lafaele R. Barriers to parental involvement in education: An explanatory model[J]. Educational Review, 2011(63): 37-52.

② Smart J. Higher Education Handbook of Theory and Research[M]. Spriager Netherlands 2010.

家长和学校之间的关系也发生了变化：学生-家长-学校的动态关系已经从父母期望大学照顾他们的孩子发展到父母与大学有了直接关系（Henning，2007）。Samuel 等（2017）有一个有趣且令人惊讶的发现，超过一半的参与者认为家庭监督他们学业成绩的情况会直接影响他们的学习参与。例如，参与调查的一名学生说："我的父母不要求了解我的成绩单，让我觉得不用对任何人负责（City Campus）。"另一个学生表示："我的父母对我的成绩有要求，所以我努力学习（City Campus）①。"从大多数情况看，当学生觉得他们的学业进步没有被他们的家庭监控时，他们往往在学习上投入的精力也较少。

3. 父母支持对学习投入的影响

现有的教育研究表明，学生的家庭状况可能决定他们从家庭获得的支持水平（Kuh，2007；Kahu，Stephens，Leach & Zekpe，2015；Kahu，2016；Mark B，& Samuel，2017）。已有文献把社会支持分为四种类型：情感、评估、信息或工具。其中，情感支持是指提供诸如爱、关怀和信任等资源，以支持接受者的感受和自我评价为目标；评估支持是针对支持接受者而改变的应变性评估；工具支持提供有形资源，如时间或金钱；信息支持是提供旨在帮助支持接受者避免压力的信息或建议（Cohen，et al，1981）。French（2018）通过对当前文献中工作和家庭支持的来源所做的 META 分析发现，情感和工具支持是家庭支持文献中最为常见的社会支持形式，主要是因为这两种支持的重要作用②。父母参与在教育中是一个受到广泛研究的领域。过去的研究发现，父母参与和自主支持的观念与学业成绩呈正相关（Grolnick，Ryan，et al，1991；Soenens & Vansteenkiste，2005；Roksa，2019）。较高的父母参与感与较高的标准化成绩分数相关，较高的教师评价能力和较好的学业成绩相关（Grolnick，et al，1991；Grolnick，Slowiaczek，1994）。父母低水平的教育和文化与儿童和青少年的一些不良后果相关。Wong M（2008）探讨了父母参与和父母自主支持是如何与青春期的三种心理社会结果（即学业表现、破坏性行为和物质使用）相关联，更高水平的感知父母参与和自主支持以及更多的自我调节，预示着所有学生都会有更高的成就。Jennifer Chen（2005）对教师和同伴的学业支持与香港青少年学业成就的关系进行研究发现，教师的支持对成就最为强烈，其次是父母的支持。此

---

① Asare S, Nicholson H, Stein S. You can't ignore us: What role does family play in student engagement and alienation in a Ghanaian university? [J]. Journal of Higher Education Policy and Management, 2017, 39 (6): 593-606.

② French K A, Dumani S, Allen T D, Shockley K M. A meta-analysis of work-family conflict and social support[J]. Psychological Bulletin, 2018, 144(3): 284-314.

外，学生对父母支持和教师支持的感知都与学业成绩直接相关。然而，学生感知到的教师支持对学生成绩的贡献最大（分直接感知和间接感知）。Martin（2014）关于家庭经济活动贯穿在大学生入学欢迎活动、学习中间、毕业典礼、举办专题研讨会等方面的研究也得到了类似结论。Samuel 等（2017）的研究也表明各种支持对大学生的参与有很大的影响。

在所有的支持中，情感支持一直被认为是对大学生培养应对高等教育学习挑战能力上极为重要的一个方面（Nielsen，Newman，et al，2016）。与家人关系密切的学生更有可能完成课程并取得更高的成绩和学术成果（Tian，Benrong，et al，2013）。一项针对伊朗、约旦和美国的跨国研究表明，家庭的鼓励、关怀和共情与大学生的快乐和动机有较大相关性（Brannan，et al，2013）。Roksa（2019）的研究结果表明，家庭情感支持有利于促进学生取得学业成果，因为它可以促进学生心理健康与更好的学习投入①。大学阶段的学生正处于成人早期——脱离家庭的阶段（17~22 岁），也是埃里克森人格发展中的亲密感对孤独感时期（18~25 岁），多给予大学生情感支持非常必要，特别是处于刚入学阶段的大学一年级新生。

4.家庭期望对学习投入的影响

高等教育被认为是改善经济条件的潜在途径，所以人们期望那些在经济上取得成功的大学生能够支持他们的父母、兄弟姐妹及其他亲属（Morley & Lussier，2009）。Singh 等（1995）的研究发现，父母的抱负和成就与学生的学习投入有着最强烈的积极关系。对父母参与的综述分析发现父母参与和孩子学业成功之间有关系，其中父母对教育的期望和信念是最重要的因素。第五届面向当代世界问题的教育（EDU-WORLD 2012）的国际会议（Relationship between Parental Involvement/Attitude and Children's School Achievements）对家庭中父母和子女关系分析结果显示，父母对子女学习成绩的高度和明确的期望、父母与子女之间关于学校活动及未来计划的交流都与学生的学业成绩高度相关。Samuel 等（2017）的研究也发现，学生投入学习的时间和精力受家庭期望、社会支持（经济和情感）和学业成绩监督三个主要因素的影响。占调查总数 77% 的参与者强烈同意他们的家人对他们有很高的期望，且 76% 的参与者认为这些期望对他们的参与有很大的影响，同时，还有的研究发现家庭对女儿的期望要高于儿子。

---

① Roksa J，Kinsley P. The role of family support in facilitating academic success of low-income students [J]. Research in Higher Education，2019，60(4)：415-436.

(三)家庭的社会关系

1. 社会关系(资本)的概念

科尔曼(1988)认为,一个人的行为是由社会背景决定的,而不仅仅是由他们可获得的财力和人力资源决定的。社会资本可以帮助学生获得其他有形和象征性的资源,如人力资本或教育;还可以帮助学生获得文化资本形式,或社会和文化选择过程的文化信号(如大学录取)。Coleman(1988,1989,1990)和Bourdieu(1977,1986)则认为家庭是社会资本的重要孵化器。布迪厄还将文化资本描述为具体化、客观化或制度化,在某些条件下可以转化为经济资本的文化产品,并可以以教育资格的形式制度化(Bourdieu,1984;Lamont & Lareau,1988)。根据布迪厄社会学理论,任何社会实践都可以通过以下公式来解释:

$$(Habitus)(Capital) + Field = Practice$$

习性(Habitus)是一种通过不同生活方式的经验获得的倾向系统——家庭、学校和更广泛的社会、经济和政治环境。资本(Capital)可以被视为经济、文化和社会资本。社会资本则由网络组成:与具有社会声望的人建立联系,可以通过获得高贵的头衔或承认社会阶层中某些社会群体的成员来制度化[①]。Frank Yasimoto(1998)的研究也发现,影响学生学业表现的是父母与子女之间以学术为导向的互动的数量和质量、他们的人际关系、家庭结构以及更广阔的社区背景(Mullis,Rathge & Mullis,2003)。

2. 世界各地高校的文化资本差异

阶级是人类社会发展到一定阶段的产物,阶级对高等教育的影响是否存在国别差异,各国研究者对此展开了分析。Lee T (2014)通过对香港教育学院的通识学科(Liberal Studies,LS)分析发现,中产阶级和工人阶级之间基于阶级的成就差距持续存在于 LS 中,LS 中工人阶级和中下阶层之间差异似乎不那么明显。Lee 进一步探索发现,通过教育项目"代码转换"功能,一小部分中产阶级学生最有可能有效地理解和参与教学方法。该结论支持伯恩斯坦(Bernsteinian,2000)对教育语境以掩盖的方式维持中产阶级的教育特权的结论。

Diane(2007)认为,社会阶层的棘手问题在英国高等教育和义务教育中一样普遍存在着,并且已经从外部排斥转变为内部隔离甚至两极分化。然而,精

① Bourdieu P. Cultural reproduction and social reproduction//J Karabel, A H Halsey. Power and Ideology in Education[M]. New York: Oxford University Press, 1977.

英大学规模的扩大和参与计划迄今为止变化很小①。一项关于美国社会和文化资本与学生学习持久性之间的研究显示，二者在总体上呈正相关，社会资本和文化资本是可用于分解社会阶层进行定量研究的有价值的结构②。最新的研究加强了对高等教育中文化资本的关注。例如，Byrd（2017）撇开社会阶层的流动性亦或谁是中产阶级（或更高阶层）问题，以"常春藤中的毒药（Poison in the Ivy）"为题，通过以接触理论为原则对 28 所大学的系列统计分析发现，大学四年不仅仅是让学生在毕业后获得更高的薪水，还塑造了学生对自我及大学毕业后进入劳动力队伍之前对种族和不平等的看法。对此，伯德发出了严肃而发人深省的呼吁："无论是作为学生、职员还是教员，都应该注意，如果高校不齐心协力重塑自我，我们将继续看到，从这些机构毕业的学生只会让种族问题永久化，且不仅仅是种族问题，在未来几代人当中，高等教育在助长这种不平等方面也会继续发挥作用。"③

（四）与家庭相关的其他因素

1. 关于家-校交往研究

在家-校联系研究的早期，Bittle（1975）的小规模研究发现，教师-家庭沟通可以提高学生的学习动机、效率及参与度，并最终提高学业成绩（Bittle，1975；Chapman & Heward，1982）。Shirvani（2007，2007）对德克萨斯州四个代数课程的小规模研究也得到了类似结论。Epstein（1987）和 Comer（1995）区分了两种特定类型的父母参与：以家庭为基础的策略，例如在家庭学习和教育方面提供支持，以及以学校为基础策略，例如与老师沟通或参加学校活动。除了父母的教育和经济因素之外，Friedman 等（2006）在美国进行的研究报告提出，有三个显著因素可以预测父母对孩子的满意度：①学校和教师的沟通以及与家长的关系；②学校资源，包括建筑物、图书馆和教科书；③学校领导。Matthew 等（2013）的现场随机实验研究结果明确表明，正式和频繁的教师-家庭沟通可以对学生学业成就产生直接影响④。

---

① Teese R，Lamb S，Duru-Bellat M，Helme S. International Studies in Educational Inequality，Theory and Policy［M］. Springer：2007.

② Wells R. The effects of social and cultural capital on student persistence：Are community colleges more meritocratic？［J］. Community College Review，2008，36（1）：25-46.

③ Abraham J A. Poison in the ivy：Race relations and the reproduction of inequality on elite college campuses［J］. Contemporary Sociology，2019，48（3）：292-293.

④ Matthew A Kraft，Shaun M Dougherty. The effect of teacher-family communication on student engagement：Evidence from a randomized field experiment［J］. Journal of Research on Educational Effectiveness，2013，6（3）：199-222.

诸多研究表明,家庭对学校和教师的看法可以在年轻人的教育中发挥重要作用。在大多数情况下,良好的学校-家庭关系会为年轻人带来积极的成果。Gibbons 和 Silva(2009)的研究使用英国年轻人的纵向研究(LSYPE)数据来检验父母满意度,父母通过对子女学校的教育质量和子女自身的判断的教育回顾(Educational Review)带来的快乐和满足感,也影响了学生整体学业成绩。同样,来自英格兰青年纵向研究的 10000 多名学生的数据表明,虽然积极的学校-家庭关系是成就的预测因素,但这种关联是通过父母对孩子的满意程度来调节的。因此,学校加强与家庭关系和提高家长满意度的做法可以为所有年轻人(包括来自贫困家庭的年轻人)带来好处。Goodall(2014)通过文献分析提出,父母参与学校(教育)与父母参与学生(学习)是一个连续统一体,所以,父母和学校在连续互动中应发挥不同作用①。于是,有研究者将注意力转向了家-校交往的对策上。Mahuro(2016)基于家长参与提高了学生的学业成绩的研究结论,呼吁教育管理部门考虑建立吸引父母参与乌干达教育系统的机制,并建议这种机制将包括以清晰简洁的语言去概述家长参与的具体内容,为家长参与学校活动创造机会,并鼓励与其他教育利益相关者积极互动②。家庭背景的影响隐蔽却深远,高等教育管理中对家-校合作的探讨将越发得到关注。

2. 关于性别、民族与区域

高等教育中几乎没有什么比种族之间的学习参与和成就差距更难解决的③。白人学生在入学率和学业成绩上始终遥遥领先于非洲裔美国人和西班牙裔大学生(Bailey, et al, 2005;Cook & Cordova, 2006)。非洲裔美国人和西班牙裔大学生的学业风险通常比白人高,他们更有可能成为家庭中第一个上大学的人(Bailey, 2005),他们更有可能在开始上大学之前,因准备不足而需要经济援助,他们也更有可能面临体制和文化障碍(Harris&Kayes, 1996;Zamani, 2000)。他们在成绩、毅力和目标达成方面的成绩也低于非少数族裔(Price, 2004;Swail, 2003)。尽管少数民族地位与学业成绩之间存在负相关,但诸多报告表明,与白人相比,非裔和西班牙裔学生在大学中的参与程度始终比白人更高。

① Goodall J, Montgomery C. Parental involvement to parental engagement:A continuum[J]. Educational Review, 2013, 66(4):399–410.

② G M Mahuro, N Hungi Stephen Lamb. Parental participation improves student academic achievement:A case of Iganga and Mayuge districts in Uganda[J]. Cogent Education, 2016(3):1.

③ Greene T G, Marti C N, McClenney K. The effort-outcome gap:Differences for African American and hispanic community college students in student engagement and academic achievement[J]. Journal of Higher Education, 2008, 79(5):513–539.

研究非裔美国女性和男性之间学业成就差异的文献也较多（Anderson，1988；Borden，Brown，etc，2007；Coker，2003；Shannon，2006；Samuel，2017）。研究发现，女性学生承受更多的压力，年龄也是一个重要的压力因素（Lorraine，2000）。来自美国的一项研究表明，女性比男性往往更有可能获得家庭支持（Samuel，2017），在大学生学业中，父母的接触和参与对女性学生作用最为明显（De'Sha S & Wolf，et al，2009）。类似研究中，Pedersen 和 Daphne（2017）根据自我决定理论研究学业动机、平均成绩点以及对大学的满意度之间的关系，发现当大学生家长培养子女自主权时，即当他们鼓励成年子女做出自己的决定、选择课程作业、预算资金并主动处理学术和人际关系问题时，女生们对大学生活更满意，男生的表现并不显著①。性别差异在世界各国持续存在，性别仍然是该领域横向教育不平等的最重要预测因素。特别是女学生在数学和科学教育中的参与滞后②。Bahr（2010）通过分析俄罗斯高等教育的横向分层探析大学生性别差异以及对收入和就业机会的影响发现，横向维度的性别差异并未缩小，反而在不断扩大。Rupinder（2016）采用多元回归对 2008 年全国大学生参与调查（NSSE）展开研究，对来自 13 所大学的数据二次分析后，确定了年龄和种族是护理专业学生参与的重要预测因素③。

鉴于人口数量和种族的考虑，非裔和拉丁裔持续在教育研究中得到广泛关注。拉丁裔（Latinas/Os）是美国人口增长最快（Abraham，2015），也是美国最大的少数民族（Martin，2014），在 2018 年占全国人口总数的 17.4%，人口统计学家表示，过去十年中 65% 的人口增长归功于西班牙裔（Taylor & Cohn，2012），目前西班牙裔占美国人口的 17%，但 25 岁及以上人群中只有 14% 持有学士学位（美国人口普查，2012）。较多文献认为制度障碍是造成许多少数民族大学生教育水平差距的潜在重要因素（Harris，Kayes，1996；Zamani，2000；Abraham，2015）。

近几十年来，在许多发达国家，女性受教育程度和成就水平与男性同等或超过男性。非裔美国女学生的学业成绩水平远高于非裔美国男学生（Ferguson，2010）。不少研究者认为，长期以来，有色人种学生的历史、经历、文化和语言在正规教育环境中被贬低、误解或遗漏是造成他们在教育上处于劣势的主要原

① Pedersen D E Parental autonomy support and college student academic outcomes[J]. Journal of Child and Family Studies，2017，26(9)：2589-2601.

② R Teese，S Lamb，M Duru-Bellat. International studies in educational inequality：Theory and policy [M]. Springer：2007.

③ Rupinder K. Characteristics engagement and academic performance of first-year nursing students in selected Ontario universities[D]. University of Toronto，2016.

因。伯纳尔对此使用批判种族理论（CRT）和拉丁裔批判理论（LatCrit）来表明应该如何认识作为知识的持有者和创造者的有色学生。在过去的几十年中，黑人和拉丁裔学生在缩小少数民族–非少数民族考试成绩差距方面取得了相当大的成就。此外，不同家庭背景的大学生还存在区域差异，有研究者对北卡罗来纳州来自农村和城市高中的非裔美国学生的家庭结构与学业成绩水平关系研究发现，来自农村高中非裔的美国女学生，无论家庭结构如何，其学业成绩水平都高于城市非裔美国女学生。关于家庭参与和大学生学习投入的研究正在如火如荼展开，国家之间的合作也在日益加强。

四、研究启示

自20世纪90年代，源于美国对教育质量问责的NSSE问世以后，众多其他国家的学习投入调查如雨后春笋般相继展开，学习投入（学习参与）的研究不断深入，无论是在概念解读、影响因素还是在研究方法上都有了新的突破。学习投入研究是教育理论不断发展的体现，预示着现代教育发展的新方向。随着社会经济和文化的不断进步，学习投入研究将产生符合未来社会环境的新内涵，比如，在影响因素上，采用以学生个体为中心，融合社会、家庭背景对投入过程进行研究的新做法。纵观已有文献，学习投入研究已突破单一的教育研究视角和方法，融合多学科，系统化解释学习投入的概念、过程和结果，以有效推进学习投入的实现。

（一）学习投入的内涵：知识在环境中建构

自泰勒首次提出学生学习"任务与时间"概念以来，学习投入内涵不断完善。当前研究已从一维的学习投入概念解读拓展到对投入发生的多维影响因素进行系统剖析，从关注投入行为与内部心理过程，发展到采用系统和整体的方法对学习投入的情境和外在社会环境特别是对社会文化和个体家庭背景的分析，以寻求理解学习投入在每个维度的相互关联性。

在高等教育文献中，早期研究关注学习投入行为和实践，即"学生投入到教育上有目的的活动的时间和精力"，将学习投入定义为"学生参与的活动和条件"（Coates，2009）。显然，行为论只解释了学习投入的复杂和多维图景的一部分，在研究学生投入的文献中占主导地位的心理学观点一定程度上解决了这个问题。心理观点认为，参与是一种包括行为、认知和经常被忽视的学习体验伴随着的情感强度，心理过程论明确了学习投入的前因及其后果相关的状态。然而，心理过程论对三个维度定义的区分模糊，且仅限于个体内部心理，事实上，学习投入源于外部背景和个体心理的相互作用。整体系统论真正实现了对社会和家庭背景的关照,"学生通过学术人员的促进,通过更积极和真实的学习过程来构建知识,而不是依靠从老师到学生直接的知识传播。"(Thomas & Jamieson-Ball, 2011)学习投入的异化研究进一步启发研究者对社会背景中学生角色的思考。建构主义和本体论进一步深化了学习参与概念(Barnett & Coate, 2005;Dall' Alba & Barnacle, 2007),教育机构还需要"吸引整个人:学生们已经知道什么,他们如何行动,他们是谁?"整体系统论更加强调机构不仅需要考虑成为学生的支持结构,还需要考虑影响学生参与的更广泛的文化、政治、社会和家庭背景的作用(Lawrence, 2006)。Kahu(2013)提出了先于结构性影响因素的概念(其中包括社会文化及学生背景、支持、家庭和生活负荷等方面),更明确地将参与的前因和后果与参与的心理状态分开。近几年,不少研究采用整体性的社会文化生态系统法,强调"学习投入是将课堂、个人背景和更广泛的社区作为学习投入的重要因素的黏合剂"(Zepke, 2015)。生态系统论研究发现年轻人们在多个嵌套的彼此影响的交互系统中成长,从他们的家庭到他们所在的学校再到社会,其中家长对学校的满意度以及他们的教育成就有着重要的关系。因此,时至今日,学习投入内涵的转变使得教育质量监督部门、学校和教师更加关注外部环境和社会、家庭背景因素对学生学习投入的影响,从以学生为中心的本体论、生态系统论和建构主义方式去理解学习投入的内涵成为客观趋势。

(二)家庭与大学生学习投入实践:以高校为中心协同改革

然而,由于学习投入研究尚处于初步阶段,目前各国高等教育领域对家庭背景的研究成果均显著少于对大学前阶段的研究成果,但相关研究正处于不断增长的趋势。大学生教育需要凝聚全社会、每个家庭的力量去齐心协力、共同营造大学生学习成长的空间。《科尔曼报告》引发了教育界对家庭背景价值的空前关注。自20世纪90年代,继Astin提出的学习参与模型(I-O-E)阐释了家庭文化、父母亲职业类型、家庭年收入等背景的作用后,关于家庭背景与学习投入关系的研究不断涌现,研究者对来自不同经济、文化和社会阶层以及不同民族的大学生在学习参与和学习成就之间的相关性展开了大量研究。然而,大学生学习投入行为发生的环境是学校,学习投入的有效实现离不开大学生当前所在的高校的有效改革。Astin认为学生参与深受院校之外的家庭等外部环境因素的影响,但院校学术、社会系统构成了学生投入所处的内部环境,对学生投入起到关键作用。美国学者海纳曼(Heyneman, 1983)等对世界上29个国家学生学业成就的影响因素进行了分析,他们认为学校和教师质量对学生的学业成绩影响最大,而且国家的经济发展水平越低,学校和教师质量对学生的学业成绩的影响越大①。Kraft 等人（2013）基于社会文化和整体变革理论的研究表明，学习投入是大学生学业成绩重要的影响因素，而教师和家长是作为影响学生内在动机和外在动机以及投入学习的主要行动者发挥作用。在进一步推进大学生学习投入的有效实现的过程中，高校自身积极改革是未来教育发展重要的一环。

在大学中取得的学习和学术成就方面的成功，还取决于师生互动的质量和数量（Pascarella & Terenzini，2005）。对于学校教育改革实践，有人说大学必须考虑到本科生文化资源的情况不同，这样才可以带来更有效的干预措施，特别是帮助最弱势的大学生顺利从中学过渡到大学（Fiske，2010；Stuber，2011），还有人建议通过在学校建立结构（如脚手架的建议，scaffold-advising），将学生融入教育支持性网络。为了解更多关于学校与家长以及学生"家庭和大家庭（社区）"之间的互动情况，新西兰教育评估办公室（ERO）对 200 多所学校进行了外部评估，发现领导力、学校文化、伙伴关系、社区网络和沟通对加强参与至关重要②。一项针对美国加纳大学的研究得出的结果认为，在制定加强大学生学习的政策和计划时，应考虑为学生提供全面支持和与学生家庭建立密切合作的重要性，例如可以设计与学生家庭合作的计划以及指导家庭如何提供帮助，因此如何扩大和加深家庭在学习投入中的作用将成为未来研究关注的方向（Samuel，2017）。在学校员工中，教师的作用最为突出。教师角色至关重要，特别是教师的温暖和尊重带来的归属感（Bryson & Hand，2007）。教师对学习成就的支持最为强烈，其次是父母的感知支持，然后是同伴支持。此外，学生感知到的父母支持和感知的教师支持都与其学业成绩直接相关（Jennifer Chen，2005）。

以社会文化论的建构主义为指导的研究者通过进一步研究发现，参与既是一个过程也是一个结果——前者是机构所做的，应被称为"吸引学生"，而后者才是学生所做的，应该被贴上"学生投入"的标签（Bryson，2010）。由此看来，结果如何取决于过程，只有机构通过与相关因素协同努力，切实具有"吸引力"，才会产生"学生投入"的理想结果。学校作为教育的主要载体，在经济、文化等方面的补偿作用越来越大。因此，在推进高等教育改革的进程中，应以学校为中心，关注高校内部和家庭的联系；在学校内部，需以"大学生学习投

---

① 杨文杰，范国睿.教育机会均等研究的问题、因素与方法——自科尔曼以来相关研究的分析[J].教育学报，2019，15（2）：115-128

② Mutch Carol，Collins Sandra. Partners in learning：Schools' engagement with parents，families，and communities in New Zealand[J]. School Community Journal，2012，22（1）：167-187.

人"为根本目标，关注整个教师队伍和教育管理者共同的创造性和主体意识；在学校外部，必须与家庭建立起密切和通畅的交流关系，而且这种关系必须是相互的、连续的，从而共同促进大学生学习投入内外协同支持，以切实提升大学生学习水平和学业成就。

（三）研究视角：多学科整合

从 Astin 揭开家庭背景对学习参与重要影响作用以来，众多学者从不同视角为家庭因素对学习投入的影响研究提供了理论依据，为促进有效学习的实现贡献了力量。但学习投入涉及教育学、社会学、经济学和生态学等多个学科的相关理论，只有从多学科角度出发，才能使人们对学习投入达到实然和应然状态的把握。在 20 世纪末，对学习投入的研究以理论总结和问卷调查的实证数据分析为主，在内涵把握上以行为论和心理过程论为主要切入点，重点讨论投入的行为如何产生以及投入的心理过程维度，以相关性及中介效应分析居多。此后，随着多学科的发展，特别是社会文化建构主义和生态系统论的发展，基于解释学和现象学理论的一些质性研究方法逐渐被用于家庭背景与学习投入的关系研究中，如"两个学生的故事：建立社区学院的参与文化"的研究采用叙事研究方法。采用案例研究方法，因为它允许有条理地深入调查真实的体验，提供独特的参与者经验（Yin，2009）。在现象与背景之间的界限不明显的情况下，案例研究方法的一个关键优势是涉及使用多个来源和数据收集技术，允许调查现实生活中的当代现象（Creswell，2009；Denzin & Lincoln，2011；Merriam，2009；Yin，2009；Martín，2014）。还有研究者采用了有针对性的生活史方法研究精英大学里阶级、文化资本与学习投入的关系。更多研究者采用质性和量化研究相结合的方法，使更多的学生能够参与，以增加收集不同观点的可能性（Newby，2010）。该设计允许使用调查来探索学生访谈后的情况，以便更深入地了解调查结果（Yin，2009）。学习投入问题并不是单一教育学学科的问题，而是涉及多学科、多场域纵横交错、交叉重叠的研究。教育叙事的穿插，例如，妮可（Nicole）在第一学年结束后离开了大学，萨拉（Sarah）不确定她的专业（关于什么），她在写作上也很吃力，在高中时就是这样。她很担心，因为这个学期的两个比赛将是作文考试①）。由于学习投入是一个建构理论理念，解释学和现象学更能完整呈现个案的现实情况，然而量化研究补充了研究的数量过少的缺陷，所以针对学习投入的研究应以教育科学为核心，科学、系统、整体地审视当下大学生学习投入的实然状态，继而为学习投入的理论与实践提供可参考

---

① Kuh G D. How to help students achieve[J]. Chronicle of Higher Education，2007，53(41)：12-13.

的依据。

　　家庭在高校大学生学习投入中的持续作用表明，经济和社会支持以及学业成绩监测是家庭影响大学参与的一种方式。随着更多的研究解释这些角色的复杂性，高等教育机构在制定政策和设计方案以及为学生提供全面支持方面，与学生家庭建立密切合作关系尤为重要。

参考文献

著作类：

[1]林崇德.发展心理学[M].杭州：浙江教育出版社，2002.

[2]皮连生.教育心理学[M].上海：上海教育出版社，2011.

[3]樊富珉.大学生心理健康教育研究[M].北京：科学出版社，2010.

[4]俞国良.社会心理学[M].北京：北京师范大学出版社，2015.

[5]樊富珉.大学生心理健康教育研究[M].北京：清华大学出版社，2002.

[6]张兴贵.幸福与人格[M].广州：暨南大学出版社，2005.

[7]石里克.伦理学问题[M].北京：商务印书馆，1997.

[8]郑雪，严标宾.幸福心理学[M].广州：暨南大学出版社，2004.

[9]赵吕木.教师成长论[M].兰州：甘肃教育出版社，2004.

[10]刘捷.专业化：挑战21世纪的教师[M].北京：教育科学出版社，2002.

[11]周浩波，迟艳杰.教学哲学[M].沈阳：辽宁教育出版社，1993.

[12]勃兰特·罗素.走向幸福[M].上海：人民教育出版社，1988：7.

[13]雅斯贝尔斯.什么是教育[M].邹进，译.上海：生活·读书·新知三联书店，1991.

[14]金一鸣.教育社会学[M].南京：江苏教育出版社，1992.

[15]冯俊科.西方幸福论[M].长春：吉林人民出版社，1992.

[16]赵汀阳.论可能生活[M].上海：生活·读书·新知三联书店，1994.

[17]高等学校外国留学生教育管理学会.来华留学教育发展研究[M].北京：高等教育出版社，2004.

[18]朱智贤.心理学大辞典[M].北京：北京大学出版社，1989.

[19]Bronfenbrenner U. Making human beings human：Bioecological perspectives on human development [M]. Thousand Oaks, CA：Sage Publications, 2005.

期刊类：

[1]邢占军.主观幸福感测量研究综述[J].心理科学，2002(3)：336.

[2]赵吕木.教师的教学生活及追求[J].当代教育科学，2006(6)：33-35.

[3]高延春.谈教师幸福的特点及其实现[J].教育与职业，2006(5)：71-73.

[4]刘旭东.论教师职业的"去理论化"现象[J].教师教育研究，2006(5)：47-51.

［5］吴银银.教师实践性知识生成与发展路径探究——基于生活史视角［J］.教育理论与实践，2016(14)：35-37.

［6］陈民生，田永生.让教师成为太阳底下最幸福的人［J］.江苏教育研究，2008(6)：32-33.

［7］孙利.教师的职业认同、教学效能感与工作倦怠的关系［J］.教学与管理(理论版)，2011(12).

［8］林正范.论教师的学生行为观察［J］.教育发展研究，2007(20)：54-57.

［9］张泓.包容型人才开发模式对高校青年教师发展的影响——以工作幸福感为中介变量［J］.中国石油大学学报(社会科学版)，2017(5)：102-107.

［10］周喜华.高校青年教师职业倦怠与生存质量、自我和谐的关系［J］.中国健康心理学杂志，2013(7)：1043-1045.

［11］郑楠，周恩毅.高校青年教师的工作幸福感对其创新行为的影响研究［J］.国家教育行政学院学报，2017(10)：58-64.

［12］李亚云.幸福感与职业倦怠的关系研究［J］.陕西行政学院学报，2018(3)：123-128.

［13］马多秀.不同学段教师教育幸福感的比较研究［J］.教师教育论坛，2014(4)：73-79.

［14］史从戎.高校青年教师教学效能感与幸福感关系研究［J］.池州学院学报，2014(6)：97-98.

［15］何根海.高校教师工作满意度问题的实证研究［J］.国家教育行政学院学报，2013(4)：3-9.

［16］陈雯静.陕西省高校教师工作幸福感现状、影响因素分析及对策建议［J］.当代教育实践与教学研究，2019(21)：123-124.

［17］胡春琴.大学英语教师专业发展与幸福感的调查研究［J］.重庆科技学院学报(社会科学版)，2012(22)：201-202.

［18］赖芳.高校教师工作压力、工作价值观和幸福感的关系研究［J］.教育与职业，2013(3)：69-70.

［20］于河江.关注教师身心健康确保教育教学质量［J］.内蒙古教育，2013(3)：39-40.

［21］何瑛.重庆大学生主观幸福感状况及其影响因素［J］.重庆师专学报，2000(2)：35-38.

［22］郭瞻，肖祖铭.高校教师幸福感及其影响因素研究［J］.南昌师范学院学报，2019(2)：115-117.

［23］倪国栋，王文顺，刘志强.高校青年教师工作幸福感形成机理与改善策略［J］.教育评论，2018(7)：112-116.

［24］胡高喜，佟哲，陈少英.薪酬福利满意度对高校教师主观幸福感的影响——组织承诺的中介和自我实现取向的调节效应［J］.广州大学学报(社科版)，2016(2)：69.

［25］孙彬.高校教师职业幸福感缺失原因与路径探析［J］.江苏高教，2018(2)：45.

［26］宁滨.新时代加强高校教师队伍建设的若干思考［J］.中国高教研究，2018(4)：6.

［27］张宛，王立娟.现代大学教师专业自我构建与教学品质的提升［J］.中国高教研究，2019(5)：70.

［28］毛小玲，陆永辰.东南亚留学生来华适应性的调查研究［J］.广西民族大学学报(自然科

学版），2014，20（3）：101-103.

[29]孟晓瑞.师生交往中的课堂话语透视[J].宁波教育学院学报，2015（3）：81-83.

[30]陈侃.来华学历留学生教育现状及思考[J].汉字文化，2017（6）：89-90.

[31]梁泽鸿，全克林.东盟来华留学生的汉语课堂学习焦虑及其疏导[J].广西师范大学学报（哲学社会科学版），2016，52（3）：126-131.

[32]高炳亮.高校来华留学生心理健康问题的预防与危机干预机制研究[J].思想教育研究，2018（5）：131-134.

[33]徐筱秋，胡妮.来华留学生文化适应性问题研究——以南昌航空大学留学生为例[J].教育学术月刊，2017（12）：64-72.

[34]胡瑞.南亚国家来华留学生教育发展状况与优化策略[J].西南大学学报，2019，45（2）：88-95.

[35]马蓉，刘晓军，叶信宇.基于SCL-90的新生心理健康状况调查分析——以某理工科大学为例[J].江西理工大学学报，2012（4）：55-58.

[36]李秀华，李溪萌，张妮娜.来华留学生跨文化适应障碍及其消解[J].现代教育管理，2016（6）：108-112.

[37]许新赞.表达性艺术疗法在高校团体心理咨询课程教学中的应用[J].大学教育，2016（3）：146-147.

[38]俞国良，董妍.我国心理健康研究的现状、热点与发展趋势[J].教育研究，2012（6）：97-102.

[39]刘杰，孟会敏.关于布郎芬布伦纳发展心理学生态系统理论[J].中国健康心理学杂志，2009，17（2）：250-252.

[40]周蜜，宁秋娅，王勇.大学新生心理适应问题及其干预状况调查研究[J].北京教育（德育），2018（1）：31-34.

[41]符丹，马宁.大学新生心理适应教育的再思考[J].黑龙江教育（高教研究与评估），2018，42（4）：81-83.

[42]黄华华，刘少英，徐芬.发展性心理干预对大学生自我同一性的改善效果[J].中国心理卫生杂志，2012，26（10）：748-753.

[43]胡凯.建立中国特色的大学生心理健康教育模式的思考[J].中南大学学报（社科版），2005（4）.

[44]胡青坡.2001—2005年中国大学生心理调查结果的Meta分析[J].上海预防医学，2011（23）：490-493.

[45]任鹏飞.新媒体对当代大学生心理健康教育的新探索[J].科技信息，2010（16）：620.

[46]肖学斌，朱莉.新媒体对大学生思想政治教育的影响及应对[J].思想教育研究，2009（7）：54-56.

[47]路瑞峰.对心理咨询过程中"价值中立"的认识[J].理论月刊，2002（8）：79-80.

[48]马蓉，刘晓军，叶信宇.基于SCL-90的新生心理健康状况调查分析——以某理工科院校为例[J].江西理工大学学报，2012，33（4）：55-58.

[49] 周廷勇, 周作宇. 高校学生发展影响因素的探索性研究[J]. 复旦教育论坛, 2012(3): 48-55, 86.

[50] 丁武, 郭执玺. 我国农村大学生心理健康变迁(2000—2015): 一项横断历史研究[J]. 思想政治教育研究, 2017, 33(2): 156-160.

[51] 马红霞, 张郢, 牛春娟, 等. 唐山某医学院新生时间管理团体心理辅导效果分析[J]. 中国学校卫生, 2011, 32(4): 483-484.

[52] 杜继淑, 王飞飞, 冯维. 大学生情绪管理能力与心理健康的关系研究[J]. 中国特殊教育, 2007, 14(9): 75-80.

[53] 汪立夏, 舒曼. 大学生心理健康状况、负性事件及求助行为趋势分析——基于江西省十年大学生心理健康状况调查[J]. 教育学术月刊, 2013(5): 24-27.

[54] 桑志芹, 肖静怡, 吴垠. 社会变迁下大学新生心理健康状况研究[J]. 江苏高教, 2016(6): 134-138.

[55] 杨宪华. 陕西省某高校 2008—2013 级新生心理健康状况变化分析[J]. 中国健康教育, 2015, 31(6): 587-590.

[56] 许新赞. 表达性艺术疗法在高校团体心理咨询课程教学中的应用[J]. 大学教育, 2016(3): 146-147.

[57] 施玲燕, 黄水平, 卓朗, 等. 大学生应用 SCL-90 量表的参考值及信效度评价[J]. 中国学校卫生, 2013, 34(2): 223-224.

[58] 彭丹. 大学生心理健康现状及干预效果的调查研究[J]. 高教学刊, 2016(19): 203-204.

[59] 周秋莲, 吴海银. 本科院校新生的心理问题调查及其教育策略[J]. 武汉理工大学学报(社会科学版), 2016, 29(4): 693-697.

[60] 俞国良, 董妍. 我国心理健康研究的现状、热点与发展趋势[J]. 教育研究, 2012(6): 97-102.

[61] 武培博. 论表达性艺术治疗在心理健康教育课程改革中的应用[J]. 当代教育实践与教学研究, 2016(4): 199-200.

[62] 李海红, 汤晓霞. 浅议表达性艺术治疗在心理健康中的应用[J]. 前沿, 2012, 306(4): 164-165.

[63] 李丽娜, 孙洪霞, 付英雪, 等. 团体辅导对提高大学生自信心、容纳他人与自我和谐水平的实验研究[J]. 中国健康心理学杂志, 2012, 20(5): 705-707.

[64] 胡凯. 试论"生理-心理-伦理-社会"相结合的大学生心理健康教育模式[J]. 医学与哲学, 2005(5): 57-58.

[65] 林崇德. 发展心理学的现实转向[J]. 心理发展与教育, 2010(1): 1-8.

[66] 李雪凤. 论发展心理学在教育改革中的作用[J]. 山西财经大学学报, 2012(3): 214-21.

[67] 王文. 中国大学生学习投入的内涵变化和测量改进——来自"中国大学生学习与发展追踪调查"(CCSS)的探索[J]. 中国高教研究, 2018(12): 39-45.

[68] 陈秀兰, 陈曦, 刘远芳. 等. 基于 NSSE-China 调查的高校学生学习投入研究综述[J]. 大学教育, 2019(3): 9-14.

[69]尹弘飚.大学生学习投入的研究路径及其转型[J].高等教育研究,2016(11):70-76.

[70]王严淞,别敦荣.我国大学教学研究述评[J].中国大学教学,2019(1):82-92.

[71]史静寰,涂冬波,王纾,等.基于学习过程的本科教育学情调查报告2009[J].清华大学教育研究,2011(4):9-23.

[72]胡小勇,徐欢云,陈泽璇.学习者信息素养、在线学习投入及学习绩效关系的实证研究[J].中国电化教育,2020(3):77-84.

[73]王纾.研究型大学学生学习性投入对学习收获的影响机制研究——基于2009年"中国大学生学情调查"的数据分析[J].清华大学教育研究,2011(4):24-32.

[74]杨立军,何祥玲.大学生发展指数:结构与水平——基于2016年CCSS调查数据的分析[J].中国高教研究,2018(12):46-52.

[75]于志学.教师支持与高职院校学生学习投入的关系研究——基于学习自我效能感的中介效应分析[J].职业技术教育,2019(17):65-70.

[76]张娜.国内外学习投入及其学校影响因素研究综述[J].心理研究,2012(2):83-92.

[77]张信勇.社会支持对大学生学习投入的影响研究——基于专业承诺的中介作用[J].教育发展研究,2015(9):59-64.

[78]姜金伟,姚梅林.学业自我概念对技工学生学校投入的影响——群体内部认同的中介作用[J].心理发展与教育,2011(1):59-64.

[79]廖友国.大学生学习投入问卷的编制及现状调查[J].集美大学学报(教育科学版),2011(2):39-44.

[80]辛素飞,王一鑫.中国大学生成就动机变迁的横断历史研究:1999—2014[J].心理发展与教育,2019(3):288-294.

[81]廖美玲.大学生感恩、心理资本与学习投入的关系研究[J].赤峰学院学报(自然科学版),2016(8):72-74.

硕博论文:

[1]马蓉.一位农村教师的职业幸福感的叙事研究[D].重庆:西南大学,2009.

[2]刘虹.高校教师主观幸福感调查研究——以河南高校为例[D].武汉:华中师范大学,2013.

[3]郭子玮.高校辅导员工作压力探究——基于郑州市三所院校的调查[D].武汉:华中师范大学,2016.

[4]张玉柱.高校教师职业幸福感的心理和谐中介机制研究[D].北京:北京师范大学,2012.

[5]郭颖蕾.高校教师职业幸福感的实证研究——以对某大学教师的调查为例[D].青岛:青岛大学,2016.

[6]桂旻.上海高校来华留学生教育管理改革研究——以H大学为例[D].上海:上海师范大学,2018.

[7]李彦光.来华留学生教育管理制度的问题与建议[D].沈阳:东北师范大学,2011.

[8]刘云博.大学新生成长生态系统治理研究[D].西安:长安大学,2017.

[9]刘荣秀.走在幸福的边缘[D].长沙:湖南师范大学,2006.

[10]杨军红.来华留学生跨文化适应问题研究[D].上海：华东师范大学,2005.

[11]迟翔蓝.基于自我决定动机理论的教师支持对大学生学习投入的影响机制研究[D].天津：天津大学,2017.

[12]郭林彬.基于学习收获的大学生发展研究[D].北京：北京工业大学,2014.

[13]杨金玲.中国研究型大学本科生学习投入度研究———以七所"985工程"高校为例[D].广州：华南理工大学,2015.

[14]唐巍华.华中科技大学大学生学习投入度研究[D].武汉：华中科技大学,2011.

[15]潘贤权.新手-熟手-专家型教师主观幸福感与教学动机的研究[D].福州：福建师范大学,2004.

英语类：

[1]Kahu E R, Stephens C, Leach L, Zepke N. Linking academic emotions and student engagement：Mature-aged distance students' transition to university[J]. Journal of Further & Higher Education, 2015, 39(4)：481-497.

[2]Mann S J. Alternative perspectives on the student experience：Alienation and engagement[J]. Studies in Higher Education, 2001, 26(1)：7-19.

[3]Ella R Kahu. Framing student engagement in higher education[J]. Studies in Higher Education, 2013, 38(5)：758-773.

[4]Mutch Carol Collins, Sandra. Partners in learning：Schools' engagement with parents, families, and communities in New Zealand[J]. School Community Journal, 2012, 22 (1)：167-187.

[5]Swin J, Hammond C. The motivations and outcomes of studying for part-time mature students in higher education[J]. International Journal of Lifelong Learning, 2011(5)：591-612.

[6]Armier D J, Shepherd C E, Skrabut S. Using game elements to increase student engagement in course assignments[J]. College Teaching, 2016, 64(2)：64-72.

[7]Astin A W. Student involvement：A developmental theory for higher education[J]. Journal of College Student Personnel, 1984, 25(4)：297-308.

[8]Auman C. Using simulation games to increase student and instructor engagement[J]. College Teaching, 2011, 59(4)：154-161.

[9]Bakker A B, Vergel A I S, Kuntze J. Student engagement and performance：A weekly diary study on the role of openness[J]. Motivation and Emotion, 2015, 39(1)：49-62.

[10]Antunes M, Pacheco M R, Giovanela M. Design and implementation of an educational game for teaching chemistry in higher education[J]. Journal of Chemical Education, 2012, 89(4)：517-521.

[11]Kuh G D. How to help students achieve[J]. Chronicle of Higher Education, 2007, 53(41)：12-13.

[12]Amirault R J. Distance learning in the 21st century university [J]. Quarterly Review of Distance Education, 2012, 13(4)：253-265.

[13]Pike G R, Kuh G. A typology of students engagement for American colleges and universities

[J]. Research in Higher Education, 2005, 46: 185-209.

[14]Kuh G D. The national survey of student engagement: Conceptual and empirical foundations [J]. New Direction for Institutional Research, 2009, 41: 5-21.

[15]Cook C W, Sonnenberg C. Technology and online education: Models for change[J]. ASBBS E-Journal, 2014(1): 43-59.

[16]Gilboy M B, Heinerichs S, Pazzaglia G. Enhancing student engagement using the flipped classroom[J]. Journal of Nutrition Education and Behavior, 2015, 47(1): 109-114 .

[17]Hoover-Dempsey K V, Battiato A C, Walker J M, Reed R P, DeJong J M, Jones K P. Parental involvement in homework[J]. Educational Psychologist, 2001(36): 195-209.

[18] Mutch Carol, Collins Sandra. Partners in learning: Schools' engagement with parents, families, and communities in New Zealand[J]. School Community Journal, 2012, 22 (1): 167-187.

[19]Huat See B, Gorard S. The role of parents in young people's education—A critical review of the causal evidence[J]. Oxford Review of Education, 2015, 41: 346-366.

[20]Abraham J A. Poison in the ivy: Race relations and the reproduction of inequality on elite college campuses [J]. Contemporary Sociology, 2019, 48(3): 292-293.

[21] G M Mahuro, N Hungi Stephen Lamb. Parental participation improves student academic achievement: A case of Iganga and Mayuge districts in Uganda[J]. Cogent Education, 2016, 3: 1.

[22] Greene T G, Marti C N, McClenney K. The effort-outcome gap: Differences for African American and hispanic community college students in student engagement and academic achievement[J]. Journal of Higher Education, 2008, 79(5): 513-539.

[23]Pedersen D E. Parental autonomy support and college student academic outcomes[J]. Journal of Child and Family Studies, 2017, 26(9): 2589-2601.

附　录

附录1　高校辅导员职业幸福感访谈调查提纲

一、初做教师时的状况

(一)简单说说：您做出以下选择的个人原因与现实原因。

1. 在高校做辅导员而不是专职教师？

2. 在日常教育教学生活中您能体验到幸福吗？主要表现在哪些方面？(请列举2~3个事例)

(二)请您尝试回忆十余年的从教经历，体察一下选择做辅导员的主客观原因。

1. 您从教多少年了？从教这些年中您的幸福感有变化吗？

2. 现在的幸福感比以前增加还是减少了？

二、现在的状况(请尽量详细述说)

以下6方面：①是否满意；②有无幸福感；③主要原因

(一)工资待遇

(二)办公条件(办公室、图书馆和教学设备)

(三)同事之间的人际交往

(四)职业本身(教育效果、与学生的相处)

(五)学校管理

1. 教育教学水平的评价

2. 教育管理与考核制度

3. 学术交流(与兄弟学校之间以及各学院、各学科之间)和再教育机会

4. 职称评定

(六)自我实现的机会(有无工作成就感)

三、您的休闲娱乐

（一）您认为目前哪些方面最影响您从工作中获得满足感？（请列举2~3个方面）

（二）您有休闲娱乐时间吗？您的业余爱好对您从工作中获得满足感是否会有影响？

（三）您认为主要是什么原因造成了高校辅导员职业幸福感不足？您希望怎样改进呢？

四、能用一个您的教育故事说说对下面三句话的看法吗？

（一）敬业精神来自人生信念

（二）成就感来自敬业：将生命贯注于教育

（三）人格魅力出自超脱的精神境界

附录2　来华留学生生活学习适应状况问卷调查

您好！非常感谢您参与我们的问卷调查，此次调查是科研课题资料收集，研究影响来华留学生学习和生活质量的主要因素，不会泄露您的任何隐私。整个问卷中的题目均无对错之分，请根据您的实际情况，认真填写，无须署名，谢谢！

您的性别：　　　　专业：　　　　国别：　　　　母语：

第一部分

(　　　)1.您的年龄：

A.18 岁以下　　　　　　　　　　B.18~21 岁

C.21~25 岁　　　　　　　　　　D.25~30 岁

(　　　)2.您来中国的时长：

A.6 个月以内　　　　　　　　　　B.6 个月至一年

C.1~3 年　　　　　　　　　　　D.3~5 年

E.5 年以上

(　　　)3.您来江西高校学习的时长：

A.6 个月以内　　　　　　　　　　B.6 个月至一年

C.1~3 年　　　　　　　　　　　D.3~5 年

E.5 年以上

(　　　)4.您在江西高校上学每年的总生活费约为：

A.1 万元以下　　　　　　　　　　B.1 万元~1.5 万元

C.1.5 万元~2 万元　　　　　　　D.2 万元~2.5 万元

E.2.5 万元以上

(　　　)5.您在江西高校上学经费来源：

A.自筹　　　　　　　　　　　　B.父母

C.亲戚　　　　　　　　　　　　D.朋友

E.政府　　　　　　　　　　　　F.其他

(　　　)6.来华留学，您主要遇到哪些方面的困难？（多选：按顺序选出）

A.购物　　　　　　　　　　　　B.饮食

C.专业课学习　　　　　　　　　D.选课

E. 语言障碍　　　　　　　　　F. 文化

G. 交通　　　　　　　　　　　H. 人际交往

（　　）7. 在赣州，语言在多大程度上影响了或影响过您？（多选）

A. 影响学习（课堂听讲火热，课外不交流）

B. 影响日常生活（购物、交通出行）

C. 影响交际交友活动

D. 影响文化交流

（　　）8. 您对赣州的饮食适应吗？

A. 非常适应　　　　　　　　　B. 不习惯，但将就

C. 没什么特别的感觉　　　　　D. 极不适应

（　　）9. 您在当前大学的人际关系状态如何？

A. 很少和人来往

B. 基本上只和同胞一起

C. 和中国学生一起多点

D. 和同胞在一起，也有几个很好的中国朋友

（　　）10. 在课堂学习之余，您感觉和其他人，比如同学或者老师有文化差异吗？

A. 差异很大，不能接受

B. 较大，感到中国社会很多地方需要改进

C. 还可以吧，只是一点文化差异

D. 没什么感觉

（　　）13. 您为什么来中国留学？

A. 父母的想法

B. 有丰厚的奖学金

C. 可接受比在祖国更好的教育

D. 喜欢中国特有的文化

（　　）11. 您认为中国是一个开放包容的国家吗？

A. 比较包容　　　　　　　　　B. 一般

C. 某些方面包容　　　　　　　D. 很少包容

（　　）12. 毕业后您打算留在中国吗？

A. 会留在中国　　　　　　　　B. 回国

C. 还不确定　　　　　　　　　D. 不会

（　　）13. 您对当前我校关于外国留学生的教育管理方法有怎样的评价？

A. 比较规范，很满意　　　　　　　　B. 一般，满意

C. 不太规范　　　　　　　　　　　　D. 非常不好，不满意

（　　　）14. 您选择当前大学时，主要考虑了那些因素？（多选）

A. 未来的发展和学习环境　　　　　　B. 教学质量和教育体制

C. 学校的知名度　　　　　　　　　　D. 通过相关考试的难易度

E. 毕业后的就业保障　　　　　　　　F. 家庭经济条件

G. 其他

（　　　）15. 您对当前大学的住宿条件满意吗？

A. 很满意　　　　　　　　　　　　　B. 比较满意

C. 勉强接受　　　　　　　　　　　　D. 很不满意

（　　　）16. 您有没有参加过中国传统文化体验活动？感觉怎么样？

A. 没有　　　　　　　　　　　　　　B. 体验过但感触不大

C. 体验过并且有所感触　　　　　　　D. 不感兴趣

（　　　）17. 对于两国间的文化差异，您的态度是？

A. 完全认同祖国文化　　　　　　　　B. 尊重中国文化

C. 尊重文化的多样性　　　　　　　　D. 完全不在意

（　　　）18. 您在当前大学会经常参加各种活动或比赛吗？

A. 非常热衷，几乎都参加　　　　　　B. 经常参加

C. 偶尔参加　　　　　　　　　　　　D. 完全不关注

（　　　）19. 在来华之前，您对当前大学的专业课教学内容和教学方法了解吗？

A. 有很深入的了解　　　　　　　　　B. 了解不少

C. 了解很少　　　　　　　　　　　　D. 完全不了解

（　　　）20. 您觉得当前大学的教学设施，如图书馆、实验室等怎么样？

A. 较完善，有利于学习

B. 尚待完善，对学习有一定帮助

C. 不在意这类设施

（　　　）21. 课堂上老师主要的讲课方式？

A. 老师讲，与学生基本没有互动

B. 老师讲，与学生偶尔有互动

C. 老师讲，与学生经常有互动

D. 学生讲，老师听，偶尔给予引导和纠正

（　　　）22. 在本校留学期间，您比较喜欢什么类型的课程？

A. 专业课　　　　　　　　　　　　　B. 选修课

C. 必修课   D. 中国特色课程

(   )23. 您觉得有些课很枯燥的原因是什么？（多选）

A. 老师讲的内容很没意思

B. 老师的讲课方式让您感觉很无聊

C. 您对这方面的知识不感兴趣

D. 以上原因都有

(   )24. 总体看，您在当前大学学习和生活的适应程度怎么样？

A. 非常适应，觉得收获很多

B. 虽然很好，但难以适应

C. 一般，无所谓适应与否

D. 觉得失望，没有期待中好

(   )25. 您觉得您适应本校生活需要多长时间？

A. 两周   B. 一个月

C. 两个月   D. 三个月甚至更长

(   )26. 目前学校提供的学习生活条件能满足您个人发展的需求吗？

A. 能够满足   B. 基本能满足

C. 有一定差距   D. 很难满足

(   )27. 您怎么度过课外业余时间？

A. 基本与同胞一起出去玩

B. 喜欢一个人

C. 常常与中国同学一起

D. 以上都有

(   )28. 您认为哪些课下小组活动形式会吸引您？（多选）

A. 去古文化街收集形态各异的泥塑

B. 共同制作一幅新年海报

C. 组织一场亲手制作中国传统美食的大会

D. 共同讨论一本中国文学作品，在课堂上演讲

E. 共同收集资料并制作赣州最美味的餐厅排名

F. 以上都很吸引我

第二部分

请简要谈谈您的看法：

1. 您认为高校对外国留学生的教育管理工作有哪些地方需要改进？

2. 请用几个词来形容您对中国及中国高校的印象？

3. 您主要采用哪些方法调整自己以尽快适应留学生活？

4. 您觉得来华留学经历对您的人生和今后的发展都有什么意义？

5. 请列举您最喜欢的一到三门课程及最喜欢的教育管理人员（简单说喜欢的原因）。

6. 对提升来华留学生的学习生活质量，您有何建议？（没有可填无）

请再检查一次，以免漏填，再次感谢您热情的参与！

附录3 来华留学生学习生活适应情况调查问卷(英文版)

Hello! Thank you very much for your participation in our questionnaire survey. This survey is to collect data for the humanities research project of Jiangxi provincial universities and study the main factors affecting the study and adaptability of life of overseas students in China. There are no right or wrong answers in the whole questionnair.

Please fill in the questions carefully according to your actual situation. No signature required.

Part One

Your gender: _____ major: _____ country: _____ native language: _____

1. Your age:

A. under 18
B. 18~21
C. 21~25
D. 25~30

2. How long have you been to China?

A. within 6 months
B. 6 months to one year
C. 1~3 years
D. 3~5 years
E. 5 years or more

3. The length of your study in current university in China:

A. within 6 months
B. six months~one year
C. 1~3 years
D. 3~5 years
E. more than 5 years

4. The total annual living expenses of your college in Jiangxi are about:

A. below 10, 000
B. 10, 000 to 15, 000
C. 15 to 20, 000
D. 20, 000 to 25, 000
E. 25, 000 and above

5. Sources of funds for your study in Chinese universities:

A. self-raised
B. parents
C. relatives
D. friends
E. government

6. Which one is your most difficult in our school during studying in China?

A. shopping
B. diet

C. professional course

D. course selection

E. language barrier

F. culture

G. transportation

H. interpersonal communication

7. To what extent has language influenced you in Ganzhou? (pops)

A. influence study (class listening and speaking)

B. influence daily life (shopping, traffic)

C. influence communication and dating activities

D. influence cultural communication

8. Do you adapt to the diet of China?

A. Yes. I do

B. No. I don't

C. nothing special

D. extremely unadapted

9. How is your interpersonal relationship at current university in China?

A. rarely mix with people

B. basically only with fellow citizens

C. more with Chinese students

D. with my compatriots, I also have some good Chinese friends

10. Do you have cultural encounters with other people, classmates, or teachers in your spare time?

A. strong and unacceptable

B. strong, feeling that Chinese society needs a lot of improvement

C. Ok, just a little cultural difference

D. no feeling

11. Why are you studying in China?

A. parents' idea

B. generous scholarship

C. acceptability

D. like Chinese unique folk culture

12. Do you think China is an open and inclusive city?

A. more tolerant

B. general

C. and some aspects

D. less tolerant

13. Will you plan to stay in China after graduation?

A. will be

B. go home

C. not sure

D. not

14. What is your comment on the education management method of foreign

students in our university?

    A. standard, very satisfied   B. general satisfied

    C. not too standard   D. very bad, dissatisfied

15. What factors did you mainly consider when you chose current university in China?

    A. future development and learning environment

    B. teaching quality and education system

    C. popularity of the school

    D. employment security after graduation

    E. family economic conditions

    F. others

16. Are you satisfied with the accommodation conditions of current university in China?

    A. very satisfied   B. generally satisfied

    C. grudgingly accept   D. not dissatisfied

17. Have you ever participated in traditional Chinese culture experience activities? How do you feel?

    A. no   B. experienced but felt little

    C. experienced and felt some   D. not interested in

18. What is your attitude towards the cultural differences between the two countries?

    A. fully identify with the culture of the motherland

    B. respect Chinese culture

    C. respect cultural diversity

    D. completely ignore

19. Do you often participate in various events or competitions at current university in China?

    A. very keen, almost participate in all of them

    B. often participate in them

    C. occasionally participate in them

    D. not pay attention at all

20. Before going to China, do you know the teaching content and teaching method at current university in China?

    A. have a deep understanding   B. knew a lot

C. knew little   D. knew nothing

21. What do you think of the study facilities at current university in China, such as the library and lab?

A. more perfect, and conductive to learning

B. still needs to be improved, it will help the study

C. don't care about such facilities

D. very bad, very dissatisfied

22. What is the main way of the teachers teaching in class?

A. the teacher just speaks and there is basically no interaction with the students

B. the teacher speaks and occasionally interacts with students

C. the teacher speaks and often interact with students

D. the student speaks, the teacher listens and occasionally gives guidance and correction

23. What type of courses do you prefer during your studies?

A. professional course   B. elective course

C. compulsory course   D. Chinese characteristic course

24. What do you think is the reason why some classes are boring? (multiple election)

A. the teacher's content is very boring

B. the teacher's way of teaching makes you feel bored

C. you are not interested in this knowledge

D. all of the above reasons

25. Over all, how well are you studying and living at current university in China?

A. adapted well and gained a lot

B. very good, but it is difficult to adapt

C. just so so

D. feel disappointed and not as good as expected

26. How long do you think it will take you to get used to school life?

A. two weeks   B. one month

C. two months   D. three months and even longer

27. Do the learning and living conditions offered by the school can meet your personal needs? What do you think about direct education staff?

A. be able to meet   B. basic meet

C. there is a gap   D. hard to meet

28. How do you spend your spare time?

A. basically go out with compatriots

B. like to be alone

C. often stay with Chinese classmates

D. all of the above

29. Which group activities do you think will attract you after class? (multiple election)

A. go to the ancient culture street to collect various forms of clay monkeys

B. paint a New Year poster togother

C. organize a hand-made traditional Chinses cuisine conference

D. discuss a Chinese literary work togother and give a lecture in class

E. jointly collect data and make the ranking of the most delicious restaurants in Ganzhou

F. all of the above appeal to me very much

Part Two

Briefly talk about your views on the following questions.

1. What do you think should be improved in the management of education for foreign students?

2. Please use a few words to describe your impression of China and Chinese universities.

3. What methods do you mainly adopt to adjust to the life of studying abroad as soon as possible?

4. What do you think the experience of studying in China means to your life and future development?

5. Please list your favorite one to three courses and your favorite education managers. (explain why you like them)

6. What suggestions do you have for improving the quality of study and life of foreign students in China? (if not you can write none)

附录4 来华留学生生活学习适应状况访谈提纲

一、关于生活上的适应

1.来华留学，您主要遇到哪些方面的困难？简要说说主客观原因。

2.日常生活中，语言主要在哪些方面影响了您？主要困扰是什么？

3.您对江西赣州的饮食适应吗？主要是哪方面的问题较突出？可以说说您的建议。

二、关于人际交往的适应

1.您在当前大学的人际关系状态如何？很多同学基本上只和同胞一起，您怎么看？目前有很好的中国朋友吗？

2.您在当前大学会经常参加各种活动或比赛吗？

三、关于文化适应

1.在课堂学习之余，您和其他人、同学或者老师有文化交流吗？

2.您认为中国是一个开放包容的城市吗？

3.有没有参加过中国传统文化体验活动？感觉怎么样？

4.您对于两国间的文化差异的态度是？

四、关于留学动机

1.您选择来华留学主要考虑了那些因素？简要谈谈目前对自己的选择的看法。

2.毕业后您会打算留在中国吗？简要说说毕业去向的主要考虑因素。

五、关于教育管理

1.您对当前我校对外国留学生的教育管理如何评价。

2.您对当前大学的住宿条件满意吗？

六、关于课程教学

1.在来华之前，您对当前大学的专业课教学内容和教学方法了解吗？

2.您如何评价当前大学的教学设施，如图书馆、实验室？

3.课堂上老师主要的讲课方式您适应吗？谈谈您的看法。

4.在本校留学期间，您比较喜欢什么类型的课程？您觉得有些课很枯燥的原因是什么？

七、请简要谈谈总体看法与建议

1.您认为高校对外国留学生的教育管理工作有哪些地方需要改进？

2.请用几个词来形容您对中国及中国高校的印象？

3.您主要采用哪些方法调整自己以尽快适应留学生活？

4.对于提升来华留学生的学习生活质量，您有何建议？

附录5　大学新生心理健康观念及高校心理健康教育与咨询体系调查问卷

　　本问卷调查当前我省高校对大一新生的心理健康教育工作的重视程度、学生对学校心理健康教育工作的满意度、学校在心理健康教育工作的开展保障措施方面等的现状,找出当前我国高校心理健康教育工作的不足之处,以便采取有效措施,提高学生的心理素质和心理能力,也使那些有心理困惑的大学生走出心理障碍,健康成长!

第一部分基本信息(确认项打√)

1. 专业:
A. 文科　　　　　　　　　　　B. 理科
C. 工科　　　　　　　　　　　D. 医科
2. 性别:A. 男　　　　　　　　　B. 女
3. 生源地:A. 城镇　　　　　　　B. 农村

第二部分　　心理健康观念方面

(　　　　)4. 您关注自己的心理健康吗?
A. 非常关注　　　　　　　　　B. 比较关注
C. 一般　　　　　　　　　　　D. 比较不关注
E. 非常不关注

(　　　　)5. 您觉得学校有必要设置心理健康教育工作体系吗?
A. 非常有必要　　　　　　　　B. 比较有必要
C. 一般　　　　　　　　　　　D. 不太必要
E. 非常不必要

(　　　　)6. 您一般通过什么渠道获得心理健康方面的知识?
A. 网络　　　　　　　　　　　B. 新闻媒体
C. 同伴　　　　　　　　　　　D. 老师
E. 其他

(　　　　)7. 大一期间,您曾遇到过哪些方面的心理困扰?
A. 学业问题　　　　　　　　　B. 人际关系

C.情绪压力 D.生活适应

E.情感恋爱 F.性心理

G.职业发展 H.个性不良

(   )8.如果遇到难以排解的心理困扰,您首先会向谁求助?

A.父母 B.同学朋友

C.老乡 D.老师

E.心理医生

(   )9.如果您不考虑寻求心理咨询的帮助,原因是:

A.心理咨询浪费时间

B.心理咨询没有效果

C.不愿意与别人分享自己的秘密

D.害怕被熟人发现自己接受心理咨询

E.相信自己一定能克服困扰

(   )10.您觉得心理咨询是什么样的?

A.等同于思想政治工作

B.心理咨询能提高应对心理困扰的能力

C.只有心理有病的人才会去咨询

D.心理咨询老师会遵守保密原则

E.心理咨询可以解决任何问题

(   )11.您是否愿意参加学校组织举办的心理健康教育活动?

A.非常愿意 B.比较愿意

C.一般 D.比较不愿意

E.非常不愿意

第三部分 心理健康教育与咨询体系调查

(   )12.据您了解,学校是否设有心理咨询室?

A.是 B.否 C.不清楚

(   )13.学校是否开展过与心理健康教育相关的活动?

A.是 B.否 C.不清楚

(   )14.您是否接受过学校提供的心理咨询帮助,是否有用?

A.有,非常有用 B.有,比较有用

C.没有,感觉一般 D.没有,感觉没太大用处

E.没有,不清楚

(   )15.除心理咨询室外,学校还提供了其他提供咨询的方式吗?

A. 咨询热线电话   B. 校园网上开辟栏目

C. 悄悄话信箱   D. 不清楚

(　　　　)16. 您有主动到心理咨询室进行咨询吗？

A. 经常   B. 较多

C. 不确定   D. 很少

E. 不会

(　　　　)17. 您认为学校心理咨询机构应该为大学生提供哪些服务？

A. 面对面心理咨询   B. 热线电话心理咨询

C. 网络留言心理咨询   D. 书信心理咨询

E. 团体心理辅导   F. 心理讲座

G. 心理图书阅览   H. 合理的情绪宣泄空间

I. 定期开展心理健康测评

(　　　　)18. 您认为学校心理咨询机构应该为大学生提供哪些指导？

A. 大学期间生涯规划与能力发展

B. 大学生学习能力培养与潜能开发

C. 大学生情绪管理

D. 大学生人际交往

E. 大学生性心理及恋爱心理

F. 大学生压力管理

G. 大学生挫折应对

H. 大学生社会技能训练

(　　　　)19. 您认为大学新生的心理问题主要是由什么引起的？

A. 人际交往带来的压力问题   B. 学习压力

C. 情感问题   D. 就业压力

E. 情绪管理

(　　　　)20. 您对现在学校提供的心理健康教育途径持何种态度？

A. 很满意   B. 基本满意

C. 一般   D. 不满意

E. 非常不满意

(　　　　)21. 您认为心理健康工作者目前最应该加强哪方面的工作？

A. 进行心理健康知识宣传

B. 举行心理健康讲座与知识竞答

C. 进行心理健康状况调查开展相应活动

D. 深入同学中，多与同学沟通

F. 开展团体心理辅导与个体心理咨询

22. 针对大一新生心理健康问题，您对学校的心理健康教育与咨询工作有什么建议？

请您再检查一次，以免漏填。再次感谢您热情的参与！

附录6　90项症状清单自评量表(SCL-90)

姓名 _____ 专业 _____

指导语：请根据最近一星期内下列问题影响您的实际情况，在5个选项内选择最合适的一项，在答题纸相应一格划√。此量表所有信息都将保密，请放心填写！谢谢您的配合！

题项	从无	轻度	中度	偏重	严重
1. 头痛	□	□	□	□	□
2. 神经过敏，心中不踏实	□	□	□	□	□
3. 头脑中有不必要的想法或字句盘旋	□	□	□	□	□
4. 头昏或昏倒	□	□	□	□	□
5. 对异性的兴趣减退	□	□	□	□	□
6. 对旁人责备求全	□	□	□	□	□
7. 感到别人能控制您的思想	□	□	□	□	□
8. 责怪别人制造麻烦	□	□	□	□	□
9. 忘性大	□	□	□	□	□
10. 担心自己的衣饰整齐及仪态的端正	□	□	□	□	□
11. 容易烦恼和激动	□	□	□	□	□
12. 胸痛	□	□	□	□	□
13. 害怕空旷的场所或街道	□	□	□	□	□
14. 感到自己的精力下降，活动减慢	□	□	□	□	□
15. 想结束自己的生命	□	□	□	□	□
16. 听到旁人听不到的声音	□	□	□	□	□
17. 发抖	□	□	□	□	□
18. 感到大多数人都不可信任	□	□	□	□	□
19. 胃口不好	□	□	□	□	□
20. 容易哭泣	□	□	□	□	□
21. 同异性相处时感到害羞不自在	□	□	□	□	□
22. 感到受骗，中了圈套或有人想抓您	□	□	□	□	□
23. 无缘无故地突然感到害怕	□	□	□	□	□

续上表

题项	从无	轻度	中度	偏重	严重
24. 自己不能控制地大发脾气	☐	☐	☐	☐	☐
25. 怕单独出门	☐	☐	☐	☐	☐
26. 经常责怪自己	☐	☐	☐	☐	☐
27. 腰痛	☐	☐	☐	☐	☐
28. 感到难以完成任务	☐	☐	☐	☐	☐
29. 感到孤独	☐	☐	☐	☐	☐
30. 感到苦闷	☐	☐	☐	☐	☐
31. 过分担忧	☐	☐	☐	☐	☐
32. 对事物不感兴趣	☐	☐	☐	☐	☐
33. 感到害怕	☐	☐	☐	☐	☐
34. 感情容易受到伤害	☐	☐	☐	☐	☐
35. 旁人能知道您的私下想法	☐	☐	☐	☐	☐
36. 感到别人不理解、不同情您	☐	☐	☐	☐	☐
37. 感到人们对您不友好，不喜欢您	☐	☐	☐	☐	☐
38. 做事必须做得很慢以保证做得正确	☐	☐	☐	☐	☐
39. 心跳得很厉害	☐	☐	☐	☐	☐
40. 恶心或胃部不舒服	☐	☐	☐	☐	☐
41. 感到比不上他人	☐	☐	☐	☐	☐
42. 肌肉酸痛	☐	☐	☐	☐	☐
43. 感到有人在监视您、谈论您	☐	☐	☐	☐	☐
44. 难以入睡	☐	☐	☐	☐	☐
45. 做事必须反复检查	☐	☐	☐	☐	☐
46. 难以做出决定	☐	☐	☐	☐	☐
47. 怕乘电车、公共汽车、地铁或火车	☐	☐	☐	☐	☐
48. 呼吸有困难	☐	☐	☐	☐	☐
49. 一阵阵发冷或发热	☐	☐	☐	☐	☐
50. 因为感到害怕而避开某些东西、场合或活动	☐	☐	☐	☐	☐
51. 脑子变空了	☐	☐	☐	☐	☐
52. 身体发麻或刺痛	☐	☐	☐	☐	☐

续上表

题项	从无	轻度	中度	偏重	严重
53. 喉咙有梗塞感	☐	☐	☐	☐	☐
54. 感到对前途没有希望	☐	☐	☐	☐	☐
55. 不能集中注意力	☐	☐	☐	☐	☐
56. 感到身体的某一部分软弱无力	☐	☐	☐	☐	☐
57. 感到紧张或容易紧张	☐	☐	☐	☐	☐
58. 感到手或脚发沉	☐	☐	☐	☐	☐
59. 想到有关死亡的事	☐	☐	☐	☐	☐
60. 吃得太多	☐	☐	☐	☐	☐
61. 当别人看着您或谈论您时感到不自在	☐	☐	☐	☐	☐
62. 有一些不属于您自己的想法	☐	☐	☐	☐	☐
63. 有想打人或伤害他人的冲动	☐	☐	☐	☐	☐
64. 醒得太早	☐	☐	☐	☐	☐
65. 必须反复洗手、点数目或触摸某些东西	☐	☐	☐	☐	☐
66. 睡得不稳不深	☐	☐	☐	☐	☐
67. 有想摔坏或破坏东西的冲动	☐	☐	☐	☐	☐
68. 有一些别人没有的想法或念头	☐	☐	☐	☐	☐
69. 感到对别人神经过敏	☐	☐	☐	☐	☐
70. 在商店或电影院等人多的地方感到不自在	☐	☐	☐	☐	☐
71. 感到任何事情都很难做	☐	☐	☐	☐	☐
72. 一阵阵恐惧或惊恐	☐	☐	☐	☐	☐
73. 感到在公共场合吃东西很不舒服	☐	☐	☐	☐	☐
74. 经常与人争论	☐	☐	☐	☐	☐
75. 单独一人时神经很紧张	☐	☐	☐	☐	☐
76. 别人对您的成绩没有作出恰当的评价	☐	☐	☐	☐	☐
77. 即使和别人在一起也感到孤单	☐	☐	☐	☐	☐
78. 感到坐立不安、心神不宁	☐	☐	☐	☐	☐
79. 感到自己没有什么价值	☐	☐	☐	☐	☐
80. 感到熟悉的东西变成陌生或不像是真的	☐	☐	☐	☐	☐
81. 大叫或摔东西	☐	☐	☐	☐	☐

续上表

题项	从无	轻度	中度	偏重	严重
82. 害怕会在公共场合昏倒	☐	☐	☐	☐	☐
83. 感到别人想占您的便宜	☐	☐	☐	☐	☐
84. 为一些有关"性"的想法而很苦恼	☐	☐	☐	☐	☐
85. 认为应该因为自己的过错而受到惩罚	☐	☐	☐	☐	☐
86. 感到要赶快把事情做完	☐	☐	☐	☐	☐
87. 感到自己的身体有严重问题	☐	☐	☐	☐	☐
88. 从未感到和其他人很亲近	☐	☐	☐	☐	☐
89. 感到自己有罪	☐	☐	☐	☐	☐
90. 感到自己的脑子有毛病	☐	☐	☐	☐	☐

附录7　大学生心理健康教育满意度问卷

经过此次心理辅导活动，请您针对目前的状况做出评价。

1. 越来越了解自己？（　　　　）

A. 非常了解　　　　　　　　　B. 比较了解

C. 一般　　　　　　　　　　　D. 不太了解

E. 非常不了解

2. 愿意接纳自己的不足（　　　　）

A. 非常愿意　　　　　　　　　B. 比较愿意

C. 一般　　　　　　　　　　　D. 不太愿意

E. 非常不愿意

3. 学会欣赏悦纳自己（　　　　）

A. 非常愿意　　　　　　　　　B. 比较愿意

C. 一般　　　　　　　　　　　D. 不太愿意

E. 非常不愿意

4. 学会更关怀理解他人（　　　　）

A. 非常愿意　　　　　　　　　B. 比较愿意

C. 一般　　　　　　　　　　　D. 不太愿意

E. 非常不愿意

5. 课程或活动增加了自信（　　　　）

A. 非常有自信　　　　　　　　B. 比较有自信

C. 一般　　　　　　　　　　　D. 不太有自信

E. 非常没有自信

6. 体会到信任、爱、感恩等正性积极的情感（　　　　）

A. 非常容易　　　　　　　　　B. 比较容易

C. 一般　　　　　　　　　　　D. 不太容易

E. 非常不容易

7. 乐意与他人分享经验（　　　　）

A. 非常愿意　　　　　　　　　B. 比较愿意

C. 一般　　　　　　　　　　　D. 不太愿意

E. 非常不愿意

8. 对未来有了更为清晰的目标（　　　　）

A. 非常清晰　　　　　　　　　B. 比较清晰

C. 一般   D. 不太清晰

E. 非常不清晰

9. 觉得心理课程或活动很有意义（   ）

A. 非常同意   B. 比较同意

C. 一般   D. 不太同意

E. 非常不同意